中国住房金融发展报告
（2020）

顾问/李 扬
蔡 真 崔 玉 等/著

社会科学文献出版社
SOCIAL SCIENCES ACADEMIC PRESS (CHINA)

新冠肺炎疫情下的住房金融市场（代序）

李 扬

由国家金融与发展实验室房地产金融研究中心（以下简称中心）编写的《中国住房金融发展报告（2020）》（以下简称报告）如期同读者见面了。

这是中心编写的第二份有关中国住房金融发展的年度报告。作为中心每年研究成果的集中反映，报告力求形成理论分析和市场热点密切结合的特点。所以，在2019年报告付梓后不久，我们就对2020年的市场热点进行了预判。我们认为，第一，中国的房地产市场很可能成为未来若干年中国经济的"灰犀牛"；第二，在完善房地产金融市场方面，发展REITs，并通过它来增加权益性资金投入，促进房地产实现分享化，应当成为重要任务之一；第三，我国住房公积金制度已经行之20年，其中积弊甚多，到了重新审视并谋求改革的时候了。

从2020年的发展情况来看，上述预判基本覆盖了2020年及今后若干年我国房地产金融市场的主要热点。对这些问题的讨论，构成本年度报告的主题。

一 房地产泡沫再起及其背后的"分化"现象

新冠肺炎疫情的突然降临，给本就面临下行压力的全球经济按下了"暂停键"。为了渡过危机，各国政府竞相"放水"，致使这个世界洪水滔天。然而，由于经济极度衰退，且各国均采取以邻为壑战略来自保，天量的资金并未如宏观当局所希望的那样大规模流入实体经济，其中相当大一部分，或进入金融领域，用以交易种类日益增多、结构越来越复杂的金融产品，从而将"金融上层建筑"越吹越大；或进入房地产领域，去重温据说是20年来只涨不跌的旧梦。国家统计局的数据表明，全国商品住宅的销售和资金来源，在经历2020年2月的短暂冲击后反弹强劲。典型的案例是疫情之下的深圳楼市，房地产金融研究中心监测的房价泡沫指标显示，深圳的租金资本化率由2019年12月的70.02年上升至2020年3月的79.77年，其泡沫程度居全国之首，涨幅亦为全国最高。问题在于，房地产价格的这种涨势与实体经济的颓势恰成对比，面对实体经济极不乐观的发展现状，人们有理由对未来我国房地产市场的走势表示担忧。

本年度报告的第八章专门对深圳楼市泡沫的原因进行了分析。初步的分析表明，高净值人群作为主力和中产阶级的"羊群行为"，推动了房价快速上涨。同时，房地产金融研究中心构建的新增LTV指标显示，房价快速上涨的背后，存在杠杆资金的支持。后一种情况尤其值得关注——在实体经济仍然低迷的背景下，宽松的货币资金若与房价彼此支持、相互刺激，对于整体经济运行来说，绝非好消息。

与住房买卖市场的火爆形成鲜明对照的，是住房租赁市场的冷清。大面积、长时间停工停产，直接导致住房租赁需求下降，租金价格下降成为必然，这使得长租公寓面临盈利锐减和流动性风险。位于国内疫情"震中"武汉的铃铛公寓发生资金链断裂，全市受损租客达7000多户；长沙匠寓跑路，大连海寓负责人失联；海外上市长租公寓青客发生客户维权事件，蛋壳公寓借疫情之名"房东、租客两头吃"，造成恶劣影响；等等。这些为我们揭示了租赁市场之风险的冰山一角，问题远不止于此。需求冲击已经令人应接不暇，少数长租公寓借用租客信用，应用租金贷进行非理性扩张，加速了租赁市场的风险暴露。对于此类问题，报告在第八章运用上市公司蛋壳公寓的数据，对疫情冲击下长期租赁公司的现金流状况进行了模拟分析。结果表明，退租事件叠加租金贷退还，导致蛋壳公寓提前11个月出现流动性危机。

业界将房地产市场中房屋买卖市场和租赁市场走势相悖的现象称为"市场分化"。我们看到，不仅这两个具有较强替代性的市场间表现出"分化"，而且在住房市场和土地市场这两个密切相关的市场内部也出现了"分化"。根据克而瑞的统计，2020年第一季度，尽管房地产开发企业销量总体下降，但规模在1000亿元以上的房地产开发企业的平均销售额非但没有下降，反而同比上升 4.92%，这说明疫情冲击加速了市场结构向垄断趋势发展。土地市场在疫情下"分化"的主要表现是，土地成交重新回归头部城市。2020 年第一季度，一线城市和二线热点城市土地成交面积仅占全部土地成交面积的 15.87%，但成交金额占全部成交金额的 51.11%。推动土地市场发生这种"分化"的主要力量源自头部房地产开发企业。2020 年第一季度，共有 49 家房地产开发企业成功拍得住宅用地，前 10 家房地产开发企业的土地成交总价占比为 57.55%。这 10 家房地产开发企业除招商蛇口和碧桂园外，其他 8 家在一、二线城市所拍土地金额占比达到 75.68%。

头部房地产开发企业之所以能逆市高价拿地，其根源在于客户群体的"分化"。西南财经大学中国家庭金融调查与研究中心联合蚂蚁金服研究院发布的《疫情下中国家庭的财富变动趋势》显示，在疫情之下，金融资产或年收入在 5 万元以下的家庭财富锐减，而金融资产在 300 万元以上或年收入在 100 万元以上的家庭财富却有幅度不小的增加。这不仅表明疫情对不同家庭的冲击呈现非对称性，而且表明疫情自身具有导致财富分配不公的倾向。

2014 年，法国经济学家托马斯·皮凯蒂（Thomas Piketty）出版了《21 世纪资本论》，世界为之动容。该书基于翔实的资料和严谨的分析指出，收入分配不公是人类社会的普遍现象，而在财富积累和分配领域，不公平现象尤甚。观之中国的情况，疫情之下，社会群体明显表现出"穷者愈穷、富者愈富"的现象，而拥有住宅资产之多寡，正是导致此类"分化"的基本原因之一。美国传媒学者詹姆斯·斯通纳（James Stoner）在 1961 年提出"极化"（Polarization）概念，用以描述不同社会群体观念极端对立、不可调和的现象。可以说，收入分配和财富占有之不公，正是"极化"这种社会现象的经济基础。应当说，在住房领域，如何防止不公平现象发生和积累，已经是摆在我们面前的挑战之一。

二　中国版的 REITs

2020 年 4 月 30 日，中国证监会和国家发改委联合发布《关于推进基础设施领域不动产投资信托基金（REITs）试点相关工作的通知》（以下简称

"40号文")。随后,中国证监会又发布《公开募集基础设施证券投资基金指引(试行)(征求意见稿)》(以下简称《指引》)。这一事件标志着学界和市场讨论多年的中国版公募REITs终于迈出了实质性的一步。

我们一向认为,推出公募REITs,对推动金融供给侧改革、完善中国的金融结构具有重要意义。

REITs的推出,有利于解决各类经济主体债务过度积累以及相应的杠杆率不断提高的问题。债务问题是一个全球性的问题,自21世纪初美国互联网泡沫破灭以来,债务膨胀便成为一种新趋势,而且每出现一次危机,债务问题就恶化一次。

债务问题日趋严重,其原因大致可从实体经济和货币金融两个层面寻找。实体经济方面的原因,在于全球经济正处于经济运行长周期之下行阶段。劳动生产率增长率下降、人口结构恶化、收入分配不公等,使得资本产出弹性持续下降。货币金融方面的原因,则主要在于实体经济日益金融化,同时货币当局面对不良资产越来越倾向于用保守的方法而不是破产清算的方法来处置,使得经济增长的债务密集度不断上升。

就中国而言,债务问题日趋严重,还有一层原因是我国金融结构偏颇。在中国现行的以银行间接融资为主的金融结构下,我国大规模动员储蓄的能力固然很强,但是形成的资金很大一部分只能通过银行贷款形成借款者的负债,能够形成资本和投资者权益的比重相对较小,这就造成了我们常说的"权益错配",其带来的结果就是杠杆率不断攀升。在经济高速增长过程中,由于经济规模扩张极为迅速,经济运行的突出问题是资金短缺,此处论及的资金结构的权益错配问题并不明显,高杠杆背后的金融风险则被高收益所掩盖,也不显得突出。然而,当经济进入中低速增长的新常态,下行压力逐步显现,"问题资产"逐步水落石出之时,资本形成相对不足的问题就渐次显露。我们现在谈之色变的债务负担过重、杠杆率飙升、资本成本过高等问题,都与我国金融结构的权益错配密切相关。

地方政府债务日趋恶化,是中国债务风险的主要表现领域之一。多年来,尽管中央采取了各种方式进行治理,但地方政府融资进行基础设施建设的热情并没有消减,融资的渠道则从早期的融资平台到后来的影子银行,再到目前各种明股实债的PPP,花样不断翻新。当然,地方政府的债务问题，主要原因在体制方面，然而金融发展不注重建立筹集权益性资本的机制，也难辞其咎。公募REITs的登场，无疑开辟了一条解决此类问题的正规途径。"40号文"明确了"市场原则、权益导向"的重要方向，鼓励通过权益化方式弥补项目资本金不足的问题，通过份额化方式发挥分散债务风险的作用。同时，权益资本的份额增大，作为一种"分母对策"，还可以达到明显的降低政府杠杆率的效果。我们认为，有了REITs，地方政府及其实际控制的平台公司便有了通过资本结构优化实现良性循环的一条新路径。

我们看到，《指引》明确了基金管理人可以聘请第三方机构负责日常运营维护和档案归集管理等工作，城投公司作为对地方情况和资产状况最熟悉的机构，最有条件承担这一职责，并转型成为"轻资本"的运行主体。这样，现在让我们伤透脑筋的地方城投公司，可能因此获得从以投融资功能为主转型为真正意义上的地方基础设施专业化运营主体的机遇。

推出REITs，显然有利于我们推动金融供给侧结构性改革。长期以来，由于间接融资模式占据主导地位，且信贷资金大量投放在房地产和地方投融资平台领域，再叠加各类"通道"，我国金融体系出现了明显的结构性扭曲问题。资管新规颁行以来，随着一系列制度建设的落实和金融结构的不断优化，"同业乱象"和"影子银行"畸形发展等问题已得到明显纠偏，这些都为推出REITs这一建设性金融工具打下了重要基础。未来，REITs的发展和成熟，对于必要的基础设施建设，必将起到带动非标产品整治、提高直接融资比例、纠正银行期限错配、增加社会权益性资本介入、盘活存量资产以及化解地方政府隐性债务等多种作用。

两部委推出的REITs具有显著的针对性，同样也值得关注。资料显示，境外REITs多从商业地产起步。然而，"40号文"和《指引》均明确指出，此次REITs的标的主要是基础设施，具体包括交通设施、市政工程、污染治理、新型基础设施、新兴产业集群和产业园区等。这一选择具有典型的中国特色，其针对当下中国经济发展之"痛点"的作用十分明显。对于饱受疫情之苦的中国经济来说，这无疑提供了极为珍贵的积极因素。

应当承认，就经济发展来看，基础设施投资在过去、现在和未来一个相当长的时期，都是拉动中国经济增长的重要引擎。眼下，在基础设施领域实现"稳投资"乃至"增投资"，是国内经济尽快摆脱疫情影响、回归正常轨道的必然选择。同时，从现实情况看，在各类可供选择的固定资产投资中，基础设施也具有明显优势。根据亚太房地产协会的一项研究，在过去1~3年中，工业、物流资产的年化综合回报率在所有物业类别中表现最佳，分别达到31.4%和13.3%，远高于零售、酒店等传统资产类型。从宏观调控着眼，将基础设施作为单独一类REITs，明确排除住宅和商业地产，可以对房地产市场起到"稳预期"和"稳房价"作用，这对于贯彻中央提出的"房住不炒"的基本政策，显然是有益的。

三　公积金改革势在必行

公积金运行中表现出的各种问题由来已久。早在这项制度被引入中国市场不久，笔者就在一份政策研究报告中指出，产生自新加坡这种城市国家的公积金制度，在中国应用可能有其不适应性。

然而，我们也认识到，作为一种普及程度甚高的制度，要想对其进行改革十分不易。在这里，重要的是要牢记被所有的改革实践所一再证明的教训：改革必须尊重历史，任何割裂历史、动辄就"推倒重来"的思路都可能成为空想，最终遭受失败。在这个意义上，我们不同意某些学者仅仅从企业减负角度出发而简单地要求取消公积金制度的建议。

我们认为，改革我国公积金制度，还是要从源头挖起，我们需要对新加坡的公积金制度与中国的公积金制度之异同进行对比分析，方能找出我国公积金制度的问题，并进一步找到改革的路径。

报告的第十章重点分析了新加坡公积金制度成功的原因以及我国公积金制度的困境。其主要结论是，我国公积金制度未能有效发挥功能，主要可以从以下两个层面寻找原因：其一是公积金的功能；其二是该制度正常健康发挥作用的制度环境。

新加坡中央公积金制度不同于我国的住房公积金制度，它不仅覆盖了与组屋等公共住房体系相关的政策性住房金融需求，而且覆盖了新加坡全国的社会保障体系。追溯历史，设立公积金的初衷，就是建立社会保障体系，当时主要为的是"养老"，因不愿完全模仿美国等西方国家"社保税"的模式，遂有颇具"佛性"的公积金制度建立。自那之后，凡是与公民相关的社会性安排,均被记入该账户。目前,新加坡中央公积金账户至少包含普通账户(OA)、特殊账户(SA)、医疗账户(MA)和退休账户(RA)四类,分别覆盖住房、保险、投资、教育、养老医疗等居民支出领域。资料显示,截至2018年,新加坡缴纳公积金的会员数量较2017年增长2%,覆盖人口也达到390万人。相较于公民和永久居民共计402万人(2019年6月数据)的基数而言,这几乎就是一项覆盖全体新加坡人民的制度了。反观中国,公积金仅限住房一隅,而且还有大量的人口未被其覆盖,这真可谓"淮南为橘、淮北为枳"了。

就公积金与住房之间的关系而言,其差别也十分巨大。

第一,在新加坡,与公积金制度相配套的最重要的基础制度是组屋制度。虽然新加坡政府通过建屋发展局控制了约80%的住宅市场,但政府并未因拥有如此强势的市场份额而为自身谋利益。相反,政府通过补贴大幅提升居民住房的可负担水平。反观我国,尽管早在1998年住房货币化改革时就提出了"建立和完善以经济适用住房为主的多层次城镇住房供应体系"的目标,但几经波折,我国的经济适用房制度最终并没有有效建立起来。究其原因,片面强调"市场化",而忽略了房地产市场的高度复杂性,忽略了住房的社会福利性,恐怕难辞其咎。这种忽略,在1998年亚洲金融风暴中得到强化。当年及之后若干年,为了尽快走出困局,宏观调控当局于2003年正式将房地产行业确定为支柱产业,并在相当大的程度上依靠它启动内需。自那以后,这一格局再未改变过。面对房地产天价,"经济适用房"立刻蜕变为人人都欲占有的"租",以致出现"开着奔驰,去分经济适用房"的荒谬乱象。而地方政府、房地产开发企业以及银行在经济适用房领域不能获得利益。说到底,我国的经济适用房制度没有像新加坡组屋制度那样形成有限开放的闭环结构,而且制度执行漏洞颇多,这些制度漏洞,使经济适用房名存实亡,没有了经济适用房的住房制度,便与住房公积金制度难以匹配了。

第二,土地制度也存在重大差别。中国地方政府未能像新加坡模式那样,为住房建设提供低价土地,反而形成了土地财政依赖。当然,在中国这种央地财政关系下,在这种浓重的GDP考核模式下,地方政府不得不依赖土地财政。所以,要从土地制度上为公积金正常运行创造条件,亦非易事。

第三，住房市场不仅仅是一个建造、售卖的过程，还包括后期的维护和物业管理等。新加坡政府几乎包办了组屋小区重整的所有费用，而组屋小区物业的日常维护由市镇理事会依据《市镇理事会法令》进行，由于市镇理事会主席必须是国会议员，这一权威性保证了日常工作的有效执行。在物业管理方面，中国显然不可能通过政府财力实现这种类似计划经济的管理模式。

总而言之，住房公积金制度的引进，在初期部分缓解了住房建设资金短缺问题，同时也培养了居民的住房消费意识，推动了住房商品化改革。但是，随着中国社会主义市场经济制度的不断完善，对之进行改革也提上了议事日程。

推进住房公积金制度的改革，首先要对整个住房金融体系进行顶层设计。我们认为，我国住房金融体系应以商业性住房金融为主，以互助性和政策性住房金融为辅。以商业性住房金融为主，就是说绝大部分城乡居民应当用自己的劳动收入为自己的购房或租房活动支付对价，当然，为了让居民能够承担这一责任，政府在住房市场发展方面应当制定一系列社会政策，并利用自己掌控的各种手段保证实施，其中建设并维护一个健康运行的住房市场最为关键。而以互助性住房金融为辅，就是要鼓励、支持各类合作性金融发展，必要时给予资金支持，用于支持部分人群满足住房需求。至于同样列在"为辅"范围内的政策性住房金融，则指的是政府应当在其社会福利政策的统筹下，对那些享受政府福利补贴的人群在购买、租赁住房时给予部分资金支持。

我们认为，将强制性征收的住房公积金制度转变为自愿缴存的制度，同时将住房公积金管理中心分步骤转变为类似中德住房储蓄银行的那种机构，应当是公积金制度改革的方向。

目 录

综合篇

第一章 中国住房市场及住房金融发展报告 ········· 001
    一 住房市场运行 ········· 003
    二 住房金融形势 ········· 012
    三 住房金融风险分析 ········· 020
    四 住房市场及住房金融展望 ········· 025

市场篇

第二章 个人住房贷款市场 ········· 027
    一 个人住房贷款市场总量及结构 ········· 029
    二 个人住房贷款利率走势 ········· 037
    三 个人住房贷款风险情况 ········· 044
    四 2020年个人住房贷款市场展望 ········· 050

第三章 房地产开发企业融资市场 ········· 052
    一 房地产开发企业主要融资渠道现状 ········· 054
    二 房地产开发企业融资成本情况 ········· 069

	三	2020年房地产开发企业融资情况展望	074

第四章　住房公积金市场 …… 076
　　一　住房公积金运行情况 …… 078
　　二　当前住房公积金制度存在的问题 …… 086
　　三　住房公积金制度短期内优化改进的措施 …… 093

第五章　个人住房抵押贷款资产支持证券（RMBS）市场 …… 096
　　一　市场情况 …… 097
　　二　产品特征 …… 110
　　三　产品展望 …… 116

第六章　房地产投资信托基金（REITs）市场 …… 120
　　一　境内REITs市场的发展历程 …… 121
　　二　境内REITs市场发展现状 …… 124
　　三　目前境内"类REITs"模式问题剖析 …… 132
　　四　公募REITs的正式起航 …… 140
　　五　发展建议 …… 142

第七章　住房租赁市场与住房租赁金融 …… 147
　　一　2019年住房租赁市场发展回顾 …… 149
　　二　2019年住房租赁企业融资现状 …… 156
　　三　从青客、蛋壳公寓招股书分析长租公寓企业金融风险 …… 163
　　四　2020年住房租赁市场和住房租赁金融市场展望 …… 167

专题篇

第八章　新冠肺炎疫情对住房市场的影响及疫情防控常态化下的发展趋势 …… 169
　　一　疫情对房地产开发企业的影响及未来趋势 …… 171

二	疫情对土地市场的影响及未来趋势	177
三	两种长租公寓模式在疫情下的不同表现	180
四	疫情之下疯狂的深圳楼市：悖论及原因	189
五	对策建议	193

第九章 上市房地产开发企业违约风险度量及分析 … 194
——基于 KMV 模型和面板回归模型

一	引言	196
二	基于 KMV 模型对上市房地产开发企业违约风险的评估	198
三	利用面板回归模型分析影响房地产开发企业违约距离的主要因素	210
四	结论	220

第十章 新加坡公积金制度何以成功 … 228

一	新加坡中央公积金概述	230
二	新加坡中央公积金制度的发展历程	230
三	新加坡中央公积金制度的运行机制	232
四	新加坡中央公积金制度成功的原因分析	236
五	中国是否存在适合公积金制度生存的土壤	244
六	关于中国公积金制度改革的思考	250

综合篇
Comprehensive Report

第一章
中国住房市场及住房金融发展报告

蔡 真 崔 玉

- 从住房市场运行情况来看,在坚持"房子是用来住的,不是用来炒的"政策定位之下,通过行政手段持续调控住房市场已经使得长期形成的房价看涨预期自2019年第二季度开始完全转变。这体现在2019年一线城市房价持续企稳、二线城市房价涨幅回落、三线城市房价涨幅收窄、住房销售规模增长持续放缓,以及第二季度之后土地成交溢价率持续下降、土地流拍数量激增等多个方面。

- 从住房金融形势来看,个人住房金融方面,2019年末个人住房抵押贷款余额为30.07万亿元,占全部信贷余额的比例达到19.54%,尽管仍处于高位,但增速持续放缓;房地产开发企业融资方面,2019年房地产开发企业融资收紧的局面没有改变,房地产开发企业开发贷、信托、信用债等融资渠道仍处于收紧状态。从存量来看,截至2019年

---

* 蔡真,国家金融与发展实验室房地产金融研究中心主任、高级研究员,中国社会科学院金融研究所金融实验室副主任、副研究员;崔玉,国家金融与发展实验室房地产金融研究中心研究员。

末,房地产开发贷款余额为11.22万亿元,房地产信托余额为2.70万亿元,境内信用债待还余额为1.91万亿元,境外信用债待还余额为1903.02亿美元(约合人民币1.35万亿元)。

● 从住房金融风险来看,个人住房抵押贷款整体风险较小,房地产市场金融风险主要集中在房地产开发企业方面,在房地产市场需求减弱、房地产融资渠道全面收紧的背景下,部分借助高杠杆激进扩张、负债率较高、债务结构不合理的房地产开发企业(尤其是中小型房地产开发企业)极易出现资金链断裂的情形,进而导致较为严重的债务违约风险。

● 展望2020年,我们认为住房市场及住房金融呈现以下趋势。①政策环境方面。中央层面,2020年房地产调控政策目标仍将以稳定房地产市场运行为主,更大可能是保持房地产调控政策不放松;地方政府层面,为降低新冠肺炎疫情对房地产市场的影响,会在遵循"一城一策"原则下从供需两端出台一系列支持政策。②住房市场运行方面。受新冠肺炎疫情影响,短期内商品住房销售增速明显下滑,房价涨幅整体回落,甚至部分城市会出现同比下降情形,租金价格水平略有下降,土地成交面积和成交金额大幅下滑,库存去化周期大幅上升。2020年第二季度之后市场是否转暖在很大程度上取决于政策是否调整,以及线下销售活动是否会随着疫情的控制而逐渐回归正常水平。③住房金融方面。个人住房金融方面,个人购房贷款余额增速在2020年仍将继续保持缓慢下行趋势,且随着LPR定价机制的实施和LPR缓慢下行趋势的延续,未来1~2年个人购房贷款利率可能会小幅下降;房地产开发企业融资方面,融资收紧的局面不会有根本改变,金融机构对房地产开发企业不同的信贷支持力度将产生更大分化,优质的国有房地产开发企业或资产负债率较低的上市房地产开发企业资金面甚至会略有改善,部分高杠杆经营的民营大型房地产开发企业和中小型房地产开发企业融资仍将较为困难,行业集中度可能会进一步提升。④就潜在风险来看,2020年住房市场有以下风险点值得关注:第一,部分三、四线城市的住房市场需求下降以及库存高企问题;第二,中小型房地产开发企业债务风险及其带来的破产数量快速上升问题;第三,三、四线城市房价问题可能导致的地方政府偿债压力。

一 住房市场运行

（一）政策环境

2019年中央重申要坚持"房子是用来住的，不是用来炒的"政策定位，落实房地产长效机制建设，并新提出不将房地产作为短期刺激经济的手段。在部委层面，房地产调控政策着力于防范房地产金融风险。防范资金违规进入房地产市场成为央行和银保监会监管的重点。对于个人住房信贷市场，监管政策重点在于防范居民购房时利用消费贷、首付贷资金违规加杠杆，主要目标是控制住户部门杠杆率过快上涨；对于房地产开发企业融资市场，监管政策重点在于整治房地产开发企业融资乱象，主要通过加强对银行贷款、房地产信托、信用债、境外债领域风险的管控，防范资金直接或变相违规流入房地产开发企业。在地方政府层面，强调"夯实地方主体责任"，按照"因城施策"原则，热点城市限购、限贷、限售等行政性调控手段仍在持续。

（二）价格运行情况

从国家统计局公布的70个大中城市商品住宅销售价格变动数据来看，2019年新建商品住宅和二手住宅销售价格月度环比涨幅明显回落，分别累计上涨6.81%和3.65%（见图1-1a）。其中，新建商品住宅销售价格同比上涨超过10%的城市有17个，同比下降的城市有2个；二手住宅销售价格同比上涨超过10%的城市有6个，同比下降的城市有16个。分城市层级看，一线城市延续了上年的调控效果，2019年新建商品住宅和二手住宅销售价格基本稳定，累计涨幅分别为3.85%和1.68%（见图1-1b）；二线城市2019年新建商品住宅和二手住宅销售价格环比涨幅从5月开始持续回落，累计涨幅分别为7.34%和2.78%（见图1-1c）；三线城市2019年新建商品住宅和二手住宅销售价格环比涨幅从4月开始持续回落，累计涨幅分别为5.89%和4.22%（见图1-1d）。从12月的房价指数来看，70个大中城市中有16个城市的新建商品住宅销售价格和26个城市的二手住宅销售价格出现环比下跌，住房市场过快上涨的势头得到遏制。

a

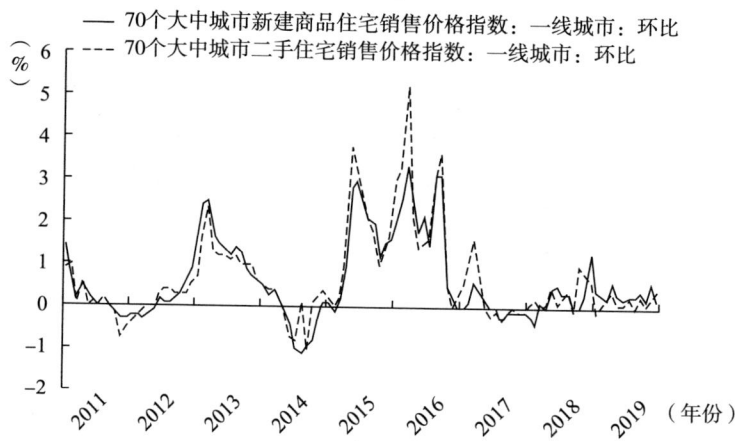

b

c

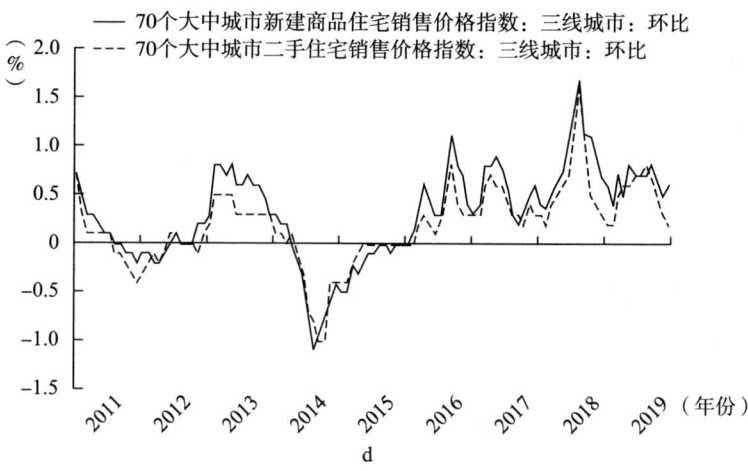

图1-1 2011~2019年70个大中城市房价走势（环比）
资料来源：国家统计局、Wind。

如果说住房购买既可能包括消费需求又可能包括投资投机性需求，那么住房租赁则直观地反映了消费需求，因而从租赁价格的变化中可以窥见整个市场的动向。中原地产统计了4个一线城市和2个二线城市的二手住宅租金指数数据，整体来看，2019年各城市租金指数（除成都外）基本保持稳定或略有下降。北京租金指数延续了2018年下半年的下跌趋势，2019年租金指数累计下降4.50%；深圳2019年租金指数累计下降0.86%；上海2019年租金指数累计下降0.17%；广州2019年租金指数累计上涨0.24%；成都租金指数从2015年开始一直呈上升趋势（去除季节性波动），2019年租金指数累计上涨6.79%；天津2019年租金指数累计下降3.95%（见图1-2）。

总体来看，2019年一线城市租金指数稳中有降，即使在6~7月高校毕业生住房租赁需求集中释放时期，一线城市租金水平也未表现出明显的季节性上涨。从租金视角来看，一线城市受政策影响对人才的吸纳似乎表现出下降的趋势。成都和天津代表了二线城市中两种典型的发展态势：成都受益于国家区域中心城市的定位，周边缺乏强有力的竞争城市以及一系列吸引人才的政策，租金指数从2015年开始就一直呈上升趋势，表明对人才的吸引力持续上升；天津受吸引力更强的北京影响，在新一轮城市化背景下竞争力下降明显，租金指数较2016年出现较大幅度的下降。

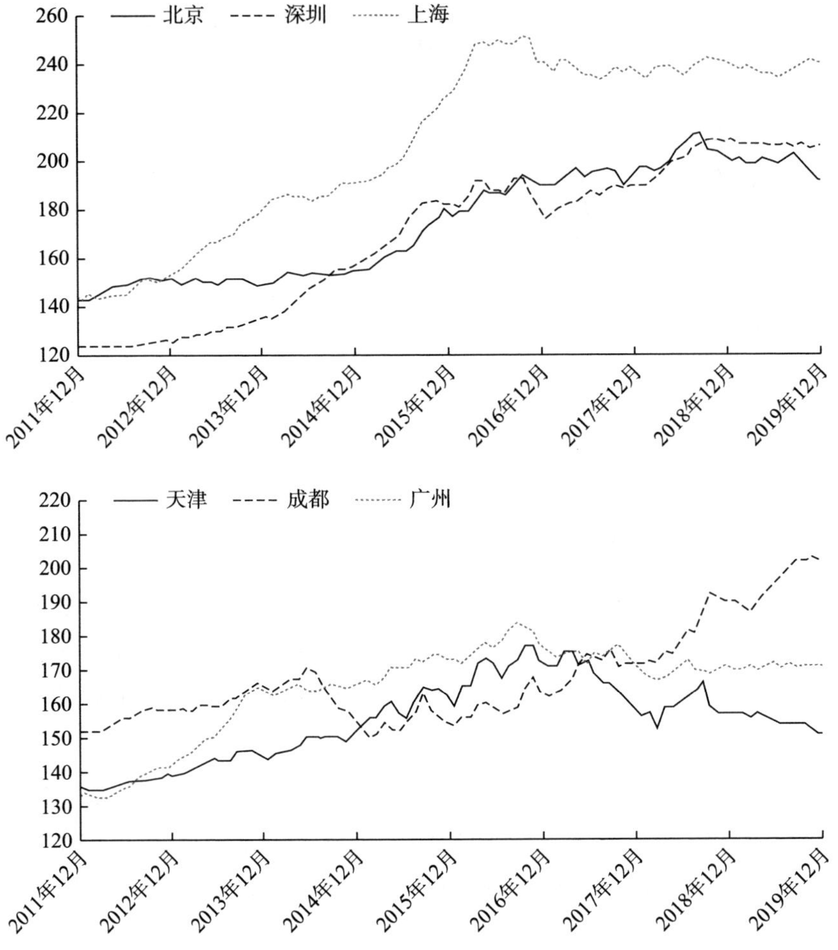

图 1-2 中原地产二手住宅租金指数（定基 2004 年 5 月 = 100）
资料来源：中原地产、Wind。

前文考察的是住房价格的绝对水平，这里我们计算一个相对指标，即租金资本化率。租金资本化率 = 每平方米住宅价格/每平方米住宅一年租金，其含义是一套住宅完全靠租金收回成本要经过多少年，也可衡量房地产泡沫的严重程度。这一概念与租售比类似，但更加直观。国际上通常认为合理的租售比为 1∶300，换算成租金资本化率为 25 年。图 1-3 反映了各线城市的租金资本化率情况，从一、二、三线城市租金资本化率的走势可以清晰地看出本轮房价泡沫的发酵过程：深圳自 2015 年下半年开始房价泡沫急剧膨胀，北京、上海紧随其后，上涨起始点为2016年3月，广州于2016年9月开始上涨；二线城市自2016年3月开始房价泡沫快速上涨；三线城市的上涨起点则始于2016年底。

2019年，4个一线城市的租金资本化率呈稳中略升态势，平均租金资本化率为61.14年，主要原因是租金的绝对价格有所下降，从而带来租金资本化率的上升（见图1-3a）。如果租金持续下降，未来一线城市房价出现下跌的概率极大。同期，二线城市的租金资本化率开始企稳，2019年12月，二线热点城市租金资本化率为53.80年，二线非热点城市租金资本化率为48.57年（见图1-3b）。三线城市方面，租金资本化率一直保持在30年左右的水平，自去库存政策实施以来，三线城市的这一指标出现上涨，从2016年10月的30.31年上涨至2019年12月的35.80年，总体上涨了18.11%（见图1-3c）。这表明三线城市已经有了房价泡沫积聚的苗头，我们应该警惕三线城市房地产价格泡沫风险的不断积聚。三线城市房价涨幅超过租金涨幅主要是棚改货币化安置导致的。通过棚改短期内释放大量居民刚性住房需求，通过货币化安置大幅提高居民的住房购买能力，直接推动棚改主要地区的三线城市房价上涨。房价的上涨导致三线城市住房市场投资投机性需求大幅增加，进一步推动房价的上涨和租金资本化率的不断上升。但从城市化规律看，三线城市的工业化成熟度、服务业集中度都远不如一、二线城市，且大多数三线城市更是人口净流出地区。在目前各省棚改规模

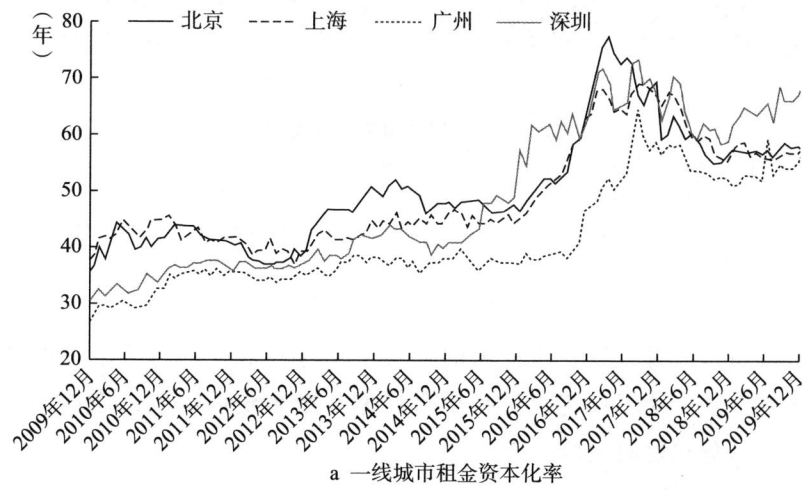

a 一线城市租金资本化率

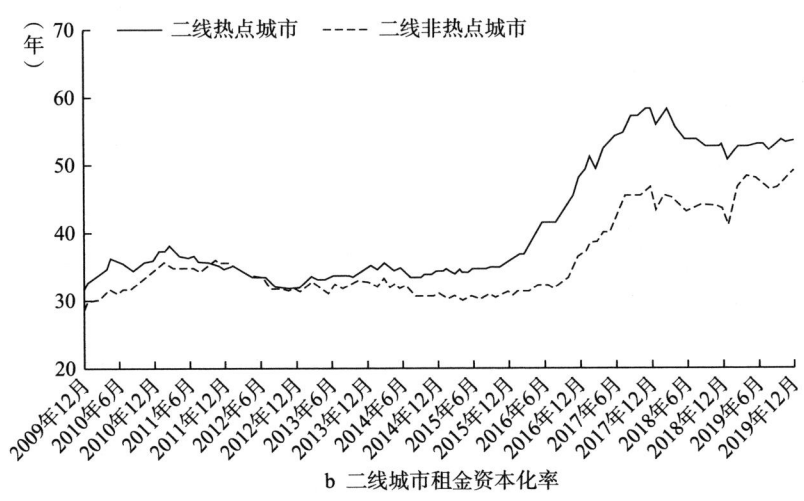

b 二线城市租金资本化率

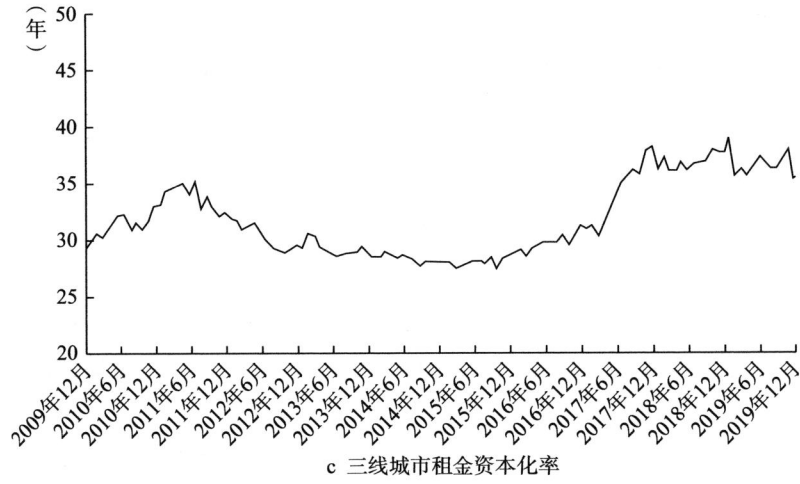

c 三线城市租金资本化率

图1-3 租金资本化率走势

注：本报告监测的二线热点城市包括杭州、南京、苏州、武汉、成都、厦门、福州、苏州、西安、合肥，二线非热点城市包括天津、重庆、郑州、长沙、南宁、南昌、青岛、宁波，三线城市包括昆明、太原、兰州、乌鲁木齐、呼和浩特、湖州、泉州、常德、蚌埠。

资料来源：国家金融与发展实验室房地产金融研究中心。

下降、货币化安置政策逐步退出的背景下，这些地区的房价未来很可能会发生大幅下跌。这不仅将对三线城市稳增长带来负面影响，而且可能引发地方政府债务和财政危机。

（三）数量走势分析

从商品住宅销售数据来看，持续的房地产市场调控政策效果逐渐显现。2019 年全国商品住宅销售面积为 15.01 亿平方米，同比增长 1.5%，增速较上一年明显放缓；2019 年商品住宅竣工面积为 6.01 亿平方米，同比增长 3.0%（见图 1-4a）。2019 年，全国商品住宅销售额为 13.94 万亿元，同比增长 10.3%（见图 1-4b）。这意味着在持续的房地产调控政策下，我国商品住宅平均销售价格仍在上涨。但从同比增幅来看，已经处于历史较低区间，房地产的黄金时代早已结束，白银时代也逐渐远去。

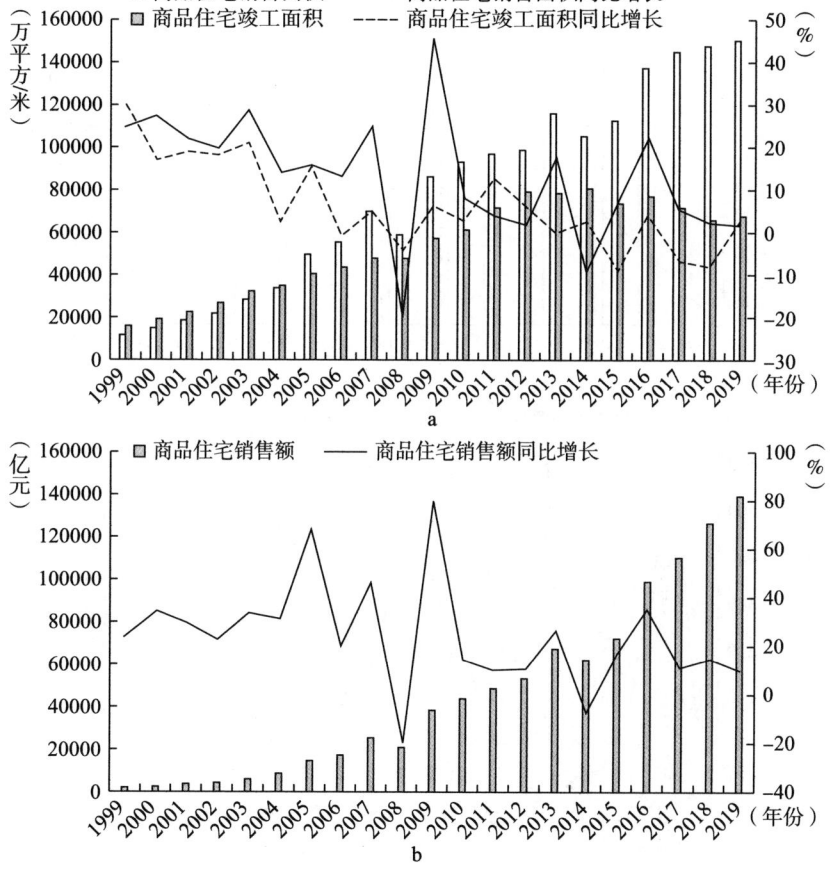

图 1-4　1999～2019 年商品住宅销售面积、竣工面积、销售额及其同比增长情况
资料来源：根据 Wind 数据计算。

从市场传导逻辑来看，土地市场的交易数据可以反映房地产开发企业对市场的预期。2019年，100个大中城市住宅类用地供应面积为3.29亿平方米，同比增长3.72%，增幅大幅放缓；成交面积为2.73亿平方米，同比增长7.97%，增速与上一年基本持平；成交金额为3.37万亿元，同比增长25.59%，成交土地楼面均价同比上涨16.33%（见图1-5a）。但第二季度房地产开发企业融资政策再次全面收紧之后，5月以来土地流拍数量激增，成交土地溢价率出现持续下滑，成交土地楼面均价也从7月开始显著下降（见图1-5b）。这表明第二季度之后开发商对房地产市场的预期发生明显变

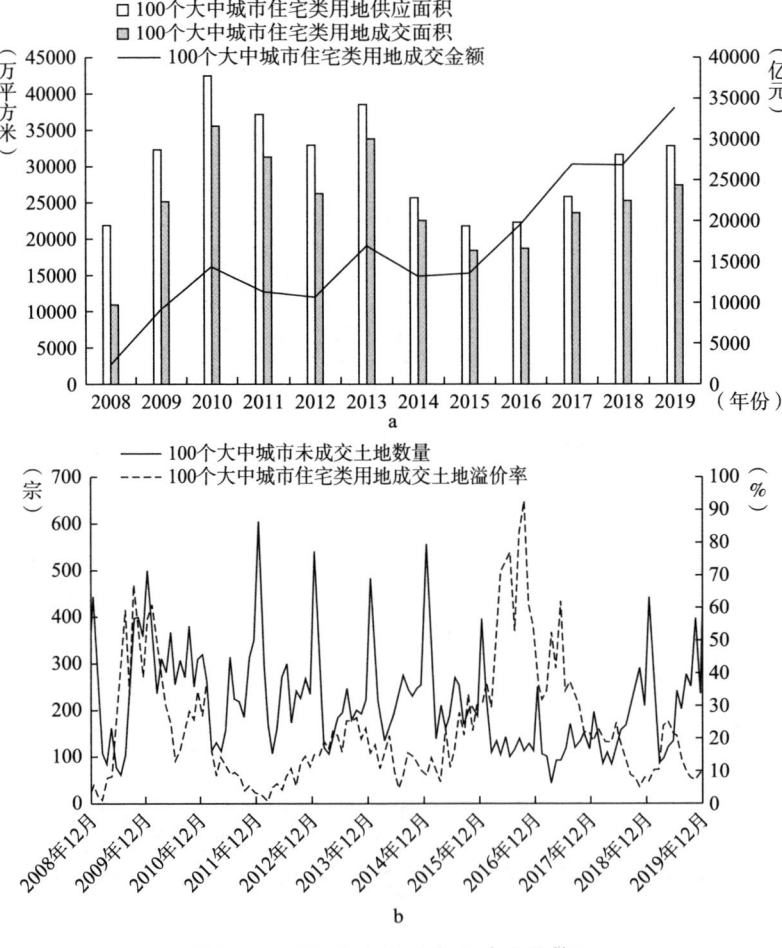

图1-5 100个大中城市土地交易情况

资料来源：Wind。

化,拿地更趋理性,部分资产负债率较高的民营房地产开发企业甚至已经暂缓拿地,调控政策成效较为显著。总体来看,2019年100个大中城市住宅类土地供应节奏整体放缓,成交面积增速与上一年基本持平,成交金额和土地楼面均价出现一定程度上涨,部分城市地方政府通过减少住宅类土地供应面积来稳住地价和房价的意图明显。

从房地产去库存情况来看,我们统计的18个城市住宅平均库存去化周期①由2015年4月的最高点22.3个月下降至2019年12月底的14.0个月。其中,2019年12月底一线城市住宅平均库存去化周期为9.0个月,二线城市住宅平均库存去化周期为8.6个月,三线城市住宅平均库存去化周期为24.2个月。总体来看,得益于中央的去库存战略、部分地区的人才政策以及各地的棚户区改造计划,目前一、二、三线城市相较于2015年4月高达9.8个月、17.3个月和39.7个月的库存去化周期已经明显降低,二、三线城市的住宅库存问题已经得到显著改善(见图1-6)。数据显示,2019年

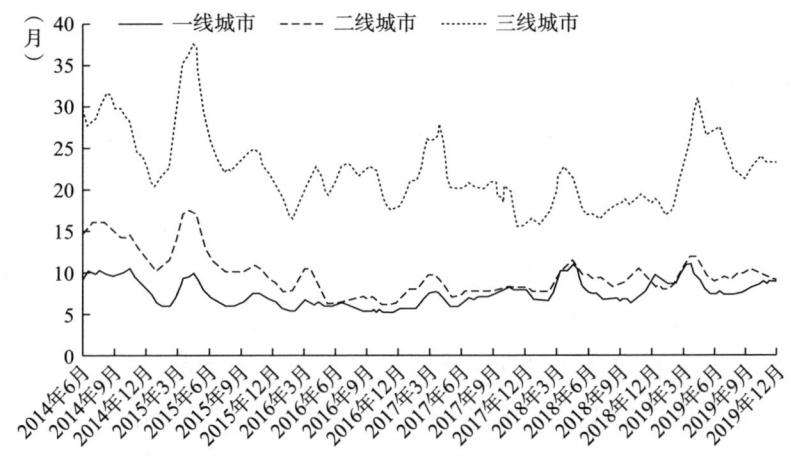

图1-6 各城市房地产库存去化周期(3周移动平均)

注:本图中的一线城市包括北京、上海、广州、深圳,二线城市包括杭州、南京、苏州、厦门、南昌、福州、南宁、青岛,三线城市包括泉州、莆田、东营、东莞、舟山、宝鸡。

资料来源:根据Wind数据计算。

---

① 库存去化周期指的是待售商品房需要多长时间能够销售完。具体计算公式为:库存去化周期=商品房可售套数/商品房成交套数。由于新建商品房市场波动幅度较大,本报告采取3周移动平均的方式进行平滑处理。数据来源于Wind,最终源头为各城市房地产管理局。

一、二线城市住宅库存去化周期仍处于合理区间,三线城市住宅库存去化周期则从2018年底的17.8个月上升至2019年末的24.2个月,去库存压力增大,需要警惕三线城市住宅库存进入新一轮上升周期。虽然第三季度以来部分房地产开发企业加大了三线城市库存住宅降价促销的力度,并明确表示将撤离三、四线城市住房市场,使库存去化周期较第一、第二季度有所改善,但在房地产开发企业融资渠道全面收紧的政策背景下,库存的上升将给布局于三线城市的中小型房地产开发企业带来较大的资金链压力,部分资金周转能力较弱的房地产开发企业可能会出现较大的债务风险。

二 住房金融形势

(一)个人购房贷款情况

房价的上升和泡沫的形成离不开信贷的推动,个人购房贷款的增加与房价的上涨经常表现出互为因果的关系。2015年下半年,房价开始快速上涨,与此同时个人购房贷款余额大幅上升。针对挤泡沫的方法亦是从去杠杆开始的,自2017年第二季度起,个人购房贷款余额同比增速呈下降趋势,这产生了较好的调控效果。2019年个人购房贷款余额同比增速延续了这一走势,第一季度同比增速为17.6%,第二季度同比增速为17.3%,第三季度同比增速为16.8%,第四季度同比增速为16.7%(见图1-7a),较上年同期20.0%、18.6%、17.9%、17.8%的增速略有下降。从月度增量数据来看,2019年居民新增中长期贷款月度平均增量为4541.67亿元,较上年的月度平均增量4125亿元上升了10.10%(见图1-7b)。截至2019年12月底,个人住房贷款余额为30.07万亿元,占全部信贷余额的比例达到19.54%。总体而言,2019年我国金融机构个人住房信贷保持了稳中趋紧的态势。主要原因如下:一是限购、限贷政策直接抑制了住房信贷需求;二是目前我国住户部门债务收入比较高,商业银行出于执行监管部门要求和信贷风险的考虑,对个人购房贷款实行较为审慎的贷款标准,以此来合理管控个人购房贷款余额的增长,进而控制居民杠杆率的过快增长;三是随着房地产调控政策效果的逐渐显现,我国住宅价格涨幅开始回落,这也在一定程度上放缓了个人购房贷款的增速。

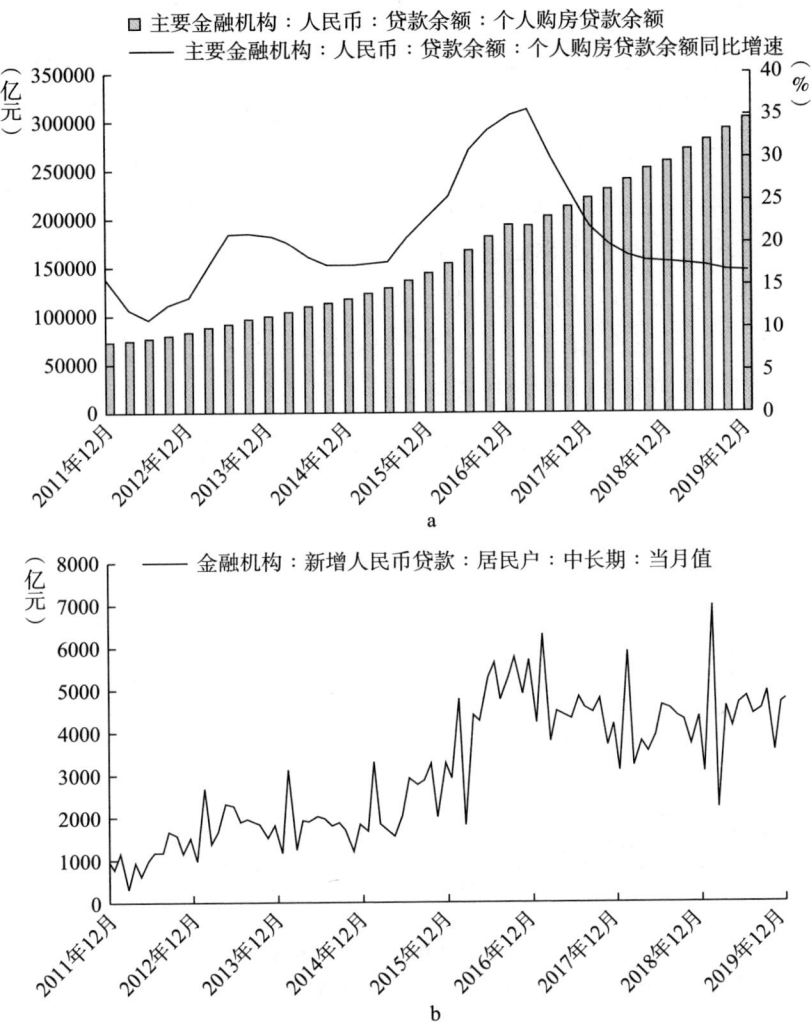

图 1-7 个人购房贷款余额及居民新增中长期贷款情况
资料来源：中国人民银行、Wind。

从全国首套、二套住房贷款平均利率趋势来看，自 2018 年 12 月开始，个人住房贷款利率结束连续两年的上涨态势，呈现环比下降，这一下行趋势延续至 2019 年 6 月，其间房地产市场出现了所谓"小阳春"。但 2019 年 6 月之后，中央关于房地产市场融资政策再次收紧，个人住房贷款利率再次连续小幅上升，2019 年 12 月全国首套、二套住房贷款平均利率分别为

5.52%［约为贷款市场报价利率①（LPR）加 72 个基点］和 5.84%（约为 LPR 加 104 个基点）（见图 1-8）。为促进房地产市场向"居住属性"回归，确保房地产市场稳定健康发展，对住房贷款执行差别化信贷政策仍将是未来房地产金融调控的方向。因此，为更好地向居民首次置业购买住房的合理需求提供金融支持，随着 LPR 定价机制的实施和 LPR 缓慢下行趋势的延续，未来 1~2 年个人购房贷款的市场利率可能会小幅下降。其中，首套住房贷款利率将呈现下调态势，这可以更加突出住房的"居住属性"，也是对过往调控"误伤"的修正，但二套房贷款利率可能将保持平稳，至多小幅下降，这可以更好地通过差别化的信贷政策提高住房市场的投资和投机成本，以此降低住房市场的投资需求。

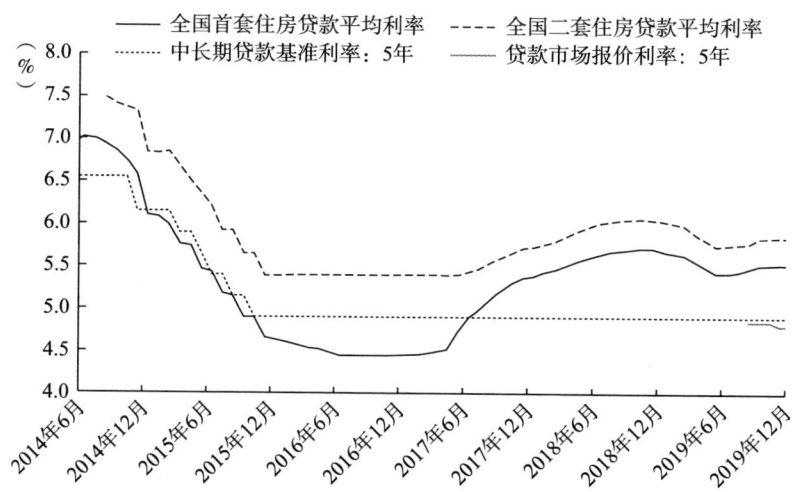

图 1-8　全国住房贷款平均利率走势

资料来源：融 360《中国房贷市场报告》、中国人民银行、Wind。

---

① 为推动利率市场化改革进程，2019 年 8 月 17 日中国人民银行发布公告，提出改革完善贷款市场报价利率（LPR）形成机制，通过将 LPR 报价银行数量增加到 18 家、报价频率改为每月 1 次、报价银行真正按照最优客户执行的贷款利率报价、报价方式以公开市场操作利率加点形式、新增 5 年期以上期限品种、推进各商业银行尽快将 LPR 作为新增贷款定价的基准利率等方式，促进贷款利率进一步市场化，提高利率传导效率，进而降低我国贷款实际利率水平，降低实体经济融资成本。2019 年 8 月 17 日中国人民银行发布公告，自 2019 年 10 月 8 日起商业银行新发放的商业性个人住房贷款利率以最近一个月相应期限的贷款市场报价利率为定价基准加点形成。其中，要求首套商业性个人住房贷款利率不得低于相应期限贷款市场报价利率，二套商业性个人住房贷款利率不得低于相应期限市场报价利率加 60 个基点。

(二) 房地产开发企业融资情况

房地产业属于资金高度密集行业,无论是土地的购置还是住房的开发和建设均需要大量的资金,再加上住房项目建设周期和销售周期较长,使得资金成为房地产开发企业赖以生存和发展的命脉。从央行公布的房地产开发企业贷款数据来看,截至2019年底,房地产开发贷款余额为11.22万亿元,占全部信贷余额的比例为7.33%,同比增长10.10%,增速连续5个季度下降。虽然存量余额仍处于历史较高水平,但第四季度末较为罕见地出现房地产开发贷款余额环比下降,表明监管机构可能已经要求商业银行对房地产开发贷款实施额度管控措施(见图1-9)。房地产开发贷款相比其他融资渠道的成本依然较低,从市场调研情况来看,目前商业银行房地产开发贷款利率主要为6%~8%,较上一年略有上升。对于综合实力较强、负债率较低的房地产开发企业(主要为我国房地产开发企业TOP50甚至TOP30中经营风格较为稳健的企业),商业银行的放贷意愿较高;相反,对

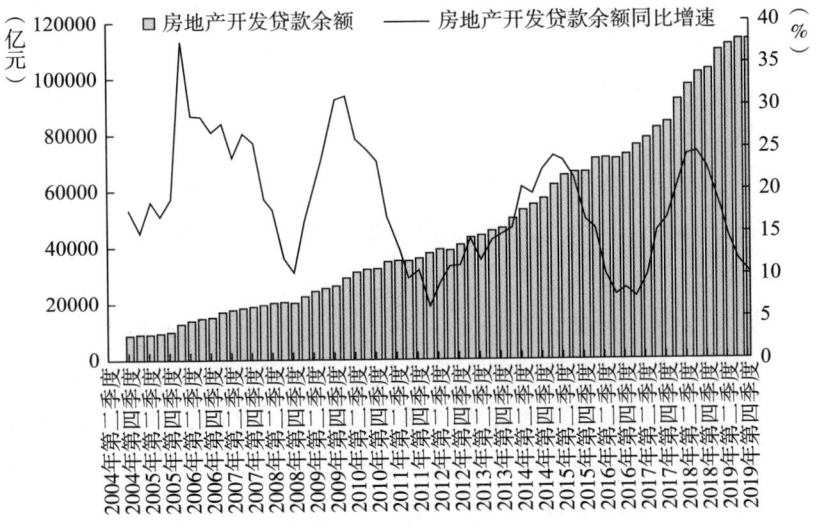

图1-9 房地产开发贷款余额及其同比增速

注:该指标数据截至2013年12月,根据货币政策执行报告由房产和地产开发贷款之和计算得出。自2014年3月起,由于执行报告中房产开发贷款余额数据不再公布,因此根据金融机构贷款投向报告中的房产和地产开发贷款之和计算得出。

资料来源:中国人民银行、Wind。

于部分负债率较高或规模较小的民营房地产开发企业,商业银行新增房地产开发贷款的发放意愿较低。

从投向房地产行业的信托业资金余额来看,截至2019年末,房地产信托融资余额为2.70万亿元,占信托业资金余额的比例为15.07%(见图1-10a);2019年第一至第四季度新增房地产信托金额分别为2609.59亿元、3962.66亿元、2307.31亿元和2051.89亿元,累计新增房地产信托金额为1.09万亿元(见图1-10b)。为落实中央"房住不炒"政策,银保监会于2019年5月之后加强对房地产信托业务的监管,并通过专项检查和多次窗口指导不断加码监管要求,严禁信托资金违规或变相违规流入房地产领域,重点整治为房地产项目进行前端融资、明股实债等违规行为,以此遏制房地产信托规模的过快增长和风险的过度积累。从第三、第四季度房地产信托数据来看,监管政策得到了较好的落实。第三、第四季度新增房地产信托金额环比分别下降41.77%和11.07%,表明在强监管下新增信托融资规模出现较大幅度回落。从信托融资成本来看,2019年房地产信托发行预期平均收益率为8.23%,再加上2%~3%的信托公司报酬和信托计划发行费用,房地产开发企业信托融资的平均成本为10.23%~11.23%,较上一年略有下降。分季度来看,2019年第一至第四季度房地产信托发行预期平均收益率分别为8.33%、8.31%、8.20%、8.09%,呈下降趋势。可能的原因是自第二季度开始监管机构加大了对信托资金违规或变相违规流入房地产领域的查处力度,新增房地产信托合规程度较高,风险溢价较低,这在一定程度上降低了预期收益率。

从债券发行情况来看,2019年1~4月房地产开发企业境内信用债发行规模延续上一年的回暖态势,但5月之后发行规模同比增速开始下降。2019年房地产开发企业境内信用债发行规模为5057.81亿元,同比下降8.02%。分季度来看,2019年第一至第四季度房地产开发企业境内信用债发行规模分别为1537.42亿元、1251.86亿元、1525.71亿元和742.82亿元(见图1-11a)。从存量来看,2019年末房地产开发企业境内信用债待还余额为1.91万亿元,同比下降5.46%。未来3年房地产开发企业境内信用债将迎来集

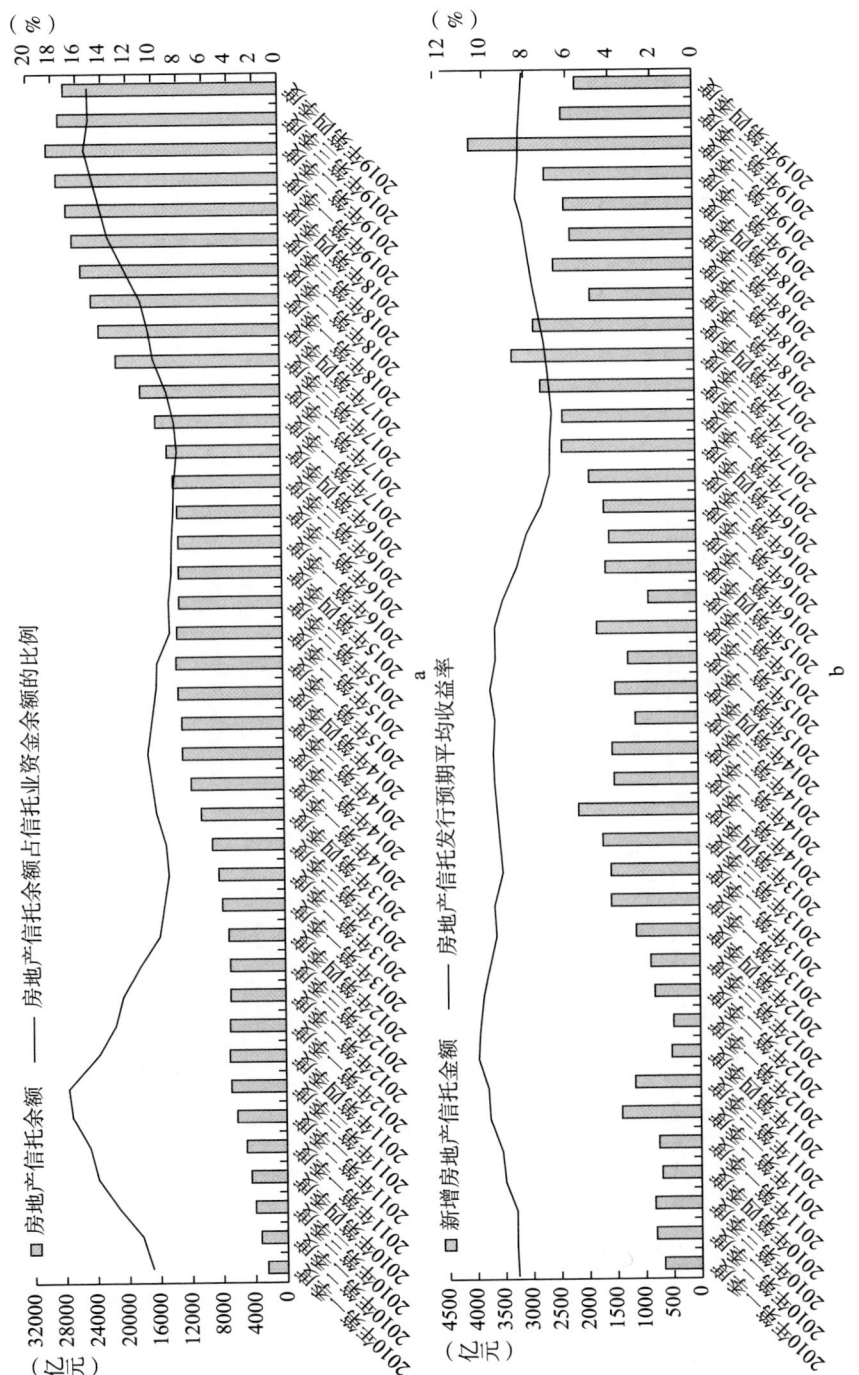

图1-10 2010~2019年房地产信托情况

资料来源：中国信托业协会、用益信托网、Wind。

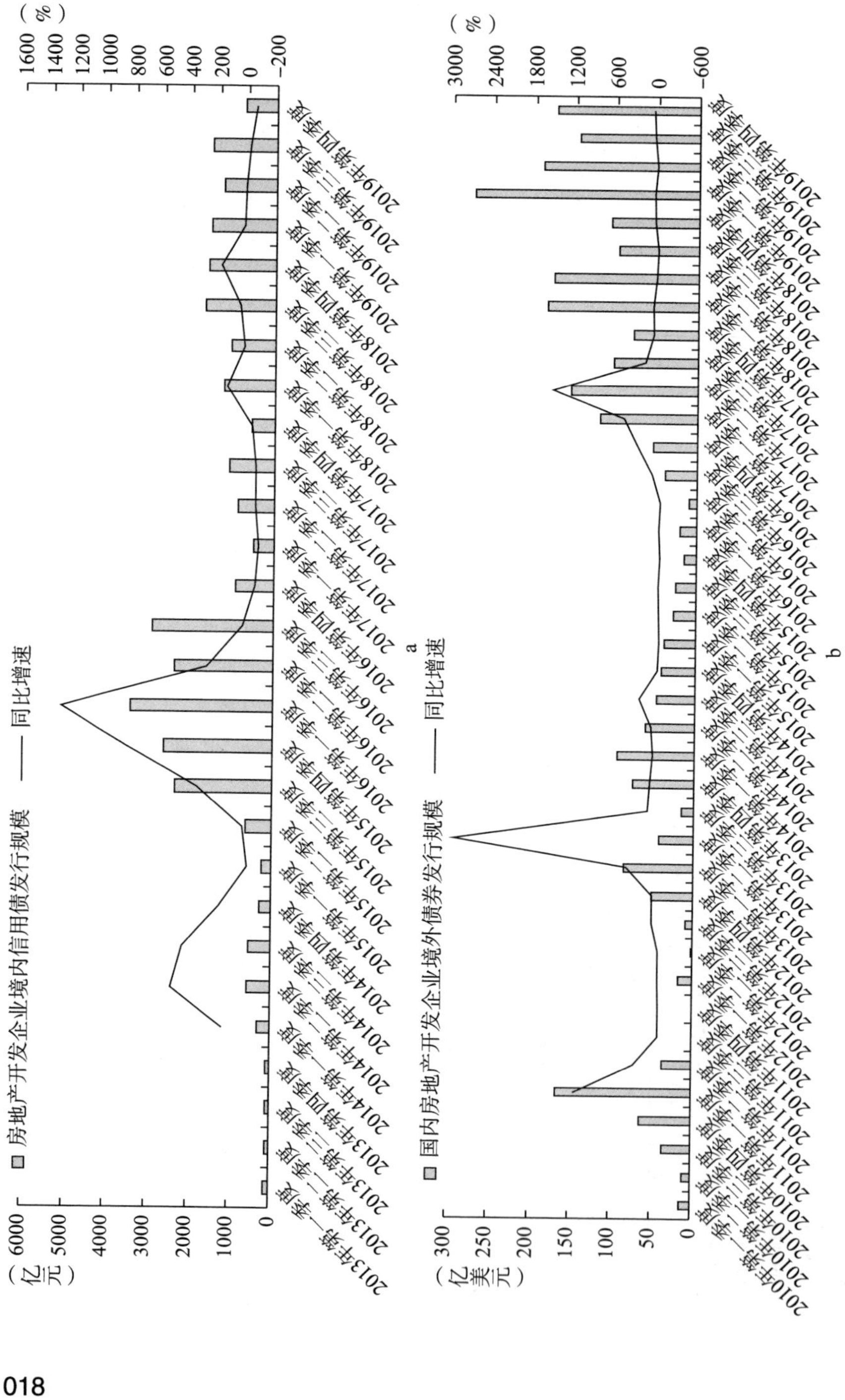

图1-11 2013~2019年房地产开发企业境内、境外债券发行情况

资料来源：Wind。

中偿付期，随着房地产开发企业进入还债高峰，债券发行募集的资金主要用于借新还旧，不能用于拿地和房地产项目建设（住房租赁项目除外），净融资额可能会出现大幅下降。境内债券融资政策收紧之后，更多房地产开发企业被迫转向境外发债融资，以此缓解资金压力。2019年，内地房地产开发企业境外债券发行规模达到784.28亿美元，同比增长38.72%，其中多家房地产开发企业境外债名义利率已经超过10%（见图1-11b）；存量余额约为1903.02亿美元。分季度来看，2019年第一至第四季度内地房地产开发企业境外债券发行规模分别为273.69亿美元、190.33亿美元、146.07亿美元、174.18亿美元。由于2019年第一、第二季度房地产开发企业境外债券呈井喷式增长，国家发改委为防范房地产开发企业发行境外债券可能存在的风险，于7月9日发布了《关于对房地产企业发行外债申请备案登记有关要求的通知》（发改办外资〔2019〕778号），明确要求房地产开发企业发行外债只能用于置换未来一年内到期的中长期境外债务，不可用于偿还境内债务、投资于房地产项目或补充运营资金。这在很大程度上收紧了房地产开发企业通过发行外债进行融资的渠道，导致第三、第四季度房地产开发企业境外债的发行规模较第一、第二季度明显缩小。

总体而言，继前两年金融监管机构对商业银行表外业务、资管计划等非标融资进行强监管之后，2019年第二季度以来房地产开发企业最为倚重的开发贷、房地产信托、信用债等融资渠道也全面收紧。目前一、二线房地产市场交易趋冷的情形已经逐步扩散到三、四线城市，房地产开发企业现行高周转模式难以持续，房地产开发企业普遍出现资金压力较大的情况。未来部分资产负债率较高且资金周转能力较弱的中小型房地产开发企业可能会面临较大的债务风险。与个人投资者不同，房地产开发企业的生产活动涉及上下游各类企业，在这样的背景下需关注房地产开发企业的流动性风险，尤其是中小型房地产开发企业的资金链问题。

三 住房金融风险分析

（一）个人住房抵押贷款整体风险较小

近年来，我国住房市场处于异常繁荣的时期，个人住房抵押贷款规模不断增长，但个人住房抵押贷款不良率长期较低。2018年末，我国商业银行个人住房抵押贷款不良率仅为0.30%，远低于商业银行1.83%的整体贷款不良率，整体风险较小（见图1-12）。究其原因，主要包括以下三个方面。第一，我国实施较为审慎的住房信贷政策。银行要求居民购买首套住房的首付比例不得低于30%（使用公积金贷款可以下调至20%，部分住房不限购城市可以下调至25%），购买二套住房的首付比例不得低于50%。较高的首付比例要求使住房贷款抵押物充足，抵御住房价格下跌风险的能力较强。第二，来自银行对第一还款来源居民收入的风险控制。由于居民收入相较于企业收入现金流更加稳定，且近年来居民收入伴随着经济增长一直呈上升趋势，因此风险相对较小；加之银行在放贷时要求居民月收入达到还款月供的2倍以上，这一措施也很好地控制了风险。第三，我国房价呈持续上涨态势。我们可以将住房贷款看作银行卖给居民的关于房价的看涨期权，伴随着房价的上涨，抵押品价值也随之上升，在这样的情况下居民是没有违约动力的。正因如此，个人住房抵押贷款仍是金融机构的优质资产业务。

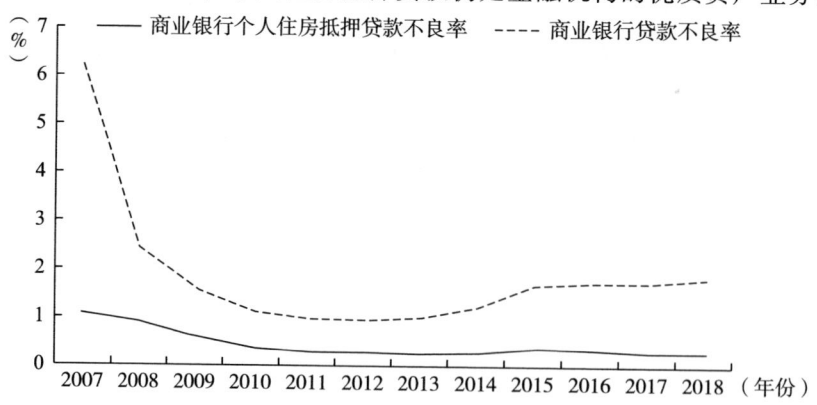

图1-12 2007~2018年商业银行个人住房抵押贷款不良率及商业银行贷款不良率
资料来源：中国人民银行《中国金融稳定报告》、Wind。

从预测的角度，我们还估算了一线城市和部分二线城市的新增住房贷款价值比①（Loan to Value，LTV），该指标可以反映房价下跌可能对商业银行产生的影响程度。如果 LTV 的数值较低，说明购房者使用自有资金的比例较高，则商业银行的金融风险较低。2019 年，一线城市中北京的新增住房贷款价值比有所下降，平均为 24.88%，属于较低水平，风险不大；深圳的平均新增住房贷款价值比为 57.49%，处于合理水平（见图 1-13a）；上海的风险也不大，2019 年平均新增住房贷款价值比为 26.42%；广州的新增住房贷款价值比在 2018 年下半年再次出现上涨，自 2019 年第二季度开始回落，2019 年平均新增住房贷款价值比为 59.84%（见图 1-13b）。二线城市方面，东部地区杭州、南京和厦门的杠杆支撑作用较强，2018 年初以来新增住房贷款价值比呈现波动上升趋势。2019 年，杭州的平均新增住房贷款价值比为 63.64%；南京的平均新增住房贷款价值比为 57.36%；厦门的新增住房贷款价值比一直维持较高水平，2019 年平均新增住房贷款价值比为 62.99%（见图 1-13c）。中西部地区城市的杠杆支撑作用较弱，2019 年郑州的平均新增住房贷款价值比为 31.03%；武汉和天津的平均新增住房贷款价值比在第一季度时有所反弹，之后开始回落，全年平均新增住房贷款价值比分别为 32.15% 和 28.71%，风险较小（见图 1-13d）。

（二）房地产市场金融风险主要集中在房地产开发企业方面

房地产开发投资规模大、建设周期长、资金循环周期较长等特点决定了房地产开发企业仅靠自有资金和内源性融资无法支持住房项目开发所需的大规模资金，这就使得房地产开发企业在从事房地产开发、建设等投资活

---

① 贷款价值比（Loan to Value，LTV）是指贷款占住宅价值的比重，反映了住房消费中使用杠杆的程度，具体计算公式为：贷款价值比 = 贷款金额/住宅总价。在本报告中，我们使用的是新增贷款价值比（流量数据），而不是贷款余额与住宅总价值之比这一存量数据，其原因是我们难以估计住宅存量数据。公式中分子部分——新增住宅贷款额根据月度余额之差求得，对于没有住户中长期贷款的情形，我们使用个人消费贷款近似替代，或使用全国住户中长期贷款占全国贷款余额的比例这一系数与当地城市的贷款余额相乘的方式求得近似值，分子数据来源于 Wind，最终源头为中国人民银行；分母部分——新成交住宅价值，由于存在阴阳合同这一问题，我们使用抓取的数据作为单价，与各城市房地产管理局公布的住宅成交面积相乘，得到新成交住宅价值。

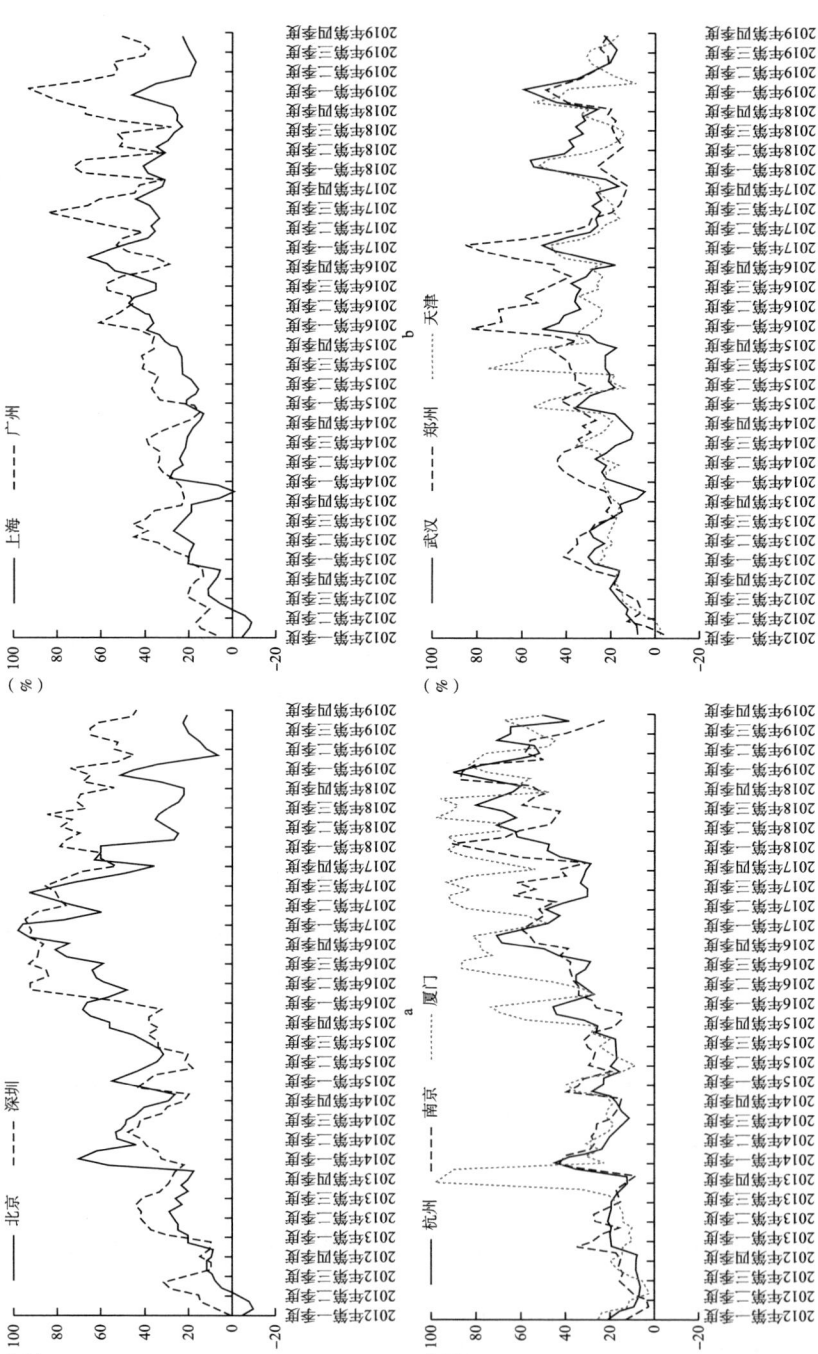

图1-13 2012~2019年一线城市和部分二线城市新增住房贷款价值比（3个月移动平均）

资料来源：国家金融与发展实验室房地产金融研究中心估算。

动的同时，必须不断地进行外源性资金融通活动。从具体融资方式来看，房地产开发企业的主要融资渠道包括银行贷款、信托等非银行机构贷款、发行债券融资、股权融资、私募基金融资、海外融资、应付账款等商业信用融资。总体来看，房地产开发企业融资方式复杂，不同渠道的融资规模、融资难易程度和融资成本差距较大，且受房地产市场调控政策的影响较大。2019年，金融监管部门加大了房地产金融风险的防范力度，第二季度以来央行和银保监会加大了对银行贷款、信托和债券融资（目前房地产开发企业三个最主要的融资渠道）的监管力度，进一步严控资金违规流入房地产市场。随着国内政策的收紧，中国房地产开发企业的融资难度不断增大，资金压力越来越大。在强监管下，房地产市场金融风险主要集中在房地产开发企业的债务风险上。

最常用的衡量企业短期偿债能力的财务指标是流动比率与速动比率，这两个指标可以反映企业用可以快速转换为现金的流动资产偿还到期短期债务的能力，体现企业流动资产对短期负债的保障程度。我国110家A股房地产开发企业的流动比率、速动比率在2017年之后呈持续下降趋势，2019年第三季度分别是1.44、0.48（见图1-14）。一般认为企业流动比率至少大于1，理想的流动比率为2左右；企业速动比率至少大于0.5，理想的速动比率为1左右。虽然流动比率指标大于短期偿债能力的最低数值要

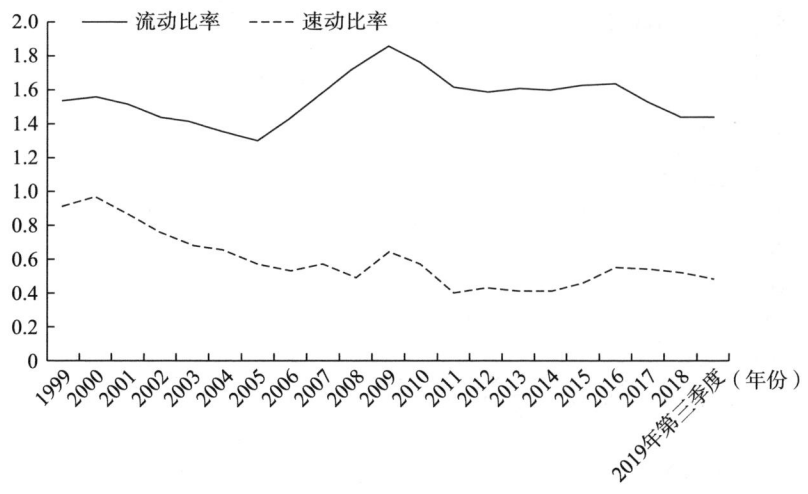

图1-14 A股房地产开发企业流动比率、速动比率情况

资料来源：Wind。

求,但小于指标理想的数值;速动比率数值小于经验值的最低要求。不断走低的流动比率和速动比率,意味着短期偿债能力在明显下降,短期偿债风险在逐渐积累,若未来住房销售状况出现大幅下滑,房地产开发企业流动资产中占比较高的存货部分无法快速转换为现金,房地产开发企业很容易出现资金链紧张导致的短期债务违约。

资产负债率可以用来反映企业的债务水平和长期偿债能力,资产负债率越高,意味着企业的债务水平越高,长期偿债能力越弱。我们统计了110家A股上市的房地产开发企业的加权平均资产负债率,考虑到我国新建住房大多实行预售制度,房地产开发企业负债中有较大部分为预收账款,传统资产负债率不能较好地反映其真实负债水平,我们便统计了上市房地产开发企业扣除预收账款后的资产负债率。从图1-15可以看出,A股上市房地产开发企业的加权平均资产负债率从1998年的45.74%上升到2019年第三季度的80.82%;加权平均扣除预收账款后的资产负债率则从1998年的41.92%上升到2019年第三季度的63.83%。这两个指标在1998年之后总体均呈现不断上升的趋势,且与一般企业相比,我国房地产开发企业的资产负债率长期处于较高水平,仅次于商业银行和非银行金融企业。这表明我国房地产开发企业整体处于长期高负债经营状况。虽然高负债经营可以给

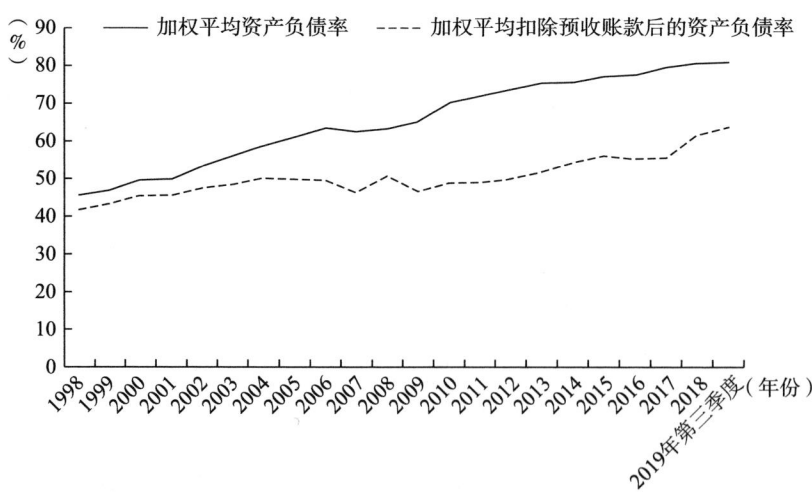

图1-15 A股上市房地产开发企业加权平均资产负债率情况

资料来源:Wind。

房地产开发企业带来较大的财务杠杆效应,最大化企业利润,但也隐含较大的财务风险。这意味着房地产开发企业杠杆率不断提高,企业财务成本不断增加,债务偿付压力不断增大,长期偿债能力不断下降,资金链断裂的风险不断提高。在房地产市场快速发展时期,宽松的融资环境、持续上涨的房地产价格,以及不断扩大的销售回款规模和利润规模,使得房地产开发企业资金链能够顺利地运转。但在目前房地产市场需求减弱、房地产融资渠道全面收紧的背景下,部分借助高杠杆激进扩张、负债率较高、债务结构不合理的房地产开发企业(尤其是中小型房地产开发企业)极易出现资金链断裂的情形,进而导致较为严重的债务违约风险。

四 住房市场及住房金融展望

就政策环境来看,持续从紧的房地产调控政策已经使得长期形成的房价看涨预期自2019年第二季度开始完全转变。这体现在2019年一线城市房价持续企稳、二线城市房价涨幅回落、三线城市房价涨幅收窄、住房销售规模增长持续放缓,以及第二季度之后土地成交溢价率持续下降、土地流拍数量激增等多个方面。中央层面,2020年房地产调控政策目标仍将以稳定房地产市场运行为主,发生根本性转向的概率较小,更大可能是保持房地产调控政策不放松。坚持"房住不炒"定位和"不将房地产作为短期刺激经济的手段",保持房地产金融政策的连续性、一致性和稳定性,防范资金违规进入房地产市场,仍是央行和银保监会监管的重点。地方政府层面,为降低新冠肺炎疫情对房地产市场的影响,将在遵循"一城一策"原则下从供需两端出台一系列支持政策。

就住房市场运行来看,展望2020年,受新冠肺炎疫情影响,短期内商品住房销售增速明显下滑,房价涨幅整体回落,甚至部分城市会出现同比下降情形,租金价格水平略有下降,土地成交面积和成交金额大幅下滑,库存去化周期大幅上升。2020年第二季度之后市场是否转暖在很大程度上取决于政策是否调整,以及线下销售活动是否会随着疫情的控制而逐渐恢复正常水平。我们认为"房住不炒"是一项长期政策,中央层面防止房价过快上涨的基调不会转变,但房价快速下跌亦会产生金融风险和经济冲击,我们建议在非常时期将地方政府层面的"因城施策"顶在前面,针对财政压力较大的城市采取对冲甚至小幅超调的政策,对于房价上涨较快的城市应堵住政策漏洞并严厉打击各类投资行为。分城市层级来看,一线城市房价可能在第二季度之后重新企稳甚至略有上升,此次疫情使人们意识到,房价构成中不仅包括建筑成本、地理位置、周边环境等要素,而且包括城市治理的软要素,一线城市(尤其是上海)在这一点上无疑是优越的。二线城市房价将继续分化,那些在疫情中响应快速、措施有力的东部地区城市房价也将上涨,其逻辑与一线城市一致。三、四线城市房价预计上涨乏力,尽管地方政府有较强动力托市,但需求恐难以保持。

就住房金融来看,个人住房金融方面,为确保房地产市场稳定健康发展,个人购房贷款余额增速在2020年仍将继续保持缓慢下行趋势。从促进住房市场向"居住属性"回归的角度看,随着LPR定价机制的实施和LPR缓慢下行趋势的延续,未来1~2年个人购房贷款利率可能会小幅下降。房地产开发企业融资方面,受新冠肺炎疫情影响,短期内销售回款规模会出现较大幅度下降。目前我国大多数房地产开发企业以高杠杆、高负债、高周转的模式运转,房地产开发资金来源中近50%为定金、预收账款及个人住房按揭贷款,对销售回款的依赖程度极高。这在一定程度上将导致大部分房地产开发企业流动性严重吃紧,短期偿债能力下降,债务违约风险上升,中小型房地产开发企业破产数量明显上升。我们建议,对于房地产开发企业正常、合规的资金需求应给予较为充分的满足,以避免政策原因导致中小型房地产开发企业出现大规模破产的情况。然而,房地产开发企业融资收紧的局面不会有根本的改变,金融机构对房地产开发企业不同的信贷支持力度将产生更大分化,优质的国有房地产开发企业或资产负债率较低的上市房地产开发企业资金面甚至会略有改善,部分高杠杆经营的民营大型房地产开发企业和中小型房地产开发企业融资仍将较为困难,行业集中度可能会进一步提升。

就潜在风险来看,2020年住房市场有以下风险点值得关注:第一,部分三、四线城市的住房市场需求下降以及库存高企问题;第二,中小型房地产开发企业债务风险及其带来的破产数量快速上升问题;第三,三、四线城市房价问题可能导致的地方政府偿债压力。

市 场 篇
Market Reports

第二章
个人住房贷款市场

蔡 真 崔 玉 孙会亭[*]

- 在中央"房住不炒"和"不将房地产作为短期刺激经济的手段"的政策背景下,个人住房信贷市场进入相对稳定状态。从总量来看,2019年底个人住房贷款余额为30.07万亿元,同比增速持续下降。从市场结构来看,国有大型商业银行依然是我国个人住房信贷市场的主力军,截至2019年6月,工、农、中、建、交五大国有商业银行个人住房贷款余额为18.76万亿元,占全国金融机构个人住房贷款余额的66.87%。在五大国有商业银行的贷款业务中,个人住房贷款业务已经稳居第一的位置,远远超过排名第二的制造业和排名第三的交通运输、仓储和邮政业。从政策视角来看,要实现"房住不炒"的目标,在政策执行过程中应抓住国有大型商业银行这个"牛鼻子"。

---

[*] 蔡真,国家金融与发展实验室房地产金融研究中心主任、高级研究员,中国社会科学院金融研究所金融实验室副主任、副研究员;崔玉,国家金融与发展实验室房地产金融研究中心研究员;孙会亭,中国社会科学院研究生院金融系硕士研究生。

- 从个人住房贷款利率走势来看，2019年上半年全国个人住房贷款平均利率呈下降态势，但下半年受房地产调控政策影响又有所上升。总体而言，下半年上升幅度小于上半年下降幅度，全年利率呈下降趋势。
- 从风险来看，虽然住户部门债务收入比上升较快，但受益于我国实施宏观审慎和差别化的住房信贷政策，新增个人住房贷款平均首付比例超过五成，抵御住房价格下跌风险的能力较强，个人住房贷款不良率较低，短期内个人住房贷款风险不会构成对商业银行的显著影响。
- 展望2020年，我们认为个人住房贷款余额增速依然保持平稳或者略有下降。个人住房贷款利率的实际平均水平将延续5年期LPR的下降趋势且略有下降，我们综合判断2020年5年期LPR将下降5~10个基点，首套房贷款利率下降幅度会超过5年期LPR的下降水平。风险方面，我们预计个人住房贷款不良率以及新增LTV不会显著上升，而住房贷款收入比会延续2019年的趋势继续小幅上升。

个人住房贷款是指自然人以将要购买、建造或已有的住房产权为抵押物，或者将其他抵押、质押、保证、抵押加阶段性保证等担保方式作为还本付息保证，向商业银行等金融机构申请住房贷款，金融机构为其提供信贷资金，以满足个人住房的建设、购买、改造、维修或其他合法合规用途的需要。

个人住房贷款对居民具有重要意义。个人住房贷款的主要功能是将居民住房远期消费转化为即期消费，有效地解决了我国城镇居民收入积累滞后、住房资金积累不足的问题，将我国的住房消费潜在需求转化为居民的住房消费有效需求，从而改善了我国城镇居民的居住条件。与此同时，个人住房贷款在居民负债中占据最大份额，从防风险角度看，防止居民部门杠杆率过快上涨的重点在于防止个人住房贷款快速上升。

个人住房贷款是房地产开发企业无息负债的重要组成部分。中国实行住房预售许可制度，即开发商在满足取得土地使用权证、建设工程规划许可证、投入开发建设资金达到工程总投资的25%以上等条件的基础上可获得商品房预售许可。在获得住房预售许可证之后，开发商可通过售楼花的方式拿到购房者资金（包括个人住房贷款），进而用这部分资金继续开发房地产。这部分资金对开发商极为重要，约占开发商无息负债的50%。2020年初，受新冠肺炎疫情影响，全国多地售楼处关闭，开发商因预售活动暂停面临极大的流动性压力。

个人住房贷款在部分金融领域占有重要地位。在银行领域，许多发达国家的个人住房贷款在银行贷款投向中居于第一的位置，这是因为发达国家经济大多进入城市经济，居民落脚城市最大的一笔消费是住房消费，而这需要银行信贷支持。目前中国的个人住房贷款在银行贷款投向中也居于首位，2019年个人住房贷款余额占总贷款余额的比例达到19.72%。在资产证券化领域，个人住房贷款是最为重要的基础资产，相较于其他类型基础资产，它具有规模大、现金流稳定、违约率低等诸多优良特性。

一　个人住房贷款市场总量及结构

（一）总量运行

我国大陆地区第一笔个人住房按揭贷款是在1985年由中国建设银行深圳分行向南油集团发放的，而个人住房贷款的大发展是在1998年。这一年国务院下发了《关于进一步深化城镇住房制度改革加快住房建设的通知》（国发〔1998〕23号），要求自1998年下半年开始停止住房实物分配，并提高职工住房租金，其目标是发展住房买卖市场。与此同时，与住房买卖配套的金融支持政策也得以落实。该通知第二十条要求"扩大个人住房贷款的发放范围，所有商业银行在所有城镇均可发放个人住房贷款。取消对个人住房贷款的规模限制，适当放宽个人住房贷款的贷款期限"。这些措施使得个人住房贷款快速增长，仅1998年一年就实现了271.58%的增长。经过20多年的发展，个人住房贷款余额从1998年末的700亿元左右迅速增加到2019年底的30.07万亿元，增长了约430倍，年均增速为33.5%。个人住房贷款在银行贷款中的地位不断上升，1998年个人住房贷款余额占金融机构各项贷款余额的比例不到1%，2019年这一比例已接近20%（见表2-1）。

表2-1 1998~2019年个人住房贷款市场情况

年份	个人住房贷款余额（万亿元）	个人住房贷款余额同比增速（%）	金融机构各项贷款余额（万亿元）	个人住房贷款余额占金融机构各项贷款余额的比例（%）
1998	0.07	271.58	8.65	0.82
1999	0.14	94.05	9.37	1.46
2000	0.33	142.34	9.94	3.34
2001	0.56	67.47	11.23	4.95
2002	0.83	48.56	13.13	6.29
2003	1.20	45.28	15.90	7.55
2004	1.60	35.15	17.74	9.02
2005	1.84	15.00	19.47	9.45
2006	2.27	19.00	22.53	10.08
2007	3.00	33.60	26.17	11.46
2008	2.98	10.50	30.34	9.82
2009	4.76	43.10	39.97	11.91
2010	6.20	29.70	47.92	12.94
2011	7.14	15.50	54.79	13.03
2012	7.50	12.90	62.99	11.91
2013	9.00	21.00	71.90	12.52
2014	10.60	17.60	81.68	12.98
2015	13.10	23.90	93.95	13.94
2016	18.00	38.10	106.60	16.88
2017	21.90	22.20	120.13	18.23
2018	25.75	17.80	136.30	18.89
2019	30.07	16.70	153.11	19.72

资料来源：Wind、中国人民银行《金融机构贷款投向统计报告》。

住房市场的发展离不开金融的支持，房价的涨跌也与个人住房贷款的增速表现出较强的相关性。从图2-1可以看出，2006~2007年、2009~2010年、2012~2013年、2015~2016年这四个时间段是个人住房贷款增速较快的阶段，也是房价上涨较快的阶段，两者保持了较为一致的关系。

自2016年以来，在中央"房住不炒"和"坚决遏制房价上涨"的政策定位下，房地产市场调控政策持续从紧。住建部、央行、银保监会、国土资源部等多部门多次表示要防范房地产泡沫风险，加强金融管理，严控加

第二章 个人住房贷款市场

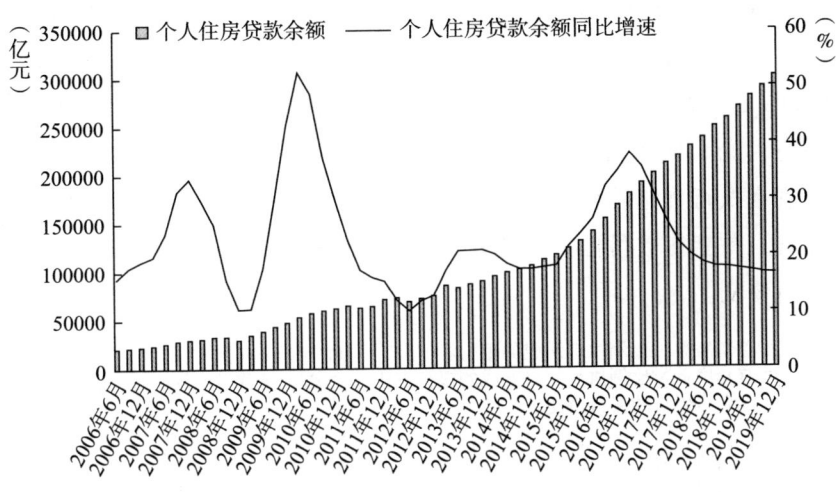

图 2-1 个人住房贷款余额及其同比增速

资料来源：Wind。

杠杆购房，严禁"首付贷"等违规个人住房融资行为。从数据上来看，银行信贷部门较好地落实了"房住不炒"的精神。2016～2017 年个人住房贷款余额同比增速由 38.10% 大幅下降至 22.20%，2018～2019 年继续延续下降趋势，2019 年底同比增速下降至 16.70%。尽管 2019 年个人住房贷款余额达到 30.07 万亿元，仍处于历史高位，但对于如此巨大的市场，增速下降即意味着"刹车"行为，如果突然"刹车"至速度为零，则有"翻车"风险。从目前数据看，个人住房贷款较好地完成了"房住不炒"任务，目前进入相对稳定状态。

更为细致的数据事实反映了上述总量增速的变化，商业银行首套房和二套房执行首付比例的情况反映出个人住房信贷政策的松紧程度。首套房置业是刚需，信贷支持力度较大，首付比例以三成为主，有的银行优惠幅度达到两成。2016～2017 年，首套房首付比例执行两成的银行占比大幅下降，由 33.96% 下降至 12.76%；首套房首付比例执行三成的银行占比小幅上升，由 58.72% 上升至 65.48%。即便如此，执行标准首付比例（三成）的银行数量也难以完全吸收执行优惠首付比例（两成）的银行数量，这意味着更多的银行提高了首套房的信贷标准。更为直观的数据是，首套房停贷的银行占比由 2016 年的 1.69% 上升至 2017 年的 9.00%。这些微观结构数据最终导致2017年总量增速下降。2018年首套房首付执行比例的结构有所改善，执行标准首付比例（三成）和优惠首付比例（两成）的银行总计为81.24%，相较于2017年的78.24%有所提高。更为重要的是，首套房停贷的银行占比大幅下降。2019年首套房首付执行比例的结构进一步改善，重点表现在执行优惠首付比例（两成）的银行占比大幅上升（见图2-2）。总体而言，首套房首付信贷政策在2017年导致刚需"误伤"，在2018年之后又有所修复。

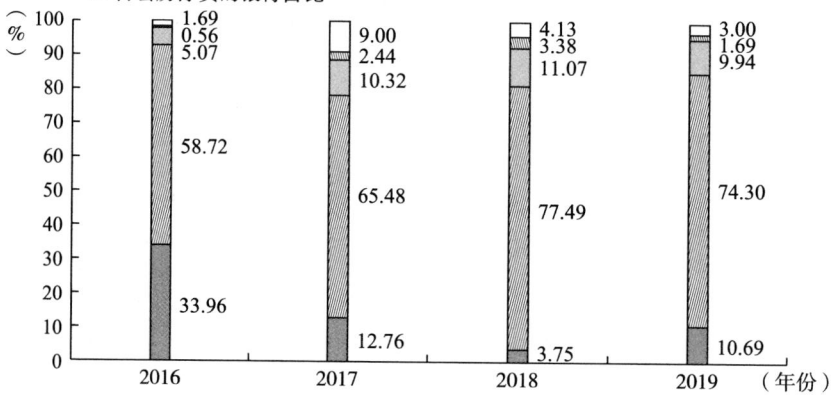

图2-2 2016～2019年商业银行首套房首付比例变化情况
注：样本银行为融360监控的全国533家商业银行分支行。
资料来源：Wind。

二套房首付比例执行标准为四成，其次以五成为主。2016～2017年，二套房首付比例也出现了与首套房类似收紧的局面：首付比例执行四成的银行占比大幅下降，由61.73%下降至43.53%；首付比例执行五成的银行占比小幅下降，由17.82%下降至12.76%；另一个显著变化是二套房停贷银行明显增加。2018年之后，二套房首付比例并没有像首套房那样明显改善。首先，首付比例执行四成的银行占比持续下降。其次，首付比例执行五成的银行数量在增加，这意味着银行为投资性住宅购买提供的杠杆减少了。最后，尽管二套房停贷银行数量减少，但首付比例执行六成至八成的银行数量有所增加（见图2-3）。实际上对于投资性住宅购买而言，这些客户大多是高净值人群,如此之低的杠杆并没有多大意义,真正使用这些政策的人很少。总体而言,二套房和首套房的首付政策存在一定的差异性,投资性和投机性购买需求得到一定程度的抑制,"房住不炒"的精神得到很好的落实。

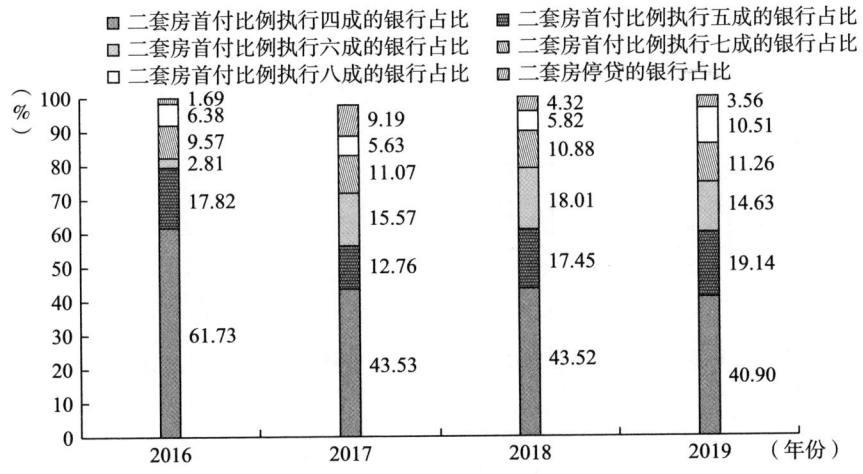

图2-3 2016~2019年商业银行二套房首付比例变化情况

注:样本银行为融360监控的全国533家商业银行分支行。

资料来源:Wind。

(二)市场结构

我国大陆地区最早的一笔个人住房按揭贷款由中国建设银行发放,因此国有大型商业银行是我国个人住房贷款业务的开拓者。从目前统计数据来看,国有大型商业银行依然是我国个人住房信贷市场的主力军,截至2019年6月,工、农、中、建、交五大国有商业银行个人住房贷款余额为18.76万亿元,比1998年末的约500亿元增长了374.2倍;占全国金融机构个人住房贷款余额的66.87%,2014年最高时占比达到77.06%。从数据的时间序列来看,国有大型商业银行在2009~2010年、2011~2012年这两个时间段的市场份额快速上升,在2014~2015年依然保持较高市场份额,这说明市场主力的贷款行为要早于整个市场大约1年(见图2-4)。从政策视角来看,要实现"房住不炒"的目标,在政策执行过程中应抓住国有大型商业银行这个"牛鼻子"。

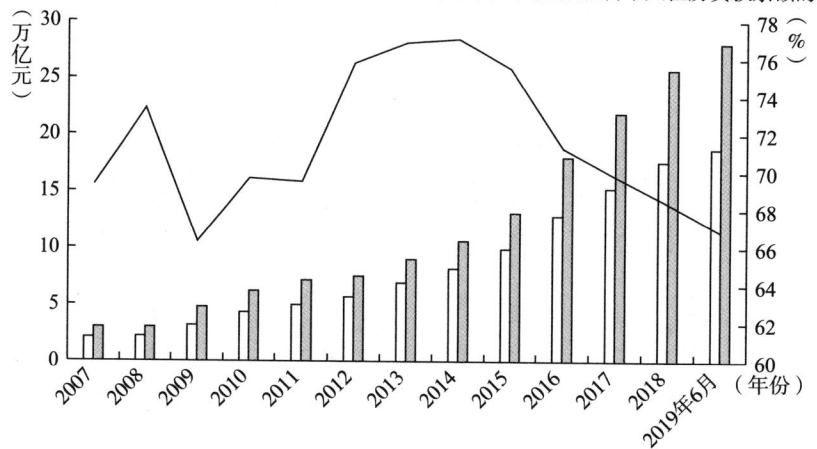

图 2-4　五大国有商业银行个人住房贷款余额及其占全国金融机构个人住房贷款余额的比重
资料来源：Wind。

工、农、中、建、交五大国有商业银行的年报和半年报数据显示，五大国有商业银行个人住房贷款余额从2007年的2.08万亿元上升到2019年6月的18.76万亿元，年均复合增长率为21.08%；从银行业务的内部结构看，五大国有商业银行个人住房贷款余额占贷款总额的比重从2007年的14.08%上升到2019年6月的30.04%（见图2-5）。个人住房贷款业务在银行中的地位日益凸显，其原因包括三个方面。第一，1998年的住房制度改革松绑了居民的住房购买约束，在经过了约10年的市场培育后，居民的购房意愿逐渐增强。第二，经济增长和居民收入水平的大幅提高，使得居民购房能力得以提升，至少更接近首付款的门槛。第三，在金融脱媒大背景下，银行向零售方向转型，个人住房贷款无疑是零售业务中最具价值的。因为个人住房贷款业务具有收益稳定、风险小的特点，并可以通过与借款者建立长期合作关系，进而开展交叉销售。总体而言，在以上因素的共同作用下，个人住房贷款业务呈现快速增长势头。

从截面数据来看，五大国有商业银行2019年上半年年报数据显示，中国建设银行个人住房贷款规模最大，为5.10万亿元，占该行贷款总额的35.09%；中国工商银行个人住房贷款余额为4.92万亿元，占该行贷款总额

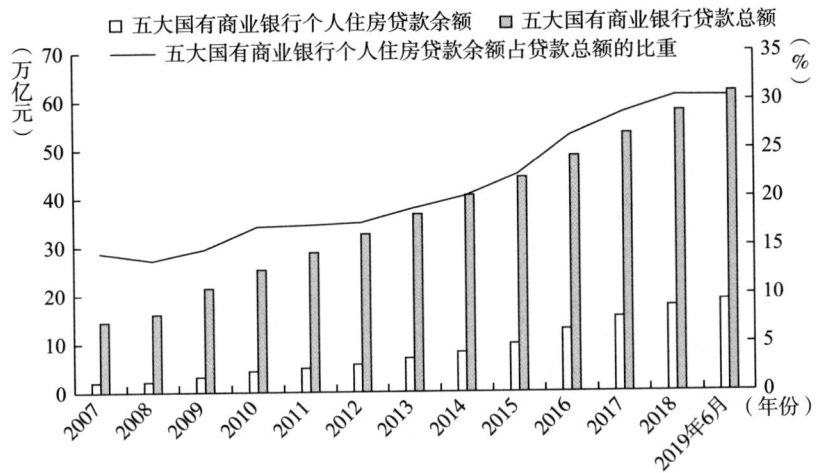

图 2-5　五大国有商业银行个人住房贷款余额及其占贷款总额的比重
资料来源：Wind。

的29.79%；中国农业银行个人住房贷款余额为3.92万亿元，占该行贷款总额的30.20%；中国银行个人住房贷款余额为3.75万亿元，占该行贷款总额的29.87%；交通银行个人住房贷款余额为1.07万亿元，占该行贷款总额的20.81%。在五大国有商业银行的贷款业务中，个人住房贷款业务已经稳居第一的位置，远远超过排名第二的制造业和排名第三的交通运输、仓储和邮政业（见图2-6）。

从个人住房贷款余额地区结构[①]来看，地区间分布极不平衡。截至2019年第三季度，东部地区[②]个人住房贷款余额为17.71万亿元，占全国个人住

[①] 对于各省（自治区、直辖市）个人住房贷款余额数据，我们首先从中国人民银行发布的《中国区域金融运行报告（2019）》各省（自治区、直辖市）分报告取得2018年的余额数据，然后从中国人民银行各分行和中心支行取得2019年的增量数据相加。对于不能用上述方法得到的地区个人住房贷款余额数据，我们使用地区本外币各项贷款总额、境内贷款总额、住房贷款、住户中长期贷款或住户中长期消费贷款分别乘以全国住房贷款余额占全国本外币各项贷款总额、境内贷款总额、住房贷款、住户中长期贷款或住户中长期消费贷款的比例来估算。我们用上述方法估算出全国31个省（自治区、直辖市）的住房贷款余额为28.74万亿元，中国人民银行公布的2019年第三季度末个人贷款余额为29.05万亿元，误差仅为1.07%。

[②] 东部地区包括北京、天津、河北、辽宁、上海、江苏、浙江、福建、山东、广东和海南11个省份。

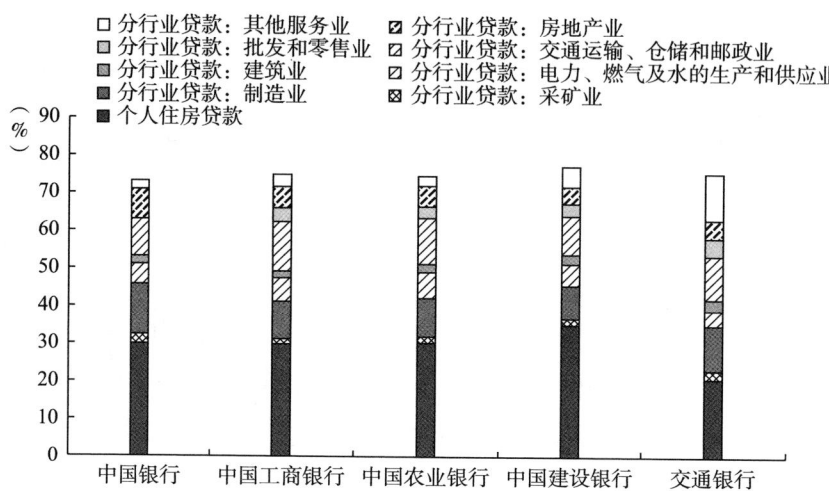

图2-6 2019年上半年五大国有商业银行分行业贷款占比

资料来源：Wind。

房贷款总额的61.62%；中部地区[①]个人住房贷款余额为5.66万亿元，占全国个人住房贷款总额的19.69%；西部地区[②]个人住房贷款余额为5.37万亿元，占全国个人住房贷款总额的18.68%（见图2-7）。分地区看，个人住房贷款余额超过1万亿元的地区有10个，其中东部地区8个、中部地区1

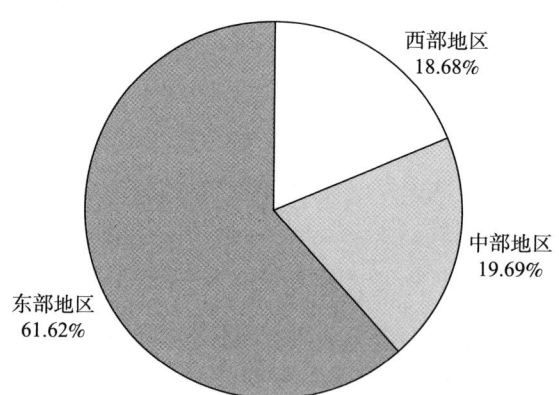

图2-7 2019年第三季度末个人住房贷款余额地区结构

资料来源：Wind。

---

① 中部地区包括山西、吉林、黑龙江、安徽、江西、河南、湖北、湖南8个省份。
② 西部地区包括四川、重庆、贵州、云南、西藏、陕西、甘肃、青海、宁夏、新疆、广西、内蒙古12个省份。

个、西部地区1个，这10个地区按规模从大到小排列分别是广东、江苏、浙江、山东、上海、四川、福建、河北、河南和北京，个人住房贷款余额分别为4.25万亿元、2.72万亿元、2.31万亿元、1.69万亿元、1.61万亿元、1.30万亿元、1.26万亿元、1.12万亿元、1.04万亿元和1.03万亿元，合计占全国个人住房贷款余额的63.78%（见图2-8）。

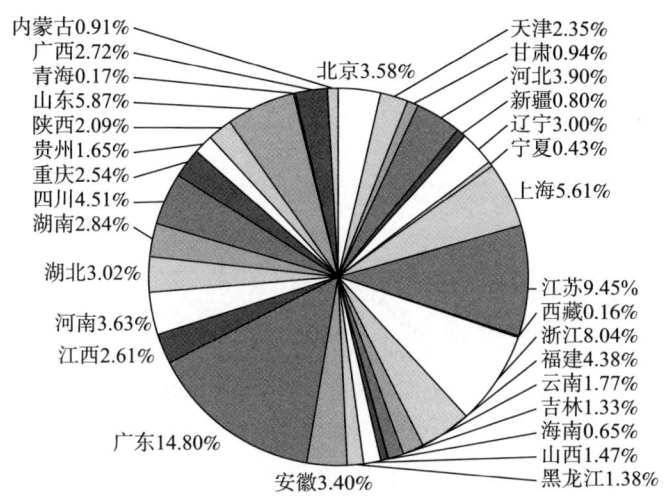

图2-8 2019年第三季度末个人住房贷款余额地区分布
资料来源：Wind。

二 个人住房贷款利率走势

（一）首套房贷款平均利率

首套房贷款利率水平与房地产调控周期密切相关，自2016年9月30日房地产市场调控以来，首套房贷款利率步入上行周期。2016年9月首套房贷款利率为4.44%，约为同期基准利率的九折；2018年11月达到近三年的最高点5.71%，比同期基准利率上浮16.53%。2019年首套房贷款平均利率呈现先下降后上升的趋势。2019年上半年，在公开市场操作、常备借贷便利、中期借贷便利、定向降准等一系列货币政策操作下，银行流动性较为充裕，金融机构贷款增长较快，贷款利率整体略有下降，首套房贷款平均利率也随之下降,由 2019 年 1 月的 5.66% 下降至 2019 年 6 月的 5.42%,下降 24 个基点(见图 2-9)。

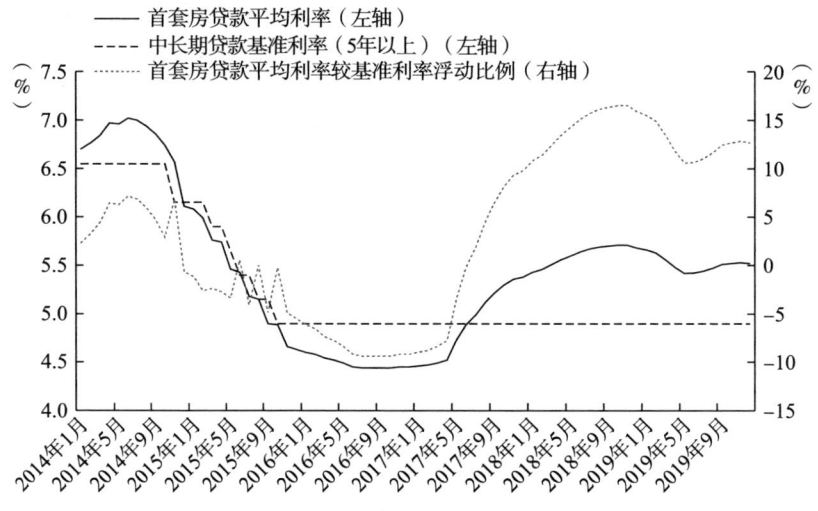

图 2-9 全国首套房贷款平均利率走势

资料来源:Wind。

2019 年下半年房贷利率又重回上升趋势,这主要是受政策影响。2019 年 6 月 13 日,刘鹤副总理在第十一届陆家嘴论坛上表示中国宏观杠杆率的上升速度已经放缓,其中企业杠杆率和地方政府杠杆率得到控制,但居民杠杆率仍在上升。他认为,"这条线上升有很复杂的结构性、体制性原因,我们需要进行深入的分析,采取有效的对策加以应对"。[①] 这说明决策层很重视居民杠杆率上升的问题,而居民杠杆率上升过快的主要原因来自房地产。中国银行保险监督管理委员会主席郭树清在第十一届陆家嘴论坛上对房地产金融的表述更为直接:"新增储蓄资源有一半左右投入房地产领域。房地产业过度融资,不仅挤占了其他产业的信贷资源,而且容易助长房地产的投资投机性行为,使其泡沫化问题更趋严重……历史证明,凡是过度依赖房地产来实现和维持经济繁荣的国家,最终都要付出沉重的代价。"[②]

[①] 《刘鹤:宏观杠杆率的高速增长势头已被初步遏制》,新浪财经,2019 年 6 月 13 日,https://finance.sina.com.cn/hy/hyjz/2019-06-13/doc-ihvhiqay5328863.shtml。

[②] 《郭树清在第十一届陆家嘴论坛上的开幕致辞》,中国人民银行网站,2020 年 6 月 15 日,http://www.pbc.gov.cn/goutongjiaoliu/113456/113469/3844705/index.html。

2019年7月30日召开的中共中央政治局会议除了重申"坚持房子是用来住的,不是用来炒的"定位之外,还明确提出"不将房地产作为短期刺激经济的手段"。①

在政策执行层面,2019年8月17日,中国人民银行发布改革完善贷款市场报价利率(LPR)形成机制公告。这是推动贷款利率市场化的重要举措,由于利率水平呈下行趋势,市场对房贷利率与LPR挂钩后的下行趋势也很期待。然而,中国人民银行副行长刘国强明确表示:"房贷利率由参考基准利率变为参考LPR,但最后的贷款利率水平要保持基本稳定……房贷利率不下降。"② 2019年8月25日,中国人民银行正式出台〔2019〕第16号公告,其中第三条为"首套商业性个人住房贷款利率不得低于相应期限贷款市场报价利率"。③ 而2019年8月20日LPR 5年期以上报价为4.85%,仅比同期限贷款基准利率低5个基点,基本实现了房贷利率不下降。从房贷实际利率水平看,2019年下半年呈现上升走势,由2019年7月的5.44%上升至2019年11月的5.53%,2019年12月下降至5.52%。整体而言,2019年下半年上升幅度小于上半年下降幅度,全年利率呈下降趋势。

(二)二套房贷款平均利率

二套房贷款平均利率走势几乎与首套房一致,亦经历了持续上升再下降的过程,略微不同的是,二套房贷款平均利率上升的时间起点晚于首套房。自2017年5月开始二套房贷款平均利率步入上行周期,2017年5月二套房贷款利率为5.40%,比同期基准利率上浮10%左右;2018年10月达到近三年的最高点6.07%,比同期基准利率上浮23.88%。2019年二套房贷款平均利率同样呈现先下降后上升的趋势。2019年1~6月,二套房贷款平均利率由6.02%下降至5.75%,下降27个基点,下降幅度超过首套房贷款

---

① 《习近平主持中共中央政治局会议》,中央人民政府网站,2019年7月30日,http://www.gov.cn/xinwen/2019-07/30/content_5417282.htm。
② 《人民银行副行长刘国强等出席国务院政策例行吹风会:降低实际利率水平有关政策情况(实录)》,中国人民银行网站,2019年8月20日,http://www.pbc.gov.cn/goutongjiaoliu/113456/113469/3877580/index.html。
③ 《中国人民银行公告〔2019〕第16号》,中国人民银行网站,2019年8月25日,http://www.pbc.gov.cn/goutongjiaoliu/113456/113469/3879648/index.html。

平均利率。二套房贷款平均利率在2019年下半年呈上升趋势同样是受政策影响，中国人民银行公告〔2019〕第16号第三条规定，"二套商业性个人住房贷款利率不得低于相应期限贷款市场报价利率加60个基点"①，2019年8月20日LPR 5年期以上报价为4.85%，这意味着二套房贷款平均利率不能低于5.45%。从二套房贷款实际利率水平看，2019年7月为5.76%，高于政策标准31个基点，较好地落实了"房住不炒"的精神；2019年11月，二套房贷款实际利率达到5.85%，为下半年最高点（见图2-10）。

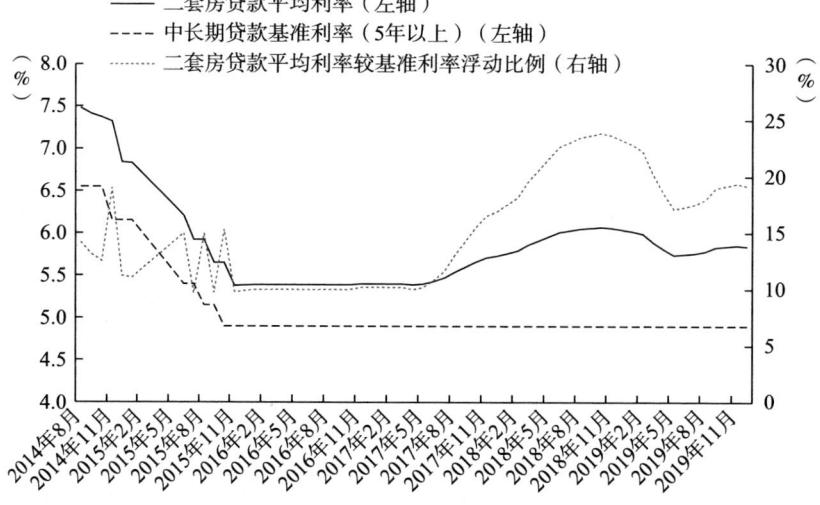

图2-10 全国二套房贷款平均利率走势

资料来源：Wind。

（三）部分城市首套房、二套房贷款利率

2017年以来一线城市的首套房、二套房贷款利差经历了收窄过程，2018年利差基本保持稳定，2019年各一线城市呈分化趋势。北京的首套房、二套房贷款利差在2019年1~5月呈扩大趋势，这主要是由首套房贷款平均利率下降幅度更大造成的；2019年6~12月二者利差经历了先缩小后扩大的过程，这主要是由二套房贷款平均利率上升造成的。上海的首套房、二

---

① 《中国人民银行公告〔2019〕第16号》，中国人民银行网站，2019年8月25日，http://www.pbc.gov.cn/goutongjiaoliu/113456/113469/3879648/index.html。

套房贷款利差在2019年全年是扩大的,这主要是由首套房贷款平均利率下降幅度较大造成的;二者利差由2019年1月的48个基点扩大至2019年12月的61个基点。广州和深圳的首套房、二套房贷款利差在2019年全年保持稳定,广州的利差全年平均为27个基点,深圳的利差全年平均为29个基点,整体而言首套房和二套房在利率政策方面的差别不大(见图2-11)。另一个值得注意的现象是,所有一线城市无论是首套房还是二套房贷款平均利率都低于全国平均水平。这主要与一线城市房地产市场趋冷有关,住房金融的需求也不如以前那么强劲。然而深圳可能是个例外,低利率环境恰好是促成房价在2019年再次上涨的原因之一。

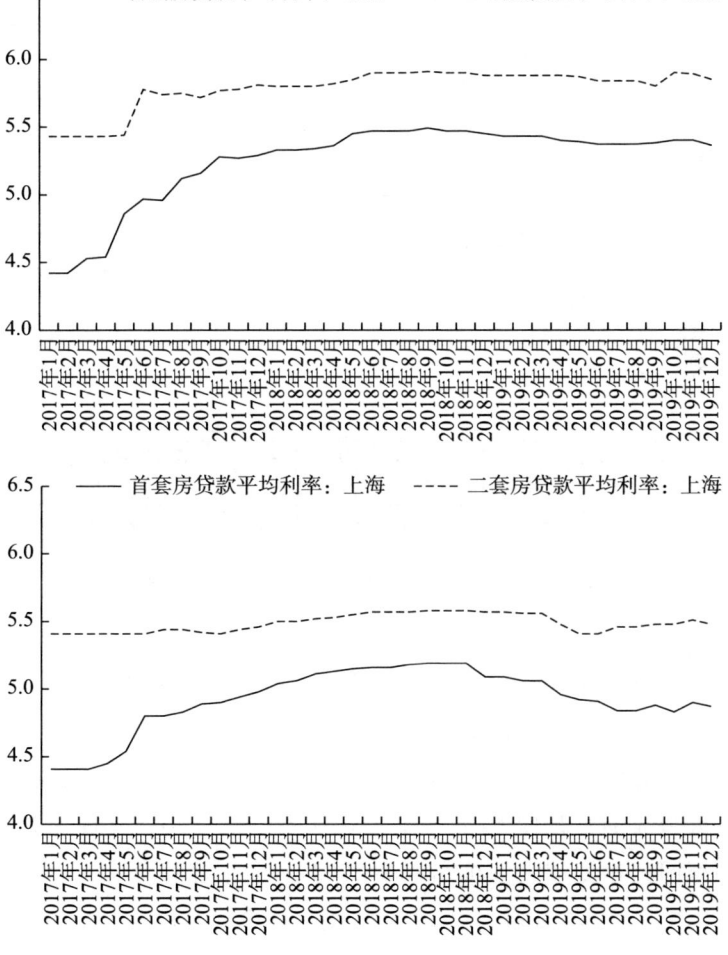

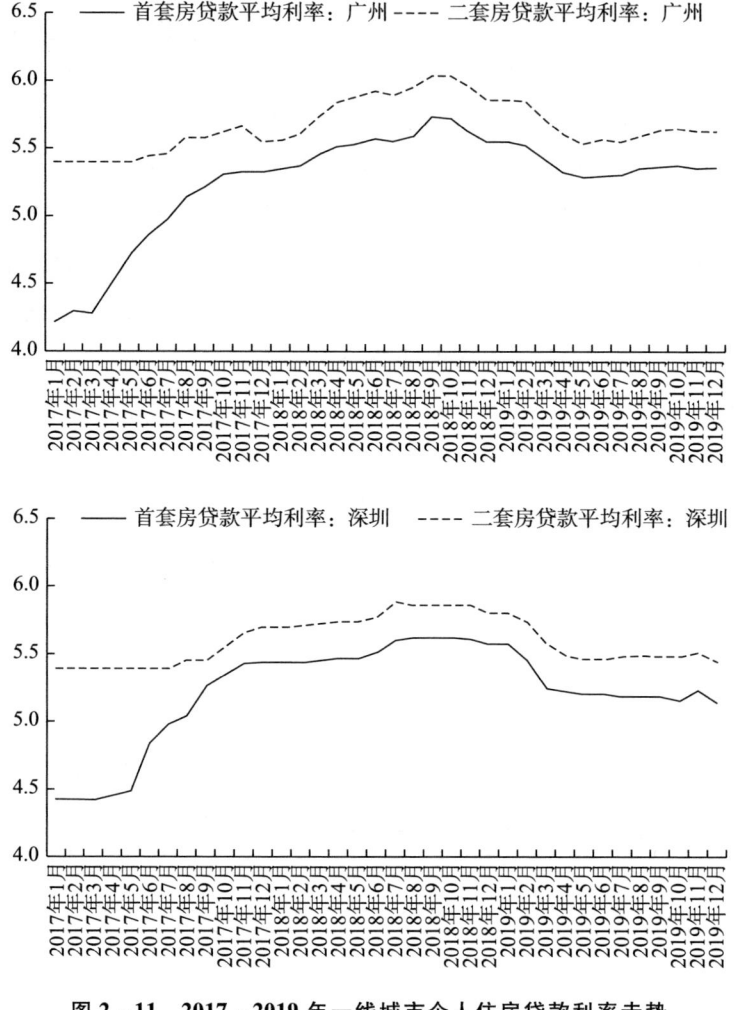

图 2-11　2017—2019 年一线城市个人住房贷款利率走势
资料来源：Wind。

2017年以来部分二线城市的首套房、二套房贷款利差经历了收窄过程，2018年和2019年二者利差基本保持稳定。具体而言，南京在2019年上半年首套房、二套房贷款利差略有扩大，这主要是由首套房贷款平均利率降幅相对较大造成的；2019年下半年二者利差再次缩小，其原因是首套房贷款平均利率回调幅度较大。杭州在2019年上半年首套房、二套房贷款利差大幅缩小，由41个基点缩小至22个基点，这主要是由二套房贷款平均利率降幅较大造成的；2019年下半年二者利差基本稳定在24个基点。武汉和长沙的首套房、二套房贷款利差在2019年上半年小幅收窄，下半年基本保持稳定（见图2-12）。利率水平方面，南京和武汉无论是首套房还是二套房贷款平均利率都高于全国平均水平，2019年这两个城市的房价依然面临较大的上涨压力，因此利率政策相对较紧；杭州的首套房和二套房贷款平均利率低于全国平均水平，长沙则基本与全国平均水平持平，2019年两个城市的房价上涨压力不大。

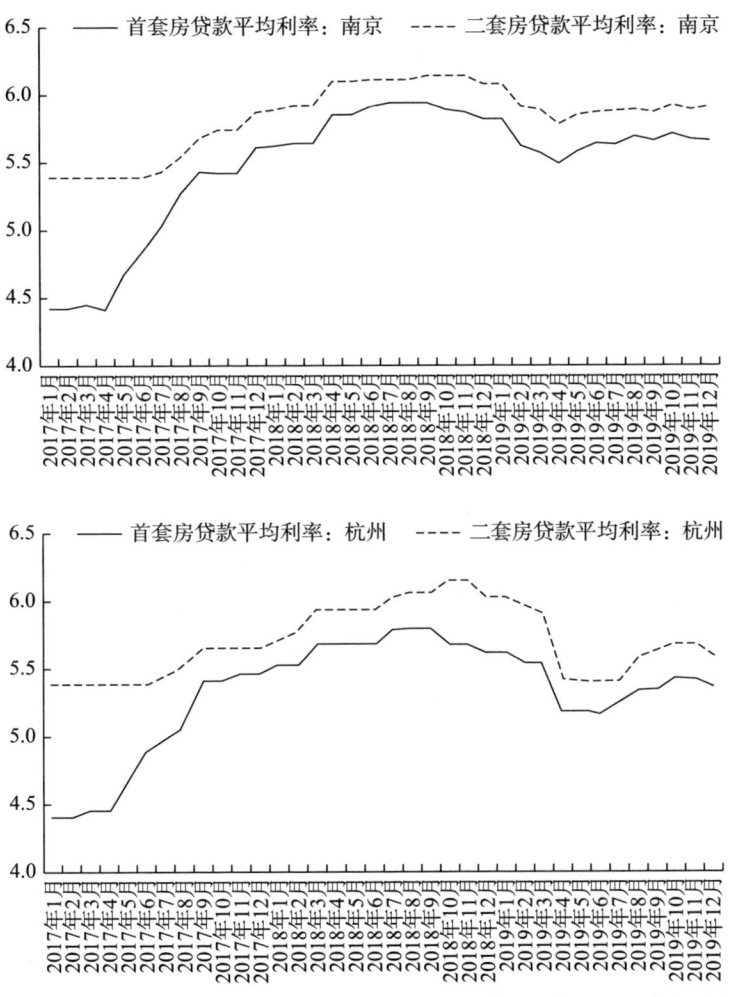

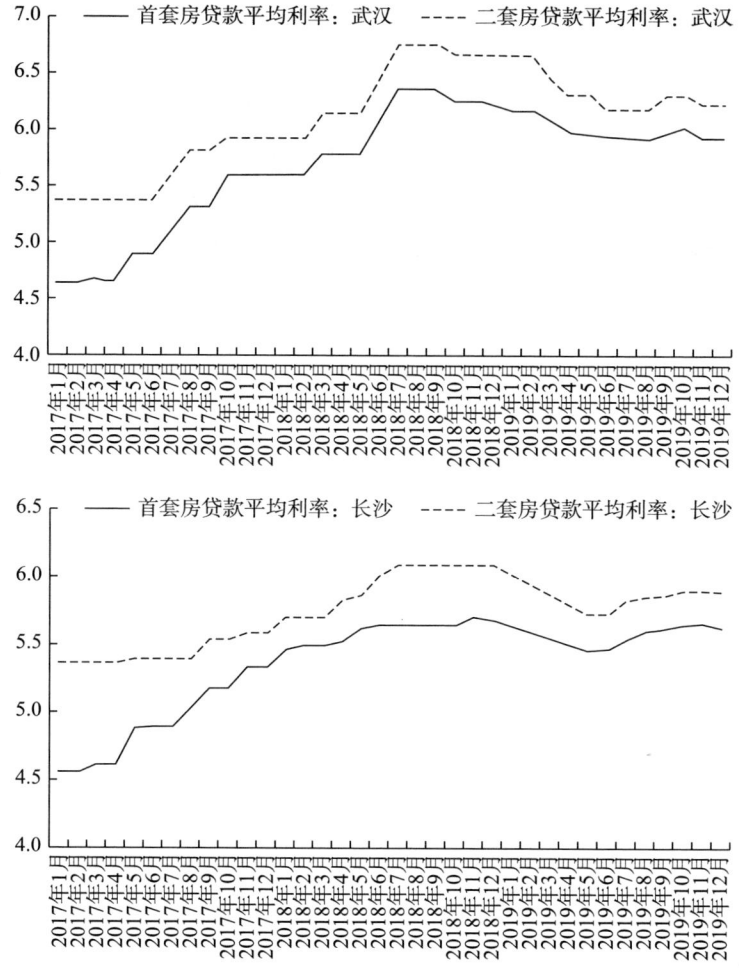

图 2-12　2017~2019 年部分二线热点城市个人住房贷款利率走势
资料来源：Wind。

三　个人住房贷款风险情况

（一）个人住房贷款不良率较低

近年来，我国房地产市场处于异常繁荣的时期，住房价格的不断上涨与信贷推动有密切关系，然而住房贷款的不良率并不高。贷款不良率是衡量银行贷款风险的最重要的指标，相应地，个人住房贷款不良率则是对个人住房贷款风险的度量，它是一个事后指标。2011年以后中国银行业整体贷款不良率呈上升趋势，由2011年的0.96%上升至2018年的1.83%，这主要是由经济下行、去杠杆、银行业竞争加剧等诸多因素造成的。个人贷款不良率总体呈现快速上升势头，2015年后略有放缓。个人贷款不良率上升主要是个人信用卡贷款不良率上升导致的，我国目前正处于消费金融快速发展的阶段，应警惕出现的风险苗头。个人住房贷款不良率与银行业整体贷款不良率、个人贷款不良率呈现完全不同的走势：个人住房贷款不良率水平相较于两者低一个数量级，2011年以来峰值仅为0.39%，且波动性极小（见图2-13）。从银行的视角来看，个人住房贷款是风险最低的一个贷款品种，因而也就不难理解个人住房贷款位居银行贷款投向之首了。

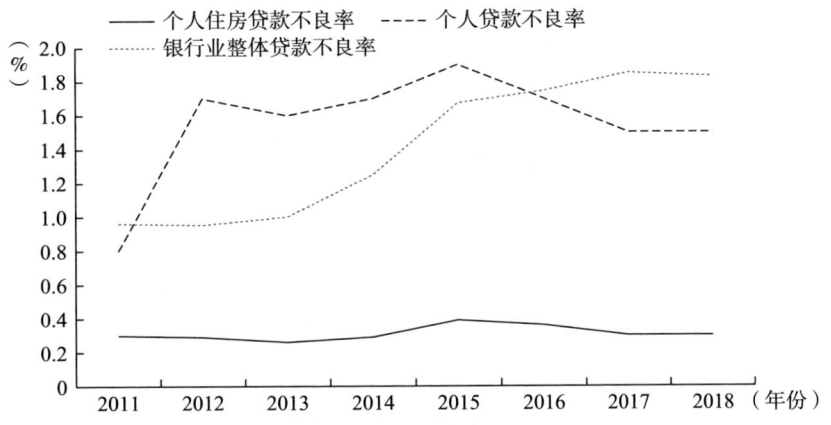

图2-13　2011~2018年个人住房贷款不良率、个人贷款不良率及银行业整体贷款不良率变化情况

资料来源：Wind，2018年个人住房贷款不良率和个人贷款不良率数据来自《中国金融稳定报告（2019）》。

为何个人住房贷款风险如此之低？究其原因包括两个层次。第一层次，来自银行对第一还款来源居民收入的风险控制。由于居民收入相较于企业收入现金流更加稳定，且近年来居民收入伴随着经济增长一直呈上升趋势，因此风险相对较小，再加上银行在放贷时要求居民月收入达到还款月供的2倍以上，这一措施也很好地控制了风险；住房在中国极受重视，居民的贷款意愿较低，即使在还款能力不足的情况下，也存在"六个钱包"① 助力还款的情况。第二层次，住房抵押作为贷款的担保措施形成了很好的保护垫。我们可以将住房贷款看作银行卖给居民的关于房价的看涨期权，伴随着房价的上涨，抵押品价值也随之上升，在这样的情况下居民是没有违约动力的。

（二）新增住房贷款价值比大幅下降

如果说个人住房贷款不良率是对过往风险和既成事实的刻画，那么贷款价值比（Loan to Value，LTV）则是对住房贷款当下风险的度量。LTV 是一种国际通用的风险控制指标，它可以衡量金融机构在住房价格下跌时承受风险的能力，反映房价下跌对银行坏账的影响。相关统计数据表明，住房贷款价值比与住房贷款违约率有显著的正相关性，一般来说，当住房价格波动使住房抵押品的市场价值小于未偿还住房贷款（即住房贷款价值比大于 1）时，会对理性的贷款人产生违约激励，住房金融机构面临的违约风险增大。LTV 除了作为风险监测的指标外，它还是宏观审慎管理的政策工具之一，即通过提高首付比例从而降低 LTV，以此达到防范市场风险向信用风险传导的目的。

由于我们难以计算全部存量住房的价值，因而难以计算住房贷款价值比，但我们可以根据每年新增住房销售额和新增个人住房贷款计算新增住房贷款价值比，这一指标反映了当年居民部门在住房消费中使用杠杆的程度。图 2-14 展示了 2010~2019 年新增住房贷款价值比的情况。2011 年以后新增住房贷款价值比呈现上升势头；2014 年之后上升速度加快，并在 2017 年达到峰值 59.30%，这段时期几乎与房价上升势头吻合，尤其是一线城市；2016 年 9 月本轮房地产调控开启，从相关数据来看，金融机构较好地执行了"房住不炒"的政策，新增住房贷款价值比在 2018 年回落至 30.46%，并在 2019 年基本保持平稳。尽管从利率水平来看 2019 年上半年首套房和二套房贷款平均利率都明显下降，这似乎意味着某种程度的宽松，但从住房贷款余额增速以及新增住房贷款价值比指标来看，个人住房金融

---

① "六个钱包"是指男方的父母、祖父母、外祖父母加上女方的父母、祖父母、外祖父母，借指帮助子女买房的父辈和祖辈。2018 年 4 月，中国人民银行货币政策委员会委员樊纲在 CCTV2《大讲堂》电视节目中提出，如果"六个钱包"能帮你凑够首付的话，那么最好还是买房子。

政策依然较紧，这说明调控主要是通过数量手段进行的。

图 2-14 2010~2019 年我国新增住房贷款价值比

注：由于数据可得性，2010~2016 年新增住房贷款价值比数据由 Wind 收录的金融机构新增住房贷款/全国住宅销售额估算得出，数据会低估真实新增住房贷款价值比，在这期间估算方法相同，可以反映新增住房贷款价值比变化趋势；2017 年新增住房贷款价值比数据来自《中国金融稳定报告（2018）》，为真实新增住房贷款价值比；2018 年和 2019 年中国人民银行未公布新增个人住房贷款余额，我们使用年初和年末余额之差代替。

资料来源：Wind。

我们估算了一线城市和部分二线城市的新增住房贷款价值比。一线城市方面，2019 年，北京的新增住房贷款价值比有所下降，平均为 24.88%，属于较低水平，风险不大；深圳的平均新增住房贷款价值比为 57.49%，处于合理水平；上海的风险也不大，平均新增住房贷款价值比为 26.42%；广州的新增住房贷款价值比在 2018 年下半年再次出现上涨，2019 年第二季度以来开始回落，2019 年平均新增住房贷款价值比为 59.84%。二线城市方面，东部地区的杭州、南京和厦门的杠杆支撑作用较强，2018 年初以来新增住房贷款价值比呈波动上升趋势。2019 年杭州的平均新增住房贷款价值比为 63.64%；2019 年前三季度南京的平均新增住房贷款价值比为 57.36%；厦门的新增住房贷款价值比一直维持较高水平，2019 年平均为 62.99%。中西部城市方面，杠杆的支撑作用较小。2019 年郑州的平均新增住房贷款价值比为 31.03%；2019 年第一季度武汉和天津的平均新增住房贷款价值比有所反弹，之后开始回落，2019 年的平均新增住房贷款价值比分别为 32.15% 和 28.71%，风险较小（见图 2-15）。

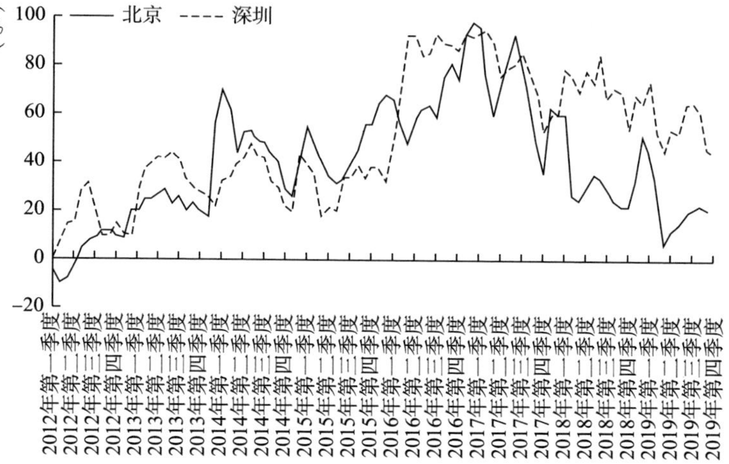
（%）
100
80
60
40
20
0
−20
北京
深圳
2012年第一季度
2012年第二季度
2012年第三季度
2012年第四季度
2013年第一季度
2013年第二季度
2013年第三季度
2013年第四季度
2014年第一季度
2014年第二季度
2014年第三季度
2014年第四季度
2015年第一季度
2015年第二季度
2015年第三季度
2015年第四季度
2016年第一季度
2016年第二季度
2016年第三季度
2016年第四季度
2017年第一季度
2017年第二季度
2017年第三季度
2017年第四季度
2018年第一季度
2018年第二季度
2018年第三季度
2018年第四季度
2019年第一季度
2019年第二季度
2019年第三季度
2019年第四季度

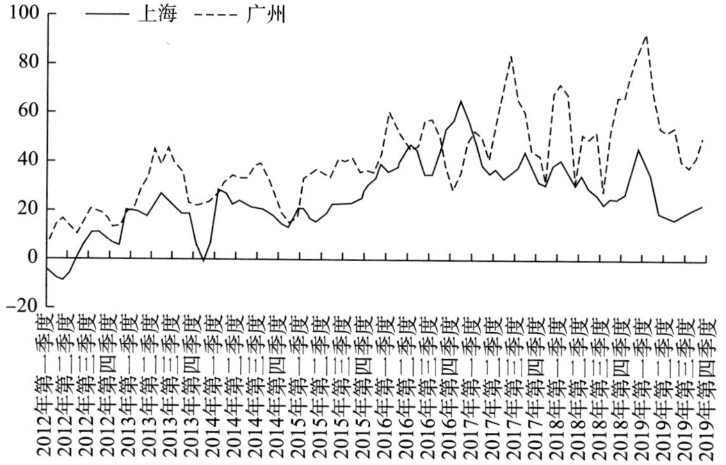
（%）
100
80
60
40
20
0
−20
上海
广州
2012年第一季度
2012年第二季度
2012年第三季度
2012年第四季度
2013年第一季度
2013年第二季度
2013年第三季度
2013年第四季度
2014年第一季度
2014年第二季度
2014年第三季度
2014年第四季度
2015年第一季度
2015年第二季度
2015年第三季度
2015年第四季度
2016年第一季度
2016年第二季度
2016年第三季度
2016年第四季度
2017年第一季度
2017年第二季度
2017年第三季度
2017年第四季度
2018年第一季度
2018年第二季度
2018年第三季度
2018年第四季度
2019年第一季度
2019年第二季度
2019年第三季度
2019年第四季度

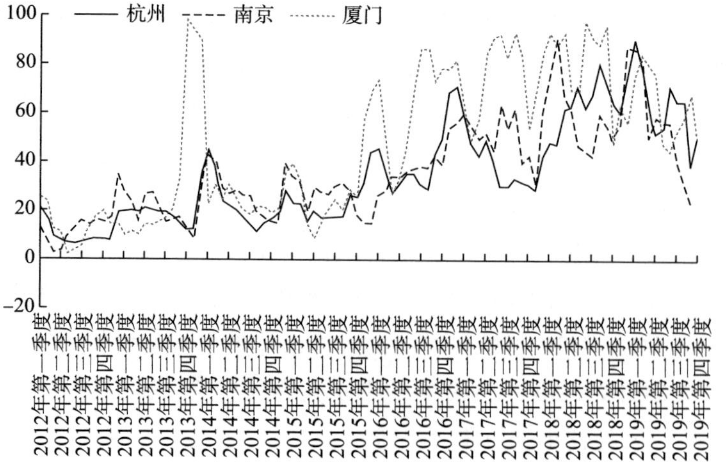
（%）
100
80
60
40
20
0
−20
杭州
南京
厦门
2012年第一季度
2012年第二季度
2012年第三季度
2012年第四季度
2013年第一季度
2013年第二季度
2013年第三季度
2013年第四季度
2014年第一季度
2014年第二季度
2014年第三季度
2014年第四季度
2015年第一季度
2015年第二季度
2015年第三季度
2015年第四季度
2016年第一季度
2016年第二季度
2016年第三季度
2016年第四季度
2017年第一季度
2017年第二季度
2017年第三季度
2017年第四季度
2018年第一季度
2018年第二季度
2018年第三季度
2018年第四季度
2019年第一季度
2019年第二季度
2019年第三季度
2019年第四季度

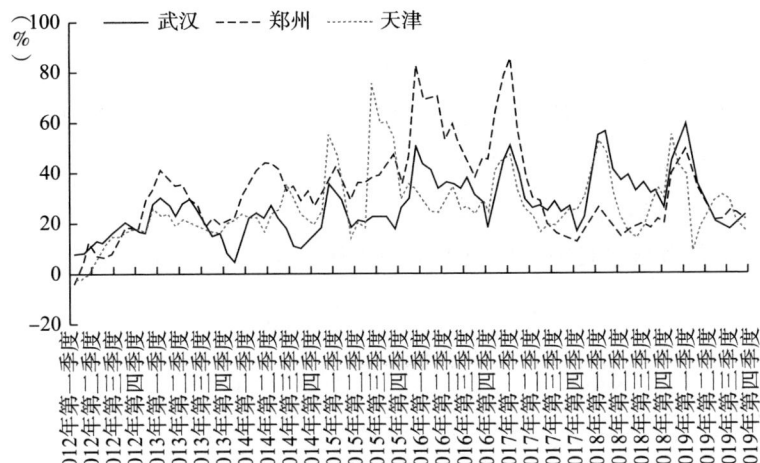

图 2-15 一线城市和部分二线城市新增住房贷款价值比（3 个月移动平均）

注：理论上讲，贷款价值比不应该超过 70%。导致计算结果存在差异的原因是：第一，我们使用贷款月度余额之差表示新增量，两者之间存在差异；第二，由于不能直接得到个贷数据，我们使用总贷款数据或居民中长期贷款数据再乘以某一系数得到个贷数据。但是，我们保持单个城市在时间上的系数一致，以及不同城市在方法上的一致，因此数据依然具有参考意义。该指标出现负值的原因来自第一条。

资料来源：国家金融与发展实验室估算。

（三）债务收入比依然处于较高水平

如果说不良贷款率是对过往风险的描述，贷款价值比是对当下风险的刻画，那么债务收入比（Debt Service-to-Income Ratio）无疑是对未来风险的较好度量。从该指标分子和分母的含义来看，分子为住户部门债务或个人住房贷款，是一个存量指标，是未来现金流的折现；分母为居民可支配收入，是一个流量指标，也是住户部门偿还债务的主要资金来源。因此，住户部门债务或个人住房贷款与居民可支配收入之比可以较好地反映住户部门的债务负担水平。

从住户部门债务收入比数据来看，2008 年之前其上升速度比较慢，但 2008 年之后开始快速上升，从 2008 年底的 43.17% 快速上升至 2019 年底的 116.12%，上升了 72.95 个百分点，其中房贷收入比从 2008 年的 22.54% 上升至2019年的66.31%，上升了43.77个百分点（见图2-16）。① 这里特别值得注意的是，新增住房贷款价值比已经回落，但房贷收入比依然呈上升趋势。出现这一现象的原因是：住房贷款余额增速尽管已从2016年38.1%的高位下降至2019年的16.7%，但这一增速依然超过居民可支配收入增速，2018年和2019年城镇居民人均可支配收入增速分别为7.84%和7.92%。这说明当前我国居民债务负担依然较重，住户部门杠杆率还需进一步稳定。

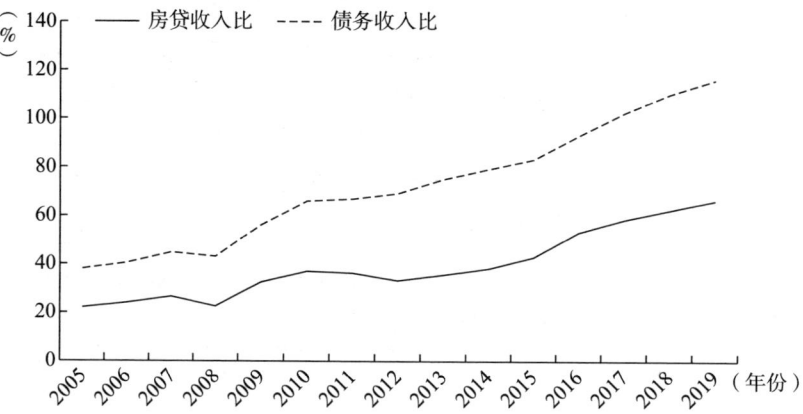

图2-16 2005~2019年我国住户部门居民债务收入比和房贷收入比
资料来源：Wind、CEIC。

四 2020年个人住房贷款市场展望

2020年的个人住房贷款市场行情与整个房地产市场的政策环境密切相

---

① 细心的读者可能注意到，2019年的住户债务收入比数据比2018年报告中的数据（121.60%）还要低，但图2-16中2019年的数据相较于2018年并没有下降。这是由于我们对该指标的分母居民可支配收入的计算方式进行了调整：原有计算方式为城镇居民可支配收入与农村居民人均纯收入简单平均后再乘以人口数，但由于2019年我国城镇居民常住人口达到8.48亿人，占全国总人口的比重为60.6%，城镇居民收入大约是农村居民收入的3倍左右，采取简单平均的方式计算总的可支配收入有明显偏差，因此采用按人口加权平均的方式计算总的可支配收入。这一计算方式导致住户债务收入比指标整体变小。同样，住房贷款收入比指标也采取同样方式进行调整。

关。2020年1月暴发的新冠肺炎疫情对经济活动造成较大冲击，房地产市场也深受影响，地方政府因救灾面临更大的财政压力，因而有动力通过松绑甚至刺激楼市的方法应对地方财政压力。一些地方政府在2020年2月出台了一系列政策，包括降低首套房首付比例、提高公积金贷款额度甚至允许使用公积金购买第二套房，其中一些政策先后被叫停。这实际上反映出一个重要信号，即"房住不炒"以及"不将房地产作为短期刺激经济的手段"依然是中央对房地产调控的底线，这也是我们判断2020年个人住房贷款市场形势的准绳。

本章的分析表明，个人住房贷款市场的调控以数量调控为主、价格调控为辅，因此，结合中央对房地产调控的定调，我们认为2020年个人住房贷款余额增速依然保持平稳或者略有下降，我们预计全年增幅不超过16.7%。数量调控结构方面，我们建议各地根据"因城施策"原则适当降低首套房首付比例，这未尝不可，因为首套房具有明显的"居住属性"，应避免金融调控过程中的"误伤"；二套房首付比例则应坚持四成甚至略高，这是为了向市场传递政策依然抑制投资投机性需求的信号。

价格方面（即利率水平方面），由于房贷利率完全参考LPR定价并采取基点加成的方式，因此我们需要判断LPR的走势。首先，LPR的走势取决于一般利率水平。有三个因素决定了未来一般利率水平的下行趋势：其一，经济下行内在地要求利率水平给予配合；其二，货币总量和社会融资规模等指标依然较为宽裕；其三，国外利率水平较低，在开放环境下利率有趋同趋势。其次，LPR是贷款市场利率，一般高于一般利率水平，然而在中央要求降低实体企业融资成本的大方针下，贷款的风险溢价不会太高。最后，与房贷利率挂钩的是5年期LPR，同时存在期限溢价，结合仅有的几个远期LPR报价来看，2020年5年期LPR不会大幅下降。我们综合判断2020年5年期LPR将下降5~10个基点。具体到房贷利率的实际平均水平，我们认为会在首套房贷款利率的带动下超过5年期LPR的下降水平。

风险方面，由于数量调控的作用，我们预计个人住房贷款不良率以及新增住房贷款价值比不会显著上升，而房贷收入比会延续2019年的趋势继续小幅上升。

第三章
房地产开发企业融资市场

崔 玉[*]

- 从房地产开发企业主要融资渠道来看，在银行贷款方面，截至2019年底，房地产开发贷款余额为11.22万亿元，同比增长10.10%，增速比2018年末低12.5个百分点，净增量较2018年减少8600亿元。在信托融资方面，截至2019年末，房地产信托融资余额为2.70万亿元，当年新增额为1.09万亿元，其中，第三季度房地产信托融资余额环比下降5.05%，是四年来房地产信托融资余额环比首次出现负增长，第四季度房地产信托融资余额环比下降2.78%。在债券融资方面，2019年，房地产开发企业信用债的发行规模为5057.81亿元，同比下降8.02%。截至2019年12月31日，房地产开发企业存量信用债余额为1.91万亿元。从存量信用债到期情况来看，在不考虑回售和提前还款的情况下，未来3年房地产开发企业信用债将迎来集中偿付期，待偿还规模为1.36万亿元。在股权融资方面，2010年之后，房地产开发企业A股IPO基本处于停滞状态，增发成为目前房地产开发企业股权融资的最主要方式。截至2019年底，房地产开发企业股权融资规模累计仅为6799.89亿元，其中2019年融资规模仅为277.38亿元，占房地产行业融资总额的比重较小。在境外融资方面，2019年国内房地产开发企业境外融资规模约为800亿美元，已经成为融资的重要渠道之一。
- 从融资成本的情况来看，在银行贷款利率方面，2019年房地产

---

[*] 崔玉，国家金融与发展实验室房地产金融研究中心研究员。

企业的银行贷款利率主要为6%~8%。商业银行对综合实力强、负债率较低的房地产开发企业的放贷意愿较强，贷款利率相应较低；相反，对部分负债率较高或规模较小的民营房地产开发企业的放贷意愿较弱。在信托融资成本方面，2019年房地产信托发行预期平均收益率在8.23%左右，再加上2%~3%的信托公司报酬和信托计划发行费用，房地产开发企业信托融资的平均成本为10.23%~11.23%，较上一年略有下降。在国内信用债利率方面，2019年房地产开发企业信用债加权平均票面利率为5.22%，约在同期中长期基准利率基础上上浮22个基点，第三、第四季度较第一、第二季度略有上升。在境外债券利率方面，2019年房地产开发企业境外债加权平均票面利率为8.05%，同比上升15.04%，远高于同期国内信用债发行加权平均票面利率。总体来看，2019年第二季度之后房地产开发企业融资政策再次收紧的影响更多地表现在房地产开发企业融资难方面，对融资成本的影响并不明显。

● 展望2020年，预期房地产开发企业融资渠道收窄的局面不会有根本的改变，但会对房地产金融政策进行边际微调。随着监管政策的陆续完善，房地产开发企业正常、合规的资金需求将会得到较为充分的满足。预期融资分化现象将更为严重，优质的国有房地产开发企业或资产负债率较低的上市房地产开发企业的资金状况会略有改善，部分高杠杆经营的民营大型房地产开发企业和中小型房地产开发企业进行融资仍将较为困难。这将会使部分房地产开发企业被迫出售手中优质项目以获取资金维持运转，行业并购规模扩大，行业集中度进一步提升，马太效应凸显。目前来看，除了拓展企业融资渠道外，提高周转速度、降低库存规模、降价促销加速资金回笼仍是房地产开发企业维持生存的不二选择。在融资成本方面，由于目前市场流动性较为充裕，负债率较低且资信状况较好的头部优质房地产开发企业将获得更多议价空间，融资成本可能会进一步下降，而负债率较高或规模较小的房地产开发企业的融资成本在未来一段时间预计仍将维持在高位。

房地产业属于资金高度密集行业，无论是土地购置还是房地产的开发和建设均需要大量资金，加上房地产项目的建设周期和销售周期较长，资金成为房地产开发企业赖以生存和发展的命脉。这些特点决定了房地产开发企业在从事房地产开发、建设、销售等活动的同时，必须不断地进行资金融通活动。目前我国大多数房地产开发企业以高杠杆、高负债、高周转的模式运转，融资能力在很大程度上决定了房地产开发企业的生存、发展和盈利能力。

一 房地产开发企业主要融资渠道现状

房地产开发企业的融资方式可以分为两大类，即权益性融资和债务性融资，权益性融资构成企业的资本金，债务性融资构成企业的负债。从具体融资方式来看，房地产开发企业的主要融资渠道包括银行贷款、信托融资、债券融资、股权融资、境外融资、私募基金融资、应付账款等商业信用融资、应收账款和购房尾款资产证券化融资等。

（一）银行贷款

银行贷款主要包括商业银行贷款和政策性银行专项贷款，是房地产开发企业最为传统的融资方式和最重要的融资渠道。目前，流入房地产开发企业的银行贷款，包括房地产开发贷款，并购贷款，经营性物业贷款，流动资金贷款，棚改、城市更新贷款等政策性银行贷款等。其中，最主要的是房地产开发贷款和并购贷款。银行贷款的优点是融资金额大、融资成本低，且较债券融资和股权融资等融资方式门槛低、审批程序少、取得资金时间短；缺点是融资规模和融资成本受宏观调控政策和经济形势的影响较大，一旦经济增速放缓或房地产调控趋严，银行贷款就会面临收紧的压力。

1. 房地产开发贷款

房地产开发贷款指银行等金融机构向符合资质要求的房地产开发企业发放的主要用于房地产开发与经营、土地开发与储备的中长期贷款，是房地产开发企业最主要的融资方式之一。主要用于满足房地产开发企业在房地产开发建设和经营过程中的资金需求，具有贷款金额大、贷款期限长的特点。产品种类包括普通商品住房类房地产开发贷款、经济适用房类房地产开发贷款、商用房类房地产开发贷款、土地储备类房地产项目贷款、房地产开发企业流动资金贷款等。房地产开发贷款的额度取决于房地产开发企业的抵押物价值，根据房地产开发项目的后续现金流、土地的区域位置等不同情况，一般按抵押物价值的50%~70%放贷；贷款的期限一般不超过3年（含3年）；贷款的利率水平一般为基准利率上浮10%~50%。

从增量来看，2019年新增房地产开发贷款约为2.03万亿元，同比增长6.46%；分季度来看，第一至第四季度新增房地产开发贷款金额分别为5842.30亿元、4959.00亿元、5136.26亿元、4316.72亿元，季度平均新增5063.57亿元。2019年5月之后，银保监会为推进商业银行贯彻落实中央房地产调控政策，加强了对流入房地产开发企业的资金监管，严厉查处各类资金违规流入房地产开发行业，这直接导致第三、第四季度新增房地产开发贷款金额同比增速持续下滑（见图3-1）。在目前房地产调控和防范重大金融风险的政策背景下，商业银行通过提高开发贷款的审核标准收紧房产开发贷款的发放。对新增房地产开发贷款不仅要求项目满足"四三二"规定，即必须满足"项目四证齐全"（"四证"指《土地使用权证》《建设用地规划许可证》《建设工程规划许可证》《建筑工程施工许可证》）、"项目自有资本金达到30%"（虽然2015年国家发改委将其调整为保障性住房和普通住房项目自有资金比例最低为20%，其他项目为25%，但实际融资过程中银行等金融机构出于风控要求一般仍要求最低为30%）、"开发商具有二级以上资质"，还会综合考察房地产开发企业的信用、资质、项目、增信及担保的情况。目前，对于综合实力较强、负债率较低的房地产开发企业（主要为我国TOP50甚至TOP30房地产开发企业中经营风格较为稳健的企业），商业银行的放贷意愿较强；相反，对于部分负债率较高或规模较小的民营房地产开发企业，商业银行的放款意愿较弱。

从存量来看，截至2019年底，房地产开发贷款余额为11.22万亿元，净增量为1.03万亿元，净增量较2018年减少8600亿元；从余额同比增速来看，房地产开发贷款余额同比增加10.10%，增速比2018年末低12.5个百分点，同比增速已经连续5个季度下滑（见图3-2）。虽然房地产开发贷款存量余额仍处于历史较高水平，但第四季度末较为罕见地出现开发贷款余

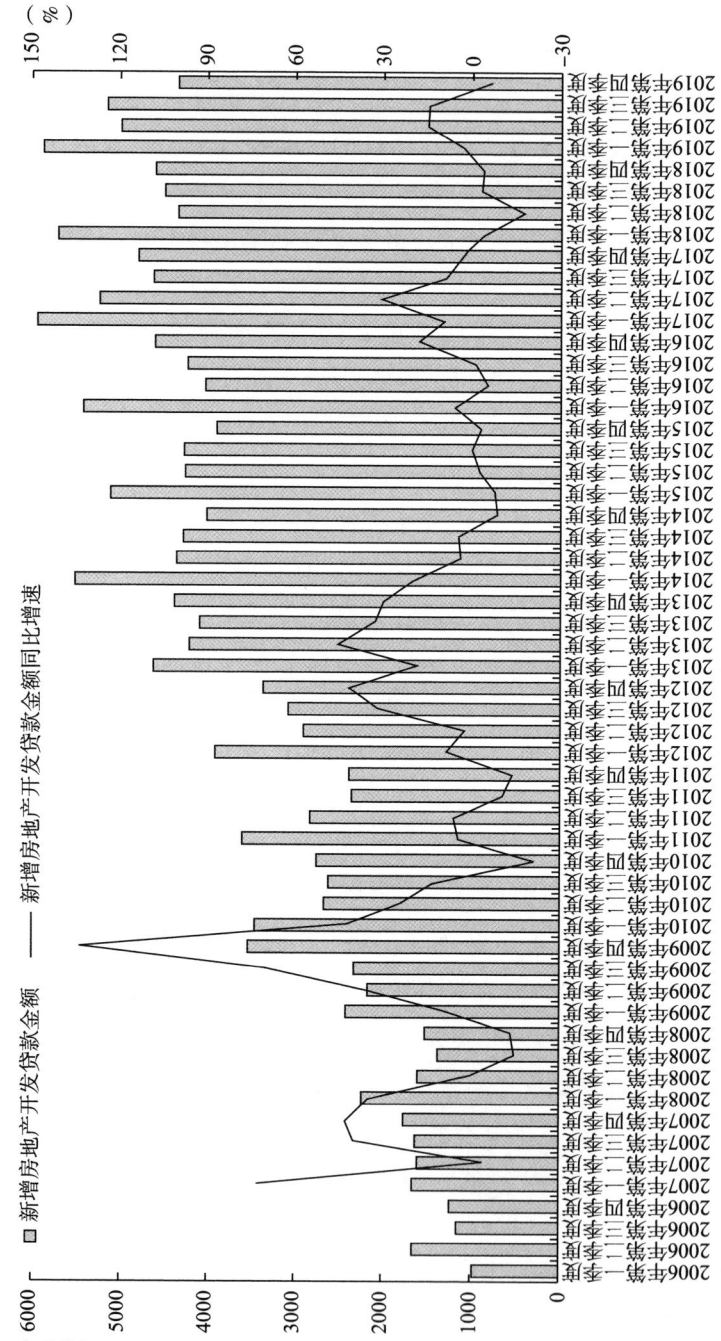

图3-1 2006~2019年新增房地产开发贷款

资料来源：Wind，CEIC。

第三章 房地产开发企业融资市场

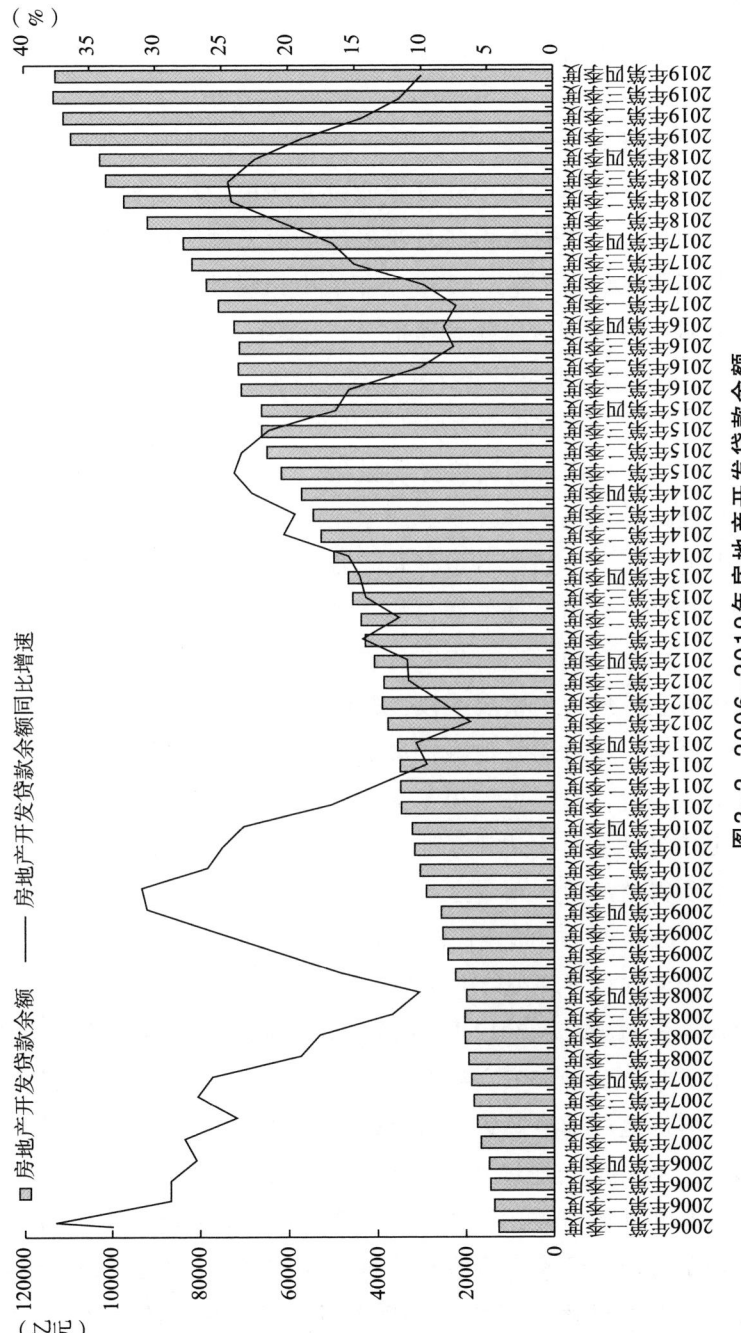

图3-2 2006~2019年房地产开发贷款余额

资料来源：Wind。

额环比下降，表明监管机构不仅通过加强监管防止资金通过银行表内、表外业务违规流入房地产行业，还可能已经要求商业银行对房地产开发贷款实施额度管控措施。

2. 房地产并购贷款

房地产并购贷款是指房地产开发企业以并购房地产企业股权、房地产开发项目或房地产土地项目为由向商业银行申请支付交易价款和费用的专项贷款，贷款期限最长为7年，以3~5年的中长期贷款为主。2008年银监会出台《商业银行并购贷款风险管理指引》（2015年2月银监会修订该指引），允许符合条件的商业银行开办并购贷款业务。在此之后房地产并购贷款规模快速增长，并购贷款也成为房地产开发企业的融资方式之一。

近年来，随着房地产市场调控持续强化，招拍挂土地出让条件越来越严格，并购已经成为房地产开发企业获取土地资源的常规方式。房地产开发企业通过并购既可以有机会获取低价土地资源、增加土地储备，也可以迅速扩大企业规模、占领市场份额，甚至垄断区域市场。相应地，出售房地产企业股权、房地产项目、在建工程或土地也就成为部分房地产企业获取资金、缓解资金链压力的重要手段。并购贷款之所以备受房地产开发企业青睐，主要原因是相对于其他融资渠道来说，并购贷款是目前唯一可支持权益性融资的银行信贷，可以用于支付并购交易价款，最高可提供交易额的60%。这在很大程度上规避了监管，变相获得占土地出让金60%的融资，获取并购所得的房地产项目之后仍可以继续申请房地产开发贷款，是一种对房地产开发企业自有资金比例要求较低的高杠杆融资渠道。

在并购贷款的支持下，2012年之后房地产市场并购交易规模不断攀升，整体呈现快速增长趋势，从2012年的590.93亿元增长到2016年和2017年高峰时的3713.98亿元和3562.44亿元。经历2012~2017年的房地产并购大潮之后，随着房地产金融政策的收紧，商业银行并购贷款的发放也开始收紧。2019年，银保监会连续发文，要求商业银行和非银行金融机构加强对房地产业务合规性的审查，严禁以并购贷款、经营性物业贷款等名义将资金违规挪用于房地产开发。这些政策直接导致房地产行业的并购活动受到限制，行业并购规模逐渐缩减。2019年房地产行业并购宗数为221宗，金额为1843.55亿元，同比减少27.85%（见图3-3）。按照最高60%的比

第三章 房地产开发企业融资市场

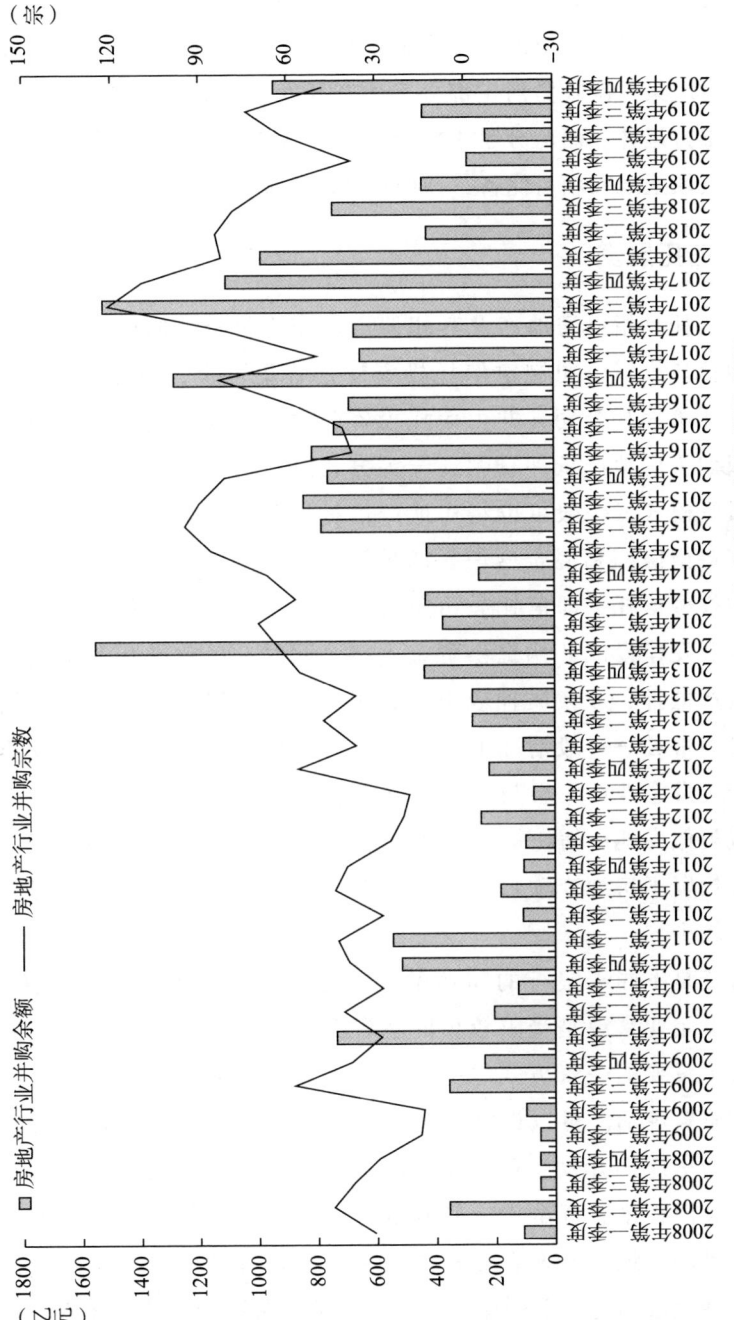

图3-3 2008~2019年房地产行业并购情况

资料来源：Wind。

例来估算房地产并购贷款规模，2019年并购贷款的发放金额约为1106.13亿元。分季度来看，第三、第四季度房地产行业并购规模逆势上升。主要原因是房地产金融政策再次收紧后，部分房地产开发企业被迫出售手中优质项目以获取资金维持运转。而部分手中资金充裕、融资渠道通畅的优质房地产开发企业趁机获取土地和项目储备，预期房地产行业集中度将会逐步上升。

（二）信托融资

房地产信托是指以房地产及其相关资产作为投资方向的资金信托投资方式，即由信托投资公司制定信托投资计划筹集资金，委托人（投资者）将其资金委托给信托公司，并由信托投资公司通过信托贷款、房地产项目股权投资或购买房地产抵押贷款证券等方式进行房地产相关投资活动。按照交易和投资模式，一般可以将房地产信托划分为债权型信托、股权回购型信托、权益型信托和混合型信托四种类型。从实践来看，最主要的房地产信托是债权型信托，即信托公司向房地产开发企业发放信托贷款，为房地产项目的开发建设或并购提供资金支持；同时，房地产开发企业向信托公司提供资产抵押、股权质押或第三方担保，并承诺还本付息。股权回购型信托也较为常见。一般情况下，信托公司在将信托资金以股权投资方式投向房地产开发企业前，会与房地产开发企业或相关第三方签署股权回购协议，形成类似房地产信托贷款的融资方式，即所谓的"明股实债"。直接将信托资金投资于房地产项目或房地产企业，形成实质性股权投资的权益型信托融资较少。

信托融资是不同于银行的间接融资，也区别于资本市场的直接融资，对房地产开发企业来说是受限较少的融资渠道，可以作为银行信贷的有益补充，是较为重要的融资方式之一。其优点主要有如下两点。一是融资方式和融资期限较灵活。可以根据房地产项目的实际需求设计和发行专门的信托产品，为房地产开发企业提供更有力的资金支持，在授信额度、资金发放效率、灵活程度、资金用途管制等方面较银行贷款存在一定优势。二是对需要融资的房地产开发企业资质和项目合规程度的要求相对较低。部分信托公司甚至会通过一系列操作，规避相关政策限制和监管要求，向资质不足的中小型房地产开发企业提供资金支持。目前，房地产信托已经成为房地产开发企业主要的融资渠道,对于房地产开发企业的资金周转起到较为重要的作用。其缺点是融资期限较短,一般为1~3年,且融资成本相对较高。

从增量数据来看,2019年新增房地产信托金额为1.09万亿元,同比增长25.50%;其中,集合信托金额为8705.81亿元,单一信托金额为2225.65亿元。分季度来看,第一季度至第四季度新增房地产信托规模分别为2609.59亿元、3962.66亿元、2307.31亿元、2051.89亿元(见图3-4)。主要原因是:2019年5月银保监会出台了《关于开展"巩固治乱象成果促进合规建设"工作的通知》(银保监发〔2019〕23号),金融监管机构再次加强了对房地产信托业务的合规性监管,严禁信托资金违规或变相流入房地产领域,重点整治为房地产项目进行前端融资、明股实债等违规行为,以此来遏制房地产信托规模的过快增长和风险的过度积累。从第三、第四季度房地产信托数据来看,这些监管政策得到较好的落实。第三、第四季度新增房地产信托环比下降41.77%和11.07%,表明在强监管下新增信托融资规模出现较大幅度回落。

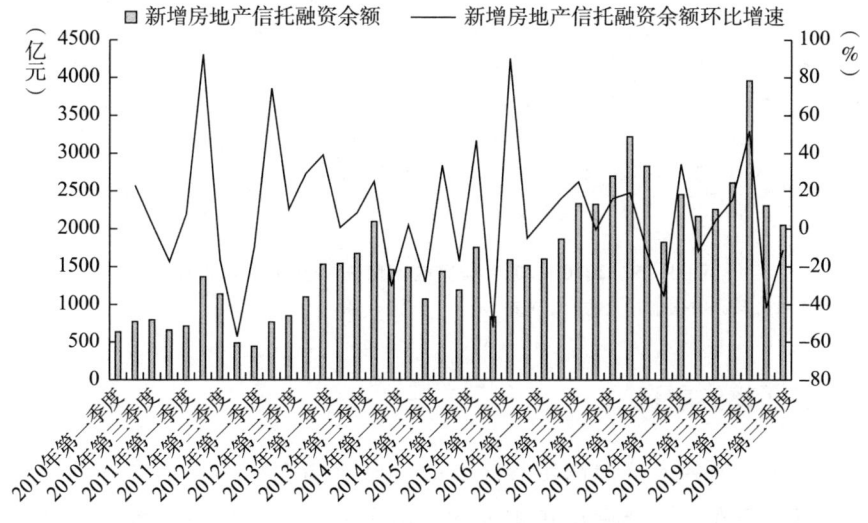

图3-4 2010~2019年新增房地产信托融资余额及环比增速
资料来源:中国信托业协会、Wind。

从存量数据来看,截至2019年末,房地产信托融资余额为2.70万亿元,同比增速仅为0.65%,占信托业资金余额的比重为15.07%。分季度来看,第一季度至第四季度房地产信托融资余额分别为2.81万亿元、2.93万亿元、2.78万亿元、2.70万亿元；第三季度房地产信托融资余额环比下降5.05%，为四年来房地产信托融资余额首次出现负增长，第四季度房地产信托融资余额环比下降2.78%（见图3-5）。主要原因是：2019年下半年银保监会对部分信托公司进行了窗口指导、约谈和专项检查，要求其管控房地产信托的规模，且房地产信托余额不得超过第二季度末的余额。在强监管下，房地产信托新增规模和存量规模均受到较为严格的控制，这对一些负债率较高、流动资金较少、对房地产信托融资更为依赖的中小型房地产开发企业的资金链形成较大压力。

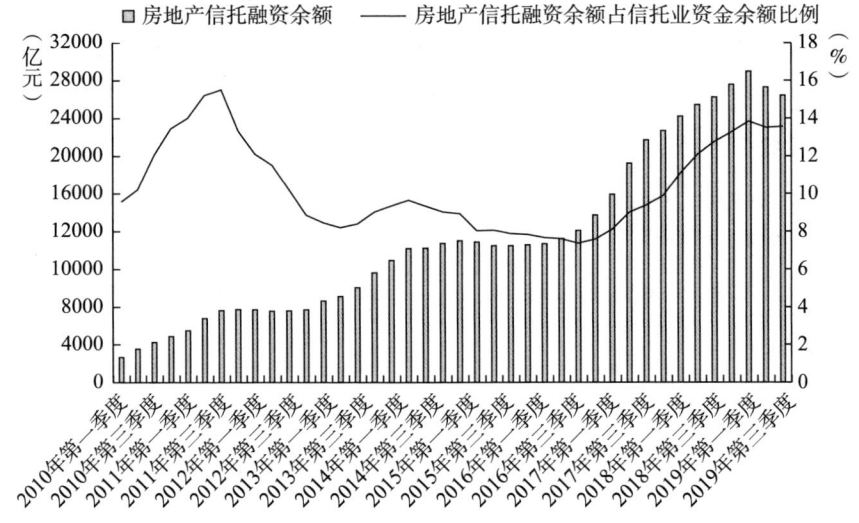

图3-5 2010~2019年房地产信托融资余额及占比

资料来源：中国信托业协会、Wind。

（三）债券融资

债券是指债务人依照法定程序发行，并承诺按照约定利率和期限还本付息的有价证券，是金融市场重要的金融工具之一。债券融资指房地产开发企业通过债券市场发行信用债券募集社会资金，是房地产开发企业重要的融资渠道之一。债券融资的优点是融资成本较低、资金使用限制较少，且公司债、企业债等债券期限较长，可以使房地产开发企业获得长期资金支持。通过债券融资，房地产开发企业不但可以增加资金来源，还可以优化融资结构,减少对银行资金的依赖。债券融资的缺点是发行门槛较高、审批标准严格,且极易受房地产市场宏观调控政策的影响。按照房地产开发企业所发行债券的类型来看,可分为公司债、企业债、中期票据、短期融资券和非公开定向债务融资工具等。

1. 信用债发行情况

2013 年之前,房地产开发企业的信用债发行量较小。从 2015 年开始,受益于房地产调控政策的放松、房地产开发企业融资环境的改善和 2015 年 1 月《公司债券发行与交易管理办法》的实施,房地产企业的信用债发行规模呈现爆发性增长。随着 2016 年 9 月 30 日新一轮房地产调控的开始,房地产金融监管趋严,房地产开发企业的融资环境趋紧,对发债房地产开发企业规模、资质、财务状况、资金用途的要求进一步提升。

从发行情况来看,2019 年房地产开发企业信用债发行总额为 5057.81 亿元,同比下降 8.02%。分季度来看,第一季度至第四季度房地产开发企业信用债发行规模分别为 1537.42 亿元、1251.86 亿元、1525.71 亿元和 742.82 亿元。前三季度,房地产开发企业信用债发行规模仍延续 2018 年的小幅回暖态势;第四季度受监管政策影响,房地产开发企业的融资规模大幅下滑,较第三季度下降 51.31%,同比下降 53.66%(见图 3-6)。

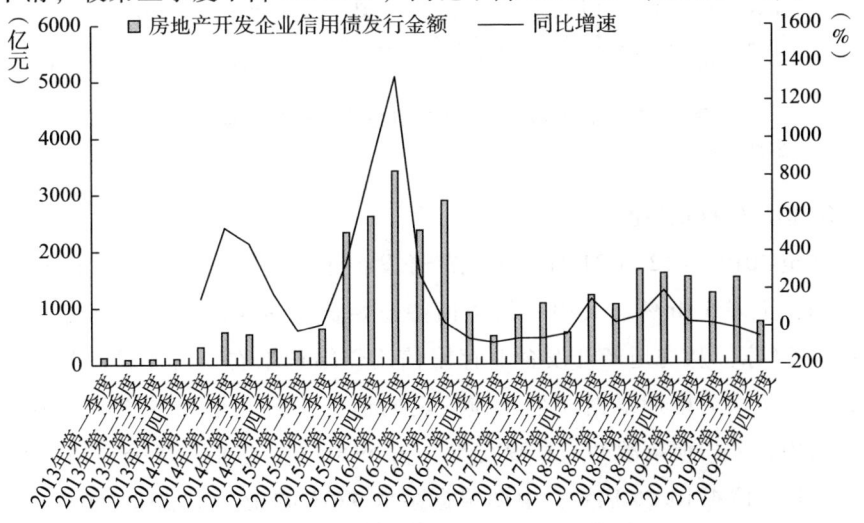

图 3-6 2013~2019 年房地产开发企业信用债发行情况

资料来源:Wind。

从信用债发行结构来看，2019年房地产开发企业信用债发行最主要的类型仍为公司债，共发行2958.41亿元，占信用债发行规模的58.49%，同比增加10.81%；其中，一般公司债发行规模为1567.37亿元，私募债发行规模为1391.04亿元。其次为短期融资券，共发行972.20亿元，占信用债发行规模的19.22%，同比减少10.64%；其中，一般短期融资券发行规模为168.50亿元，超短期融资券发行规模为803.70亿元。再次为中期票据，共发行702.20亿元，占信用债发行规模的13.88%，同比下降46.52%。定向债务工具发行规模为397.30亿元，占信用债发行规模的7.86%，同比下降11.87%。占比最小的是企业债，发行规模仅有27.70亿元（见图3-7）。

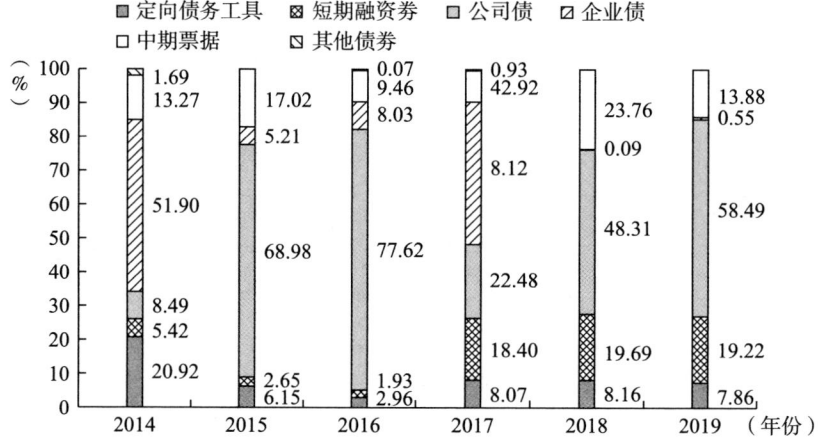

图3-7 2014~2019房地产开发企业信用债发行结构

资料来源：Wind。

2. 信用债存量情况

截至2019年12月31日，房地产开发企业存量信用债余额为1.91万亿元，同比下降5.46%。其中，信用债待还余额超过100亿元的房地产开发企业有57家。从房地产开发企业存量信用债结构来看，占比最高的是公司债，其后依次为中期票据、企业债、定向债务工具、短期融资券和其他债券。其中，公司债余额11273.99亿元，占59.05%，包括一般公司债6557.64亿元、私募债4716.36亿元；中期票据余额4708.02亿元，占24.66%；企业债余额1320.68亿元，占6.92%；定向债务工具余额1250.80亿元，占

6.55%；短期融资券余额509.10亿元，占2.67%；其他债券（包括可交换债、可转换债等）余额30亿元，占0.16%（见图3-8）。

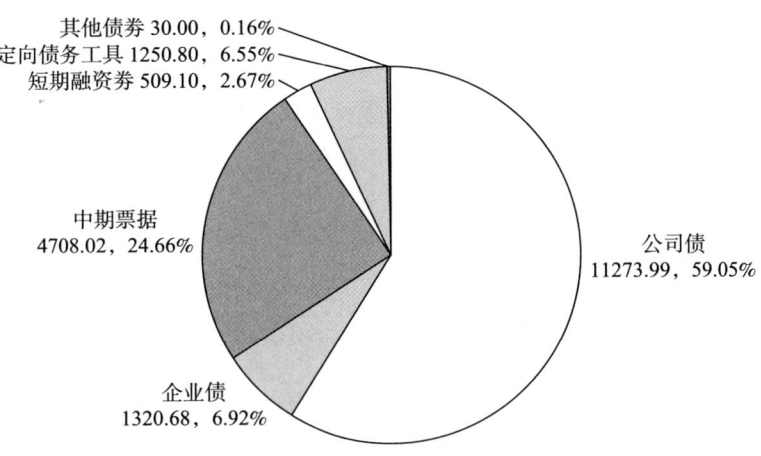

图3-8　2019年底房地产开发企业存量信用债结构情况
资料来源：Wind。

从存量房地产开发企业信用债到期情况来看，2020年信用债到期余额为3885.01亿元，2021年信用债到期余额为5654.09亿元，2022年信用债到期余额为4040.38亿元，2023年信用债到期余额为2916.40亿元，2024年及以后信用债到期余额为2596.71亿元。在不考虑回售和提前偿还的情况下，未来3年房地产开发企业信用债将迎来集中偿付期。在目前房地产金融政策全面收紧的政策环境之下，随着债务到期，新发行的信用债规模可能并不足以覆盖债务到期带来的偿付规模。一旦房地产销售额因长期的房地产调控出现大幅下滑，房地产开发企业的信用债违约风险将会大幅增加。

（四）股权融资

股权融资方式主要包括房地产开发企业通过IPO进行直接融资和已上市房地产开发企业通过公开或定向增发、向股东配股等方式进行融资。通过IPO融资是房地产开发企业理想的融资方式，只有少数大型房地产开发企业可以实现。《中国统计年鉴》数据表明，截至2018年底，中国房地产开发企业数量达到9.79万家，而目前我国A股房地产行业上市公司总数为127家，房地产开发企业只有115家，绝大部分房地产开发企业仍只能依靠银行贷款等其他融资渠道融资。

股权融资的优点：①通过股权融资，房地产开发企业可以从资本市场获得较大规模无须偿还的永久性资金，满足房地产开发企业的长期资金需求；②可以提升公司信用水平，使其更易通过银行贷款或其他融资方式筹措公司发展所需资金；③通过股权融资可以降低房地产开发企业的资产负债率，优化财务结构，改善房地产开发企业的现金流，降低财务风险；④股权融资不需要支付资金利息，融资成本仅为上市或增发股票的发行费用，后期只需根据企业经营情况和董事会决定进行分红；⑤股权融资还可以促进房地产开发企业完善公司治理，建立现代企业制度，提高公司的经营管理水平。股权融资的缺点：①房地产开发企业上市对企业营业规模、股权结构、盈利水平、负债情况等方面的要求严格，审核门槛较高，通过上市、增发、配股等方式融资受房地产行业调控政策的影响较大；②股权融资会对原始股东的股权进行稀释，减弱其控股权。

从增量来看，2019年股权融资规模较小，占房地产行业融资总额的比重较小。2019年仅有中新集团一家房地产开发企业在A股成功挂牌上市，募集资金总额为14.49亿元；定向增发方面只有招商积余、上海临港、大悦城、合肥城建四家企业获批，募集资金总额为262.89亿元。从2010年之后我国A股房地产开发企业的IPO基本处于停滞状态，公开或定向增发逐渐成为房地产开发企业股权融资的最主要方式（见图3-9）。

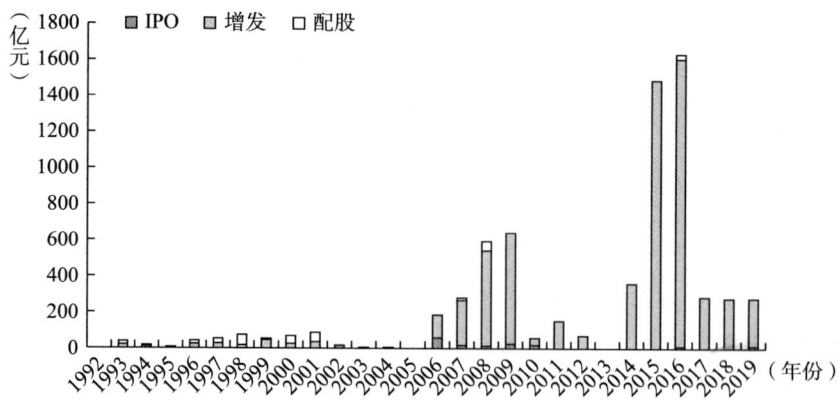

图3-9　1992~2019年房地产开发企业股权融资情况

资料来源：Wind。

（五）境外融资

境外融资指我国房地产开发企业通过国际资本市场（包括港澳台地区）进行资金融通。在我国房地产市场调控政策趋紧、金融监管趋严和国内融资渠道趋窄的背景下，境外融资成为部分大中型房地产开发企业融资的重要选择。从融资方式来看，我国房地产开发企业境外融资的方式包括境外上市、发行境外债券和境外银行贷款，其中发行境外债券是最主要的境外融资方式。境外融资的优点是可以拓宽我国房地产开发企业的融资渠道，缓解房地产开发企业的资金压力，且境外资本市场发展更为成熟，融资成本相对较低。缺点是境外融资对房地产开发企业的信用等级、规模、盈利水平、发展潜力、信息公开程度要求较高，且因为境外资本市场的环境和融资政策与境内不同，房地产开发企业的融资风险较大。另外，境外融资规模的大幅增加，会在一定程度上弱化国家房地产调控的政策效果。

1. 境外 IPO 融资

近年来，因为 A 股房地产开发企业 IPO 基本陷入停滞，众多国内房地产开发企业纷纷谋求在境外上市。在此背景下，香港成为国内房地产企业境外上市的首选之地，在香港联合交易所上市成为目前国内房地产开发企业上市的最主要途径。原因主要包括以下两点：一是香港的地理位置与内地较近，且香港对拟上市房地产开发企业的财务要求比内地低，其采取注册制，上市审核时间相对较短，房地产开发企业可以较为便捷地实现上市；二是中国香港是重要的国际金融中心，资本市场发达，估值合理，融资和再融资渠道畅通。在香港 IPO 是实现上市和连接国际资本市场的最有效途径，可以为企业有效利用境外资金创造有利的条件。

2019 年，德信中国、银城国际、中梁控股、天保集团、新力控股、景业名邦集团六家房地产开发企业在香港联合交易所股票上市，募集资金总额为 110.27 亿港元，同比增长 8.22%（见图 3-10）。

2. 发行境外债券融资

境外债券指国内房地产开发企业及其控制的境外企业或机构，在境外资本市场发行的以本币或外币计价和还本付息的 1 年期以上的债务融资工具。我国房地产开发企业的境外债券发行方式主要是设立境外全资子公司，

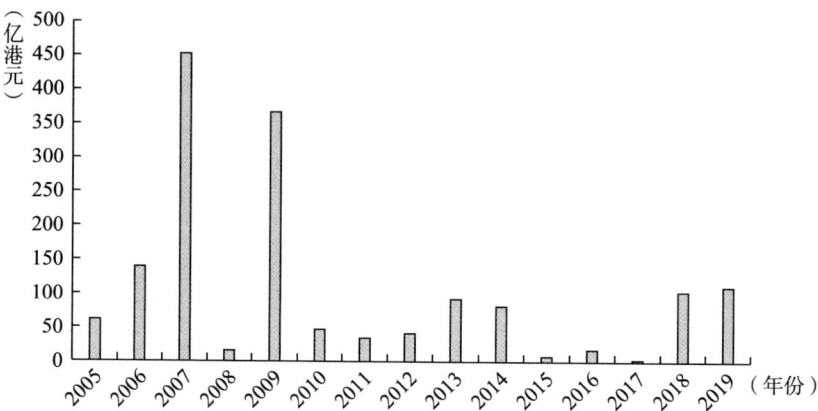

图 3-10 2005~2019 年国内房地产开发企业在香港联合交易所 IPO 融资规模
资料来源：Wind。

以境外子公司作为主体，在境外（主要为香港联合交易所和新加坡证券交易所）发行以美元、欧元、港元、新加坡元或人民币计价的企业债（以美元债为主），期限以 3 年期和 5 年期为主。

2010 年之后，随着在香港上市的国内房地产开发企业数量增多，房地产开发企业境外债券融资规模开始快速增长。2015 年 9 月，国家取消了对境内企业发行境外债券的额度审批制度，改为备案制，这在一定程度上降低了房地产开发企业发行境外债券的门槛。近年来，随着房地产金融政策的持续收紧，境内融资渠道逐渐收窄，更多的房地产开发企业开始转向境外市场发债融资，境外发债融资逐渐成为房地产开发企业缓解资金压力的重要选择。近年来，境外债券的发行规模已经达到国内房地产开发企业信用债发行规模的 50% 以上，成为我国房地产开发企业较为重要的融资渠道之一。

2019 年，国内房地产开发企业境外债券发行规模达到 784.27 亿美元，同比增长 38.72%。分季度来看，第一季度至第四季度内地房地产开发企业的境外债券发行规模分别为 273.69 亿美元、190.33 亿美元、146.07 亿美元、174.18 亿美元（见图 3-11）。为防范房地产开发企业发行境外债可能存在的风险，国家发改委于 2019 年 7 月 9 日发布《国家发展改革委办公厅关于对房地产企业发行外债申请备案登记有关要求的通知》（发改办外资〔2019〕778 号），明确要求房地产开发企业发行外债只能用于置换未来一年内到期的中长期境外债务，不可用于偿还境内债务、投资于房地产项目或补充运营资金。这在很大程度上收紧了房地产开发企业通过发行外债融资的渠道，导致第三、第四季度房地产开发企业境外债的发行规模较第一、第二季度明显下降。

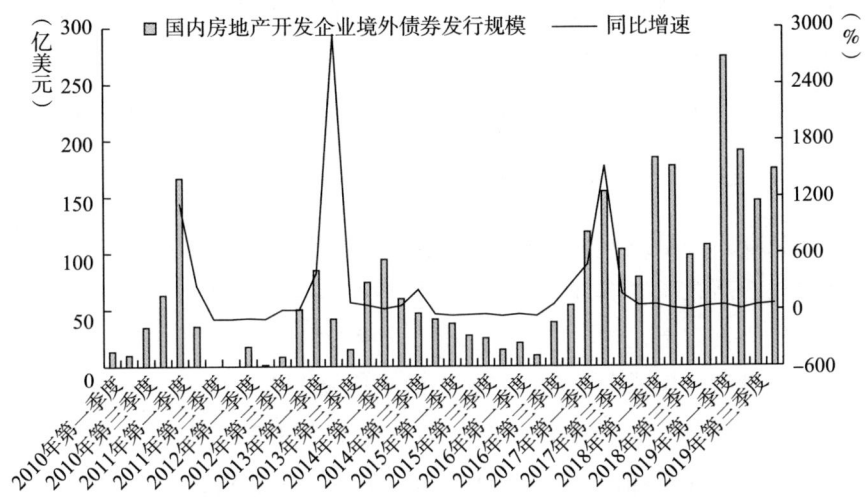

图3-11 2010~2019年房地产开发企业境外债券发行情况
资料来源：Wind。

二 房地产开发企业融资成本情况

（一）银行贷款利率

商业银行贷款是房地产企业最主要的融资方式，实际利率由各商业银行根据房地产企业的资信、财务状况、信贷额度、房地产开发项目的后续现金流、土地的区域位置等不同情况，在人民币贷款基准利率的基础上浮动。通常上市国有房地产开发企业的银行贷款利率较低，一般为基准利率上浮10%左右；上市民营房地产开发企业的银行贷款利率一般在基准利率上浮10%~50%；中小型非上市房地产开发企业的银行贷款利率较高，一般为基准利率上浮50%以上。

从近年来中国人民银行公布的金融机构贷款基准利率的变化来看，其随我国经济运行情况和宏观调控政策的变化而不断调整。从金融机构一般贷款加权平均利率来看①，2019年呈波动下降趋势，为5.74%~6.04%（见图3-12）。从市场调研情况来看，2019年商业银行房地产开发贷款利率在6%~8%。房地产开发企业的银行贷款与其他融资方式相比，融资成本依然相对较低，尤其是对综合实力强、负债率较低的房地产开发企业，商业银行放贷意愿较强，贷款利率相应也较低；相反，部分负债率较高或规模较小的民营房地产开发企业，银行贷款的实际利率可能会超过10%。

（二）信托融资成本

信托融资一直是成本较高的融资方式，从近些年发行的投资于房地产的资金信托产品来看，其预期年收益率为4%~25%，以8%~10%为主，平均预期年化收益率在7%~10%浮动，考虑2%~3%的信托公司报酬和信托计划发行费用，房地产企业信托融资的平均成本为9%~13%。

2019年，房地产信托发行预期平均收益率在8.23%左右，加上2%~3%的信托公司报酬和信托计划发行费用，房地产企业信托融资的平均成本为10.23%~11.23%，较上一年年末略有下降。分季度来看，第一季度至第四季度房地产信托发行的预期年化收益率分别为8.33%、8.31%、8.20%、8.09%，呈下降趋势（见图3-13）。可能的原因是：从第二季度开始，监管机构加大对信托资金违规或变相违规流入房地产领域的查处力度，新增房地产信托合规程度较高，风险溢价较低，在一定程度上降低了预期收益率。

（三）债券发行利率

我国房地产开发企业的信用债发行门槛较高，发行主体以大中型房地产开发企业为主，并要求盈利、资信状况较好，发行主体和债券评级一般在AA级以上。从近年来我国房地产开发企业信用债发行加权平均票面利率来看，基本围绕中长期基准利率上下波动。2019年房地产开发企业信用债

---

① 因无法获得房地产开发企业银行贷款平均利率，我们使用金融机构一般贷款加权平均利率来代表房地产开发企业银行贷款平均利率的变化情况。

第三章 房地产开发企业融资市场

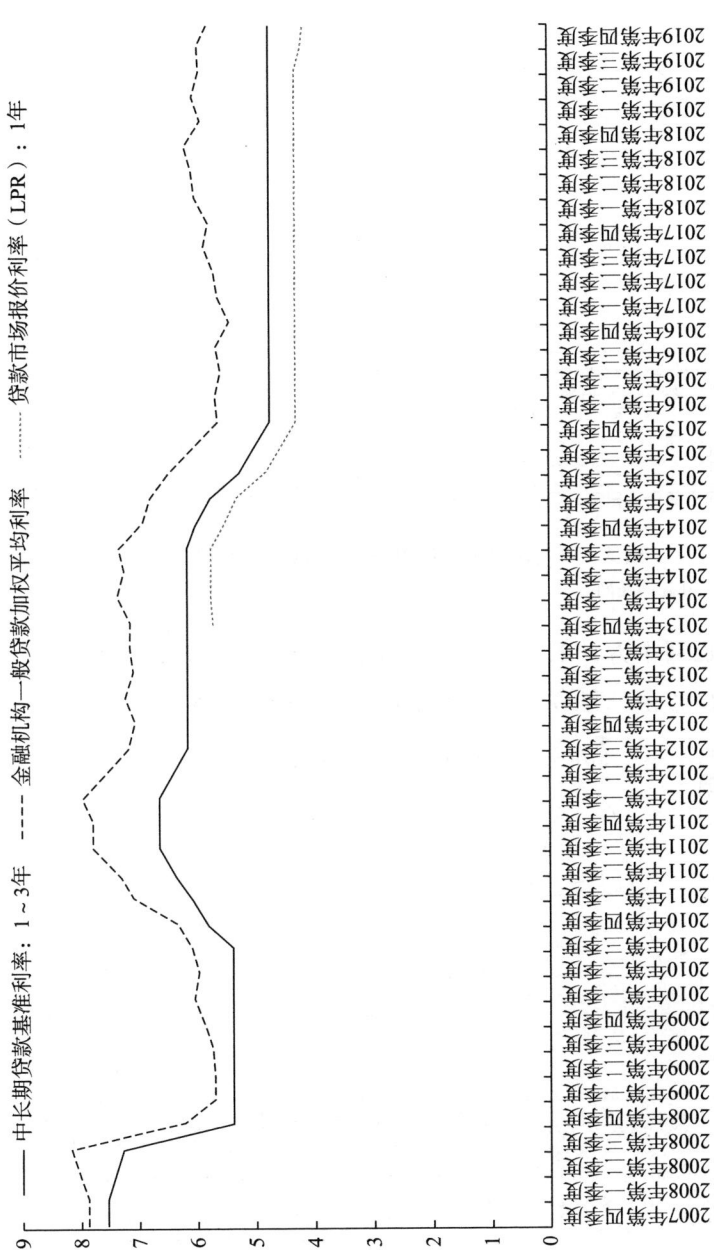

图3-12 2007年第四季度至2019年第四季度金融机构贷款利率情况

资料来源：Wind。

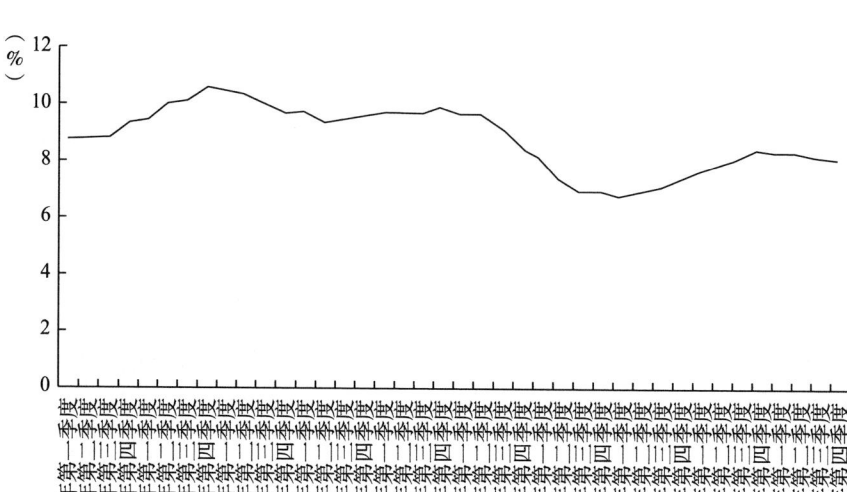

图3-13　2010~2019年房地产信托平均收益率
资料来源：用益信托网。

加权平均票面利率为5.22%，约为同期中长期基准利率上浮22个基点，第三和第四季度较第一和第二季度略有上升（见图3-14）。

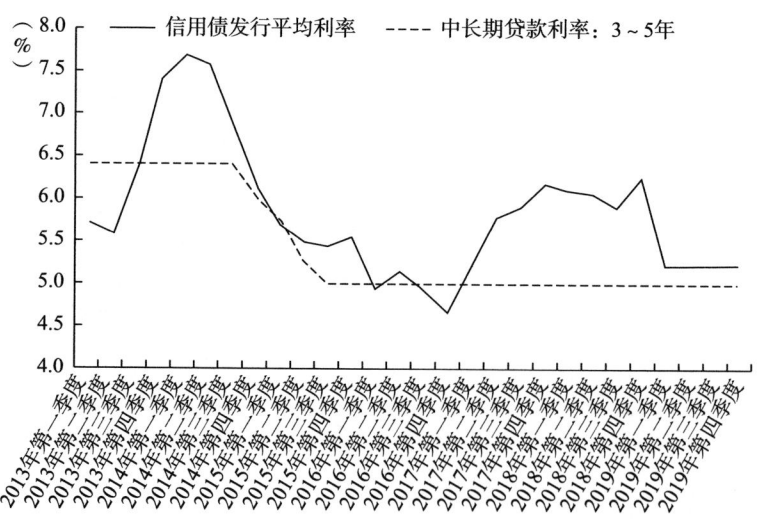

图3-14　2013~2019年房地产开发企业信用债加权平均票面利率
资料来源：Wind。

(四)境外债券发行利率

从近年来境外债券发行情况来看,票面利率为2.5%~15%,以6%~8%居多。2019年,房地产开发企业境外债券加权平均票面利率为8.05%,远高于同期境内信用债发行加权平均票面利率;分季度来看,2019年第一季度至第四季度房地产开发企业境外债券加权平均票面利率分别为8.20%、9.08%、7.32%、7.58%(见图3-15)。房地产开发企业境外债券加权平均票面利率高于国内信用债加权平均票面利率的主要原因有三。一是国内房地产开发企业的融资渠道全面收紧,越来越多有条件的房地产开发企业为改善资金流动性和缓解资金压力而转向通过发行境外债券融资。部分房地产开发企业因偿债压力较大,即使成本较高,也要发行境外债券。比如泰禾、花样年控股等多家负债率较高的房地产开发企业,其境外债券名义利率已经高达15%。二是穆迪、标普、惠誉等国际评级公司对国内房地产开发企业的评级较低,主要为B级,甚至部分债券没有评级,这就使得投资者要求更高的风险补偿。三是人民币汇率升值预期强化,房地产开发企业预期人民币升值会对冲部分境外债券成本。

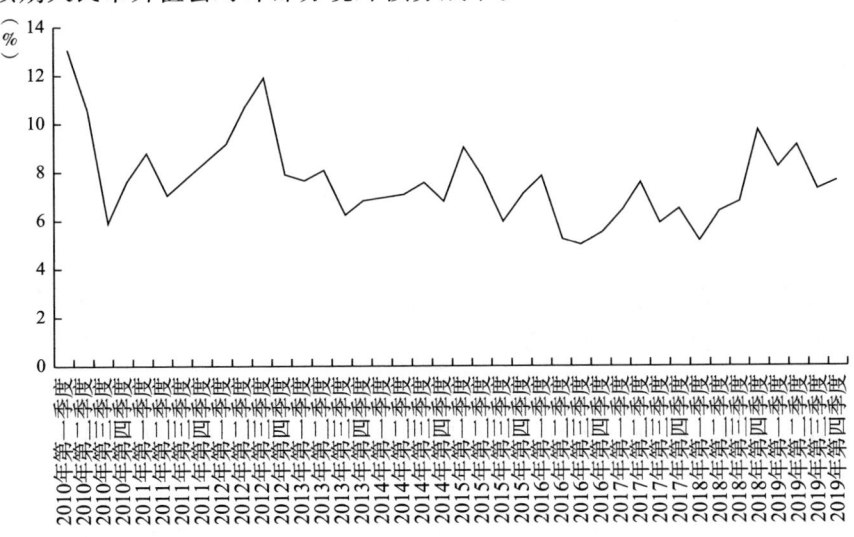

图3-15 2010~2019年房地产开发企业境外债券加权平均票面利率

资料来源:Wind。

三 2020年房地产开发企业融资情况展望

总体来看,房地产开发企业融资渠道复杂,不同渠道的融资规模、融资难易程度和融资成本差异较大,且房地产调控政策对房地产开发企业的融资情况具有直接而重大的影响。2019年5月以来,房地产开发企业的主要融资渠道——银行贷款、房地产信托、信用债券、境外债券等均全面收紧。预售制度下的销售回款(包括个人按揭贷款和定金及预收款)是房地产开发企业最主要的资金来源,而新冠肺炎疫情的暴发迫使所有城市的线下销售暂停,房地产第一季度的销售极为惨淡。这对于房地产开发企业无疑是雪上加霜,现行高周转模式将难以持续,资金链断裂风险增大。

近期以来,央行通过货币政策工具向市场投放大量流动性,货币政策短期转向积极宽松,流动性紧张的局面得到缓解。但央行、银保监会、财政部、统计局等多部门密集发声要坚持"房住不炒"的定位,保持房地产金融政策的连续性、一致性和稳定性。这些表态表明,中央层面并不会放松对房地产开发企业融资渠道的限制。展望2020年,预期房地产开发企业融资渠道收紧的局面不会有根本的改变,但会对房地产金融政策进行边际微调。随着监管政策的陆续完善,房地产开发企业正常、合规的资金需求将会得到较为充分的满足。预期融资分化现象将更为严重,优质的国有房地产开发企业或资产负债率较低的上市房地产开发企业的资金状况甚至会略有改善,部分高杠杆经营的民营大型房地产开发企业和中小型房地产开发企业进行融资仍将较为困难。这将会导致部分房地产开发企业被迫出售手中优质项目以维持运转,而部分手中资金充裕、融资渠道通畅的优质房地产开发企业趁机获取土地和进行项目储备,房地产行业集中度进一步提升,马太效应凸显。目前来看,除了拓展企业融资渠道外,提高周转速度、降低库存规模、降价促销加速资金回笼仍是房地产开发企业维持生存的不二选择。

在房地产开发企业贷款方面,对处于主要疫区而销售较长时间暂停的房地产开发企业,商业银行可能会允许其延期偿还贷款。疫情后,商业银行在发放新增房地产贷款时会更加审慎。对于优质房地产开发企业和中小型房地产开发企业，银行信贷支持力度将产生分化，未来对于优质的国有房地产开发企业或上市房地产开发企业，银行信贷支持力度可能会加大。出于风险防范考虑，中小型房地产开发企业获取银行贷款的难度将会进一步增加。在信托融资方面，虽然房地产仍是信托投资最主要的行业之一，但随着房地产开发企业的债务风险不断加大，信托公司出于风险管理要求，对房地产开发企业的融资审核可能会趋严。信托公司未来将更加倾向于对负债率低、发展稳定的房地产开发企业给予资金支持，信托融资预期将维持2019年底的规模。在债券融资方面，优质房地产开发企业的债券融资环境会有较大改善，2019年资金紧张的局面可能得到一定的缓解，随着偿债高峰期的到来，部分较为激进的房地产开发企业的债券违约概率将增大。在股权融资方面，国内房企 A 股 IPO 融资事实上已经冻结多年，但预期2020年上市房地产开发企业的增发限制会有所放松，股权融资规模会略有提升。在境外融资方面，目前国内房地产开发企业通过发行境外债券融资的热情较高，但受外部环境影响，境外债券融资规模面临较大不确定性。

在融资成本方面，未来优质房地产开发企业和中小型房地产开发企业的融资成本可能会出现较大分化。由于目前市场流动性较为充裕，负债率较低且资信状况较好的头部优质房地产开发企业将获得更多议价空间，融资成本可能会进一步下降，而负债率较高或规模较小的房地产开发企业的融资成本在未来一段时间预计仍将维持在高位。

第四章
住房公积金市场

池浩珲　蔡　真[*]

- 我国住房公积金市场整体运行平稳。缴存方面，2012~2018年，全国住房公积金实缴职工数量占城镇就业总人数的比例从27.37%上升至33.25%，提高了近6个百分点；提取方面，住房公积金提取率一直保持上升趋势，由2012年的49.97%上升至2018年的70.01%，住房公积金的使用效率一直在提高；贷款方面，个人住房贷款率由2012年的61.76%上升至2018年的86.04%，由于其低利率的特点，2018年发放的住房公积金个人住房贷款可为贷款职工节约利息支出2019.98亿元，平均每笔贷款可节约利息支出8.00万元；增值收益方面，2018年住房公积金增值收益为854.25亿元，增值收益率为1.56%，远低于货币市场基金收益率。这些数据表明，房价持续高涨的背景下，住房公积金很好地支持了广大居民的住房消费需求。公积金历史遗留风险资产的清收工作自2014年以来持续推进，截至2019年5月历史遗留风险资产已全部清零。

- 在20多年的发展中，住房公积金制度也不可避免地暴露出一些缺陷，具体包括以下几个方面。第一，覆盖率较低且不平衡。中部地区和西部地区覆盖率较低，很多私营企业职工、城镇个体工商户、灵活就业者、农民工等群体目前还没有被纳入住房公积金体制之内。第二，公平性缺失。部分低收入群体未被纳入制度内，这是机会不公平；

---

[*] 池浩珲，中国社会科学院研究生院金融系硕士研究生；蔡真，国家金融与发展实验室房地产金融研究中心主任、高级研究员，中国社会科学院金融研究所金融实验室副主任、副研究员。

公积金制度对缴存基数、缴存比例做出了规定，但高收入群体不能有效利用其贷款，这是规则不公平；从结果公平角度来考察，总体上对低收入群体是不公平的。第三，投资渠道单一，仅能投资于国债，获得的增值收益相比庞大的缴存额显得微不足道。第四，管理制度存在缺陷。行政委托代理问题仍存在，属地化管理导致无法形成规模效应。第五，公积金用于廉租房建设存在争议。住房公积金归职工个人所有，从《民法通则》和《物权法》的法理上分析，住房公积金的增值收益也应归属于缴存人。然而，从公积金公益信托的性质出发，公积金承担一部分廉租房建设资金未尝不可，但增值收益用于廉租房建设应采取有偿借款或股权投资的方式。

● 针对当前公积金制度存在的问题应采取改革的方式，但考虑到渐进式改革的特点，短期可采取一些优化改进的措施，如扩大住房公积金覆盖面，保障缴存但未使用住房公积金群体的利益，提高住房公积金使用效率，开拓更广阔的投资渠道。

住房公积金制度是我国20世纪90年代初为筹集职工住房建设资金，在借鉴新加坡住房公积金经验的基础上，结合我国实际情况推出的一项政策性住房融资制度。在1998年下半年实施全面停止住房实物分配、实施住房分配货币化的住房制度改革后，其逐渐演变为以支持职工住房消费为主的政策性住房金融制度安排。1991年住房公积金制度在上海试点，1994年开始在全国推行，1998年住房公积金制度在全国普遍建立，1999年住房公积金制度化。住房公积金早期在解决住房建设资金短缺、培养居民住房消费意识方面发挥了积极重要的作用，然而住房公积金在发展过程中出现了覆盖率低、公平性缺失以及管理效率低甚至被挪用等问题。2020年2月11日，中国国际经济交流中心副理事长黄奇帆在《新冠肺炎疫情下对经济发展和制造业复工的几点建议》一文中建议取消住房公积金制度，引起了极大的争议。住房公积金制度确实到了改革的关口。

一 住房公积金运行情况

(一) 缴存情况

从近年来住建部、财政部、中国人民银行联合发布的《全国住房公积金年度报告》来看,我国住房公积金缴存额保持较快增长的态势。从流量数据来看,除2012年年度缴存额小于1万亿元外,其他各年份的年度缴存额都在1万亿元以上,2018年年度缴存额为2.11万亿元,6年间增长了114.38%,年均增长率为13.6%;从存量数据来看,2012年缴存余额为2.68万亿元,2018年缴存余额为5.79万亿元,6年间增长了116.13%,年均增长13.7%(见图4-1)。

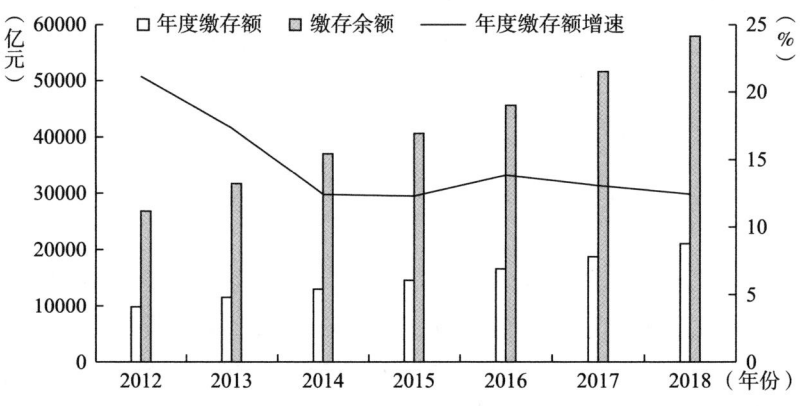

图4-1　2012~2018年全国住房公积金缴存情况
资料来源:2012~2018年《全国住房公积金年度报告》。

从人均数据看,年人均缴存额由2012年的9670元增加到2018年的1.46万元,6年间增长了50.8%,年均增长7.09%(见图4-2)。

根据上文数据可以看出,年人均缴存额增速低于总的缴存额增速,说明我国住房公积金覆盖范围在扩大。覆盖范围的扩大也可以从图4-3中看出,2012~2018年,全国住房公积金实缴职工数量占城镇就业总人数的比例从27.37%上升至33.25%,提高了近6个百分点。2018年,住房公积金实缴单位共291.59万个,实缴职工达14436.41万人,分别比上年增长11.15%和5.09%。新开户单位共46.07万个,新开户职工达1990.38万人。

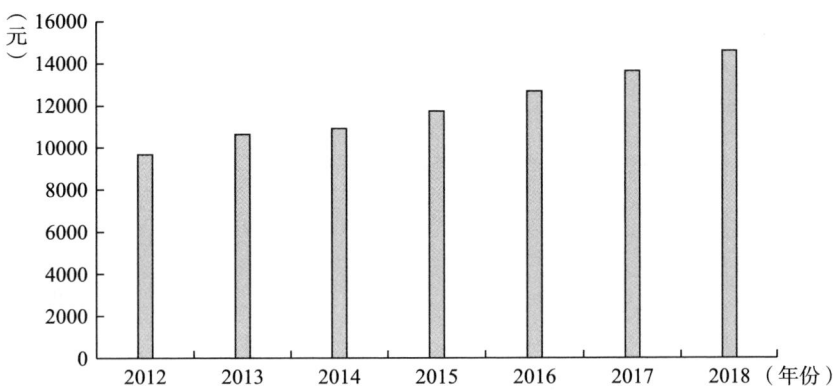

图 4-2 2012~2018 年住房公积金年人均缴存额

资料来源：2012~2018 年《全国住房公积金年度报告》。

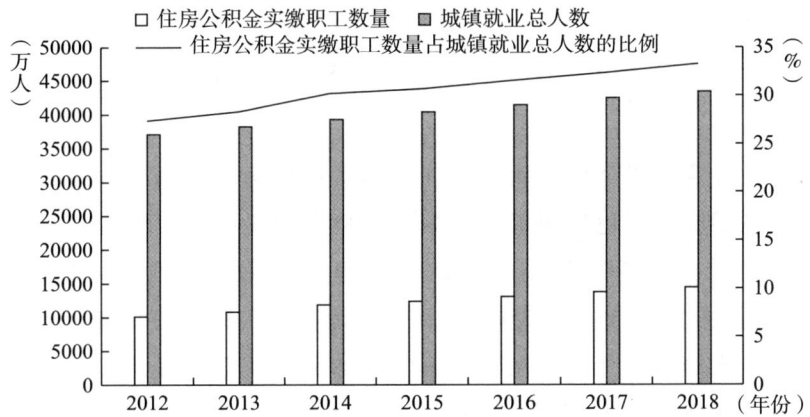

图 4-3 2012~2018 年住房公积金缴存人数情况

资料来源：2012~2018 年《全国住房公积金年度报告》。

（二）提取情况

从住房公积金提取情况来看，2018 年，住房公积金提取人数为 5195.58 万人，占实缴职工数量的 35.99%；年度提取额为 1.47 万亿元，比上年增长 15.80%。2018 年末，住房公积金累计提取额为 8.80 万亿元，占缴存总额的 60.29%。住房公积金提取率是指住房公积金当年提取额占当年缴存额的比例，2018 年为 70.01%，比上年提高 2.03 个百分点。总体来看，提取率保持增长趋势，由2012年的49.97%上升至2018年的70.01%，体现出住房公积金的使用效率逐年提高，对居民的住房消费需求起到了较好的支持作用（见图4-4）。

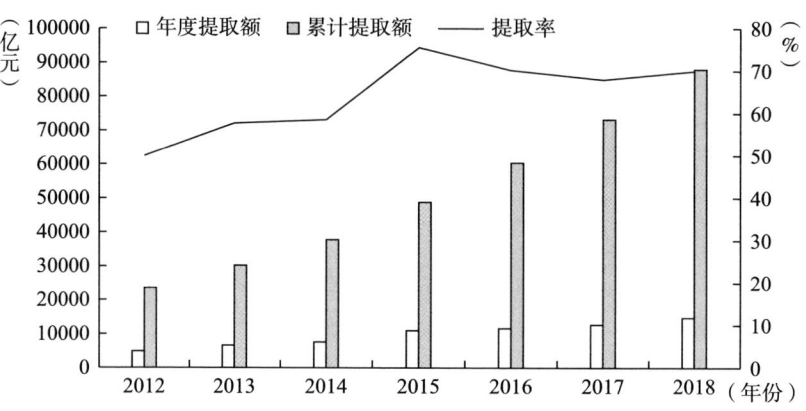

图4-4　2012~2018年全国住房公积金提取情况
资料来源：2012~2018年《全国住房公积金年度报告》。

提取的住房公积金可以用于非住房消费和住房消费两个方面。用于非住房消费的情况主要包括离退休提取、出境定居提取、治疗重大疾病提取等。2018年非住房消费类提取3022.19亿元，占比为20.50%，其中离退休提取的占比最大，达到14.78%。用于住房消费的公积金通常包括购买、建造、翻建、大修自住住房，偿还购房贷款本息，租赁住房，其他住房消费四种情况。2018年住房消费类提取1.17万亿元，占比为79.50%。四种住房消费用途中，占比最大的是偿还购房贷款本息，提取金额为6509.86亿元，占总提取额的44.16%。由于缴存住房公积金的大部分是城镇户籍人口，他们不能自行建造、翻建住宅，因此购买、建造、翻建、大修自住住房这一用途中，大部分公积金被提取后用于购买住房，这部分公积金提取金额为4206.41亿元，占比接近30%。自2014年提出"租售并举"的概念、2015年降低公积金支付房租门槛后，用于住房消费中租赁住房的公积金提取占比逐年上升，2014年仅为1.07%，2018年已达到4.96%。其他住房消费包括支付装修费、物业费等，2018年这一用途公积金占比为1.84%（见图4-5）。

第四章 住房公积金市场

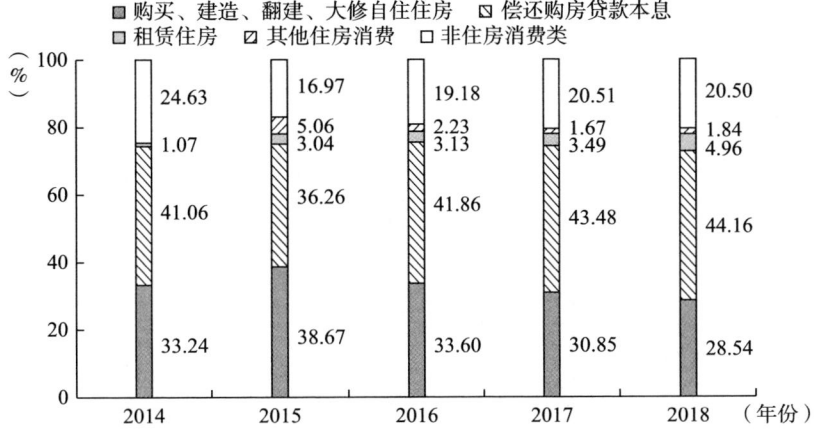

图4-5 2014~2018年全国住房公积金提取情况（按提取用途分类）

资料来源：2014~2018年《全国住房公积金年度报告》。

（三）贷款情况

从住房公积金贷款情况来看，2018年末累计发放住房公积金个人住房贷款3334.82万笔、8.58万亿元，分别比上年末增长8.18%和13.52%，发放住房公积金个人住房贷款金额在1998年末只有830亿元，2018年已经是当年的103倍。2018年，住房公积金个人住房贷款余额为4.98万亿元，比上年增长10.65%。个人住房贷款率（即年末住房公积金个人住房贷款余额占年末住房公积金缴存余额的比例）为86.04%，比上年末下降1.23个百分点（见图4-6）。总体来说，住房公积金运用较为充分，为居民的住房消费提供了有力支持。2017年发放住房公积金个人住房贷款金额大幅减少，主要是受房地产市场形势变化和国家房地产调控、住房公积金政策和房贷政策同时收紧的影响。2018年发放住房公积金个人住房贷款金额为1.02万亿元，比上年增长7.17%。2018年虽然多地的公积金新政策较严格，但这些政策主要是"打补丁"，对住房刚需者的影响有限，并且前期调控取得的效果使得全年市场成交中刚需占比逐渐提高，住房公积金个人住房贷款发放额在2018年有所上升。

从住房公积金个人住房贷款的地区分布来看，2018年东部地区住房公积金个人住房贷款余额为28621.19亿元，占全国住房公积金个人住房贷款

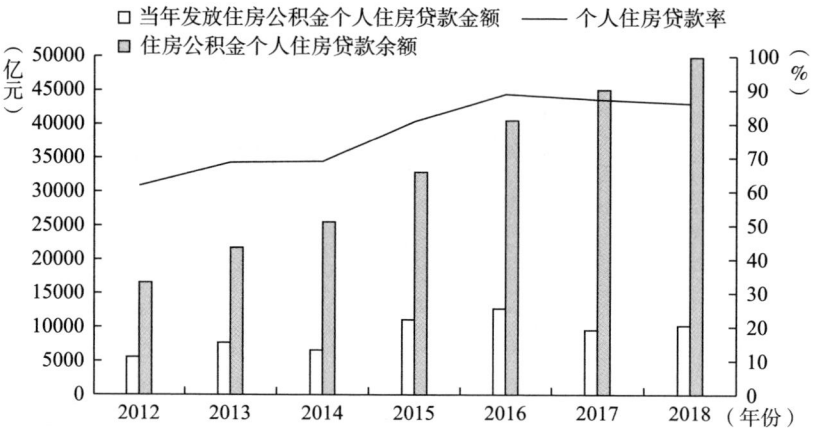

图4-6 2012~2018年全国住房公积金个人住房贷款情况

资料来源：2012~2018年《全国住房公积金年度报告》。

余额的比例为57.42%，住房公积金平均个人住房贷款率为88.90%。中部地区住房公积金个人住房贷款余额为10576.39亿元，占全国住房公积金个人住房贷款余额的比例为21.22%，住房公积金平均个人住房贷款率为82.93%。西部地区住房公积金个人住房贷款余额为10648.18亿元，占全国住房公积金个人住房贷款余额的比例为21.36%，住房公积金平均个人住房贷款率为78.05%（见图4-7）。这说明我国住房公积金在东部地区发挥了更大的作用，东部地区住房公积金利用率最高，中部地区次之，西部地区最低，部分中西部地区存在沉淀资金闲置的情况。

从利率水平来看，2019年住房公积金个人住房贷款利率和前三年相同，仍为3.25%，约为贷款基准利率的0.66倍，比同期商业性个人住房贷款基准利率低1.65~2个百分点，体现了住房公积金政策性贷款的特点（见图4-8）。2018年发放的住房公积金个人住房贷款可为贷款职工节约利息支出2019.98亿元，平均每笔贷款可节约利息支出8.00万元。住房公积金个人住房贷款为住房刚需者提供了成本更低、形式更灵活的贷款渠道，对中低收入群体的购房压力起到了一定程度的缓解作用。

从风险情况来看，2018年末，住房公积金个人住房贷款逾期额为17.07亿元，逾期率（即住房公积金个人住房贷款逾期额占个人住房贷款余额的比例）为0.03%；住房公积金个人住房贷款风险准备金余额为1925.90亿

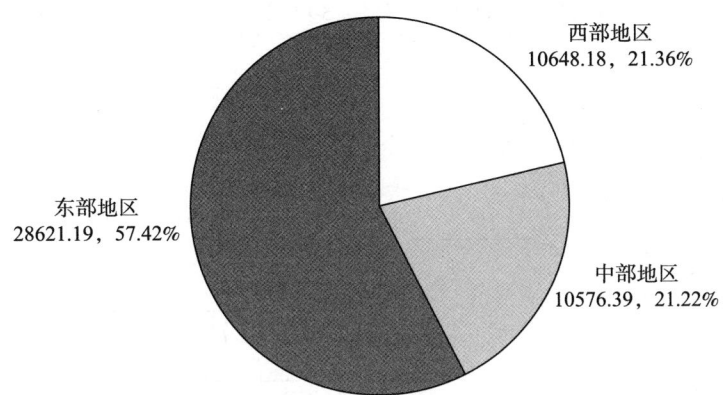

住房公积金个人住房贷款余额及其占比

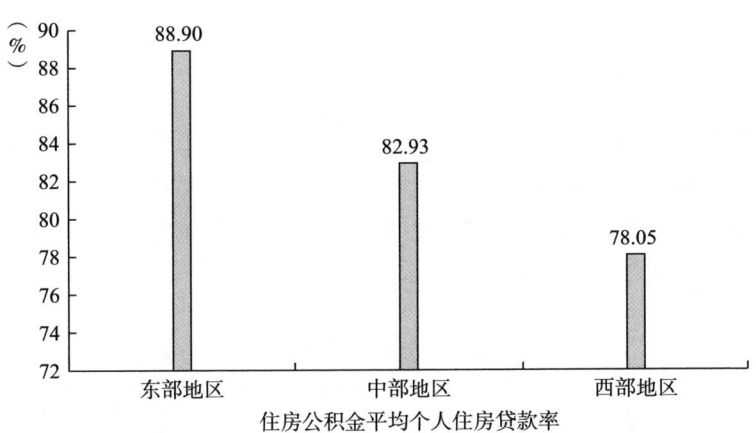

住房公积金平均个人住房贷款率

图 4－7　2018 年全国住房公积金个人住房贷款地区分布
资料来源：2018 年《全国住房公积金年度报告》。

元，占个人住房贷款余额的比例为 3.86%；住房公积金个人住房贷款风险准备金余额是住房公积金个人住房贷款逾期额的 112.8 倍，风险拨备充足。住房公积金个人住房贷款风险较低是因为我国住房公积金缴纳主体为政府机关、事业单位、国有企业及外资企业职工，均属于高信用群体。

（四）增值收益情况

从住房公积金增值收益情况来看，2018 年住房公积金增值收益为 854.25 亿元，比上年增长 11.93%，增值收益率为 1.56%，低于 2018 年货币基金

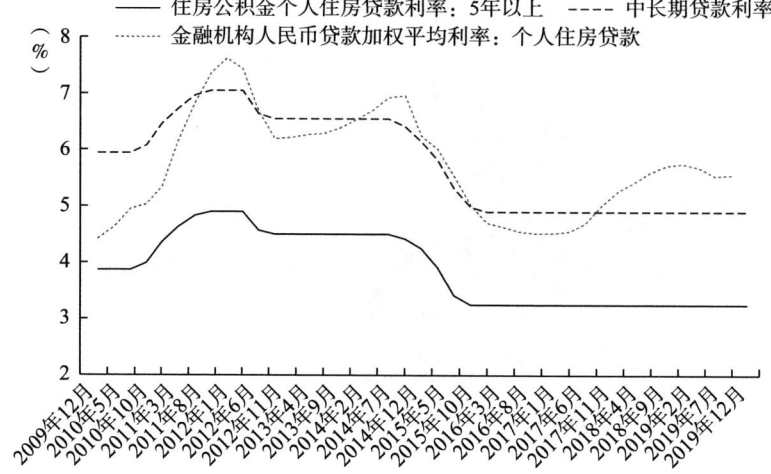

图 4-8 住房公积金个人住房贷款利率走势

资料来源：Wind。

全年平均收益率3.53%（见表4-1）。增值收益的主要来源为住房公积金委托贷款利息、余额存款利息和国债利息，支出主要包括支付缴存职工住房公积金利息、支付受托银行归集手续费、支付委托贷款手续费以及转商贴息、融资成本等其他支出。

表 4-1　2014~2018年住房公积金增值收益及收益分配情况

年份	业务收入（亿元）	业务支出（亿元）	增值收益（亿元）	增值收益率（%）	提取贷款风险准备金（亿元）	提取管理费用（亿元）	提取公租房（廉租房）建设补充资金（亿元）
2014	1496.73	819.71	677.02	—	154.70	87.21	432.15
2015	1598.36	523.34	1075.02	—	339.20	107.24	618.08
2016	1521.26	833.54	687.72	1.59	227.30	101.46	371.66
2017	1657.69	894.47	763.22	1.57	212.16	106.75	453.85
2018	1814.44	960.19	854.25	1.56	234.63	116.62	502.69

资料来源：2014~2018年《全国住房公积金年度报告》。

2018年，有59%的住房公积金收益被用于提取公租房（廉租房）建设补充资金，这一用途占总收益的比重最大；其次是用于提取贷款风险准备金，占总收益的27%；提取管理费用占总收益的14%。截至2018年末，累计提取贷款风险准备金1950.40亿元，累计提取公租房（廉租房）建设补充资金 3365.48 亿元。关于住房公积金用于廉租房建设的规定，最早出现于 2002 年修订的《住房公积金管理条例》第二十九条中，"住房公积金的增值收益应当存入住房公积金管理中心在受委托银行开立的住房公积金增值收益专户，用于建立住房公积金贷款风险准备金、住房公积金管理中心的管理费用和建设城市廉租住房的补充资金"。然而，住房公积金属于个人财产，增值收益也只能属于住房公积金全体储户共同所有，而公积金增值收益实际上却归属于财政用于廉租房建设，这是值得商榷的，有违背《物权法》精神之嫌。

（五）历史遗留风险资产的清收

1999 年，《住房公积金管理条例》正式实施，为认真贯彻落实该条例，2001 年 3 月建设部、财政部、中国人民银行联合下发《关于对贯彻〈住房公积金管理条例〉情况进行执法检查的通知》（建房改〔2001〕47 号），对全国 25 个省（自治区、直辖市）进行执法大检查。检查发现存在如下问题：第一，住房公积金项目贷款和单位贷款逾期严重，且该条例颁布后依然违规发放项目贷款；第二，挤占、挪用住房公积金；第三，国债购买方式存在风险，大部分管理中心委托购买国债只获得收款凭证，无法证明资金投向。

大检查之后建设部提出整改意见，要求加大项目贷款和单位逾期贷款的清收。2002 年在公积金机构调整中，对于分中心的设立，清收挪用资金以及项目贷款是硬性条件之一。2007 年 12 月建设部住房保障与公积金监管司正式成立，负责对住房公积金和保障性资金管理及使用情况进行监督管理，之后 2008 年和 2010 年又开展两次住房公积金专项治理，其中对历史遗留风险资产的清收一直是重点工作。

历史遗留风险资产的形成有其历史原因。第一，在住房改革早期，建设资金短缺是首要问题，公积金制度建立之初就带有为住房建设筹集资金的目的，在 1999 年《住房公积金管理条例》颁布实施后才强调资金运用向职工贷款倾斜。第二，在房改早期，职工的住房消费意识和金融意识都不强，较少使用贷款购房，这在客观上造成了公积金的资金沉淀；而归集公积金需要支付手续费，公积金中心运转需要成本费用，因此在当时不仅存在发放项目贷款，而且存在公积金中心兴办实业、投资、参股等现象。第三,当时的金融市场发展不规范,信息化程度也不高,产生了委托投资国债的风险。自2014年以来清收工作持续推进,至2019年5月历史遗留风险资产已全部清零(见图4-9)。

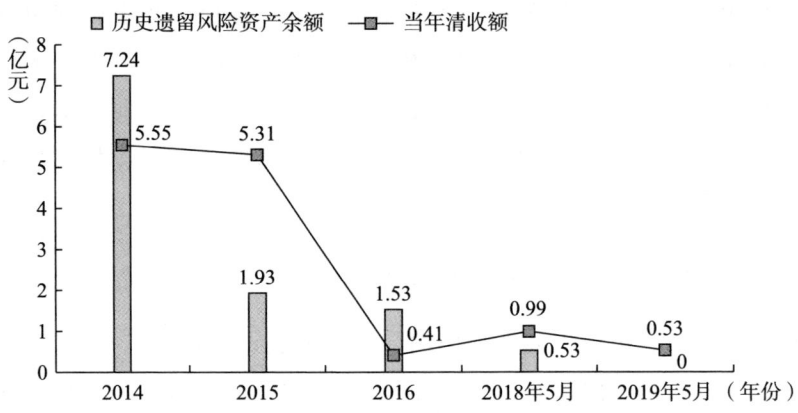

图4-9 历史遗留风险资产清收情况

注:2017年《全国住房公积金年度报告》未公布2017年全年数据。
资料来源:2014~2018年《全国住房公积金年度报告》。

二 当前住房公积金制度存在的问题

我国住房公积金制度是在借鉴新加坡中央公积金经验的基础上建立起来的一种住房保障制度。自20世纪90年代初住房公积金制度在我国正式建立以来,至今已有20多年的历史,截至2018年末,住房公积金缴存总额为145899.77亿元,提取总额为87964.89亿元,发放个人住房贷款总额为85821.32亿元,个人住房贷款余额为49845.78亿元。住房公积金已成为我国住房制度的重要组成部分,是住房分配货币化、社会化和法治化的主要形式,成为大部分职工解决住房需求问题的首选,也得到了国际上的广泛关注和赞许。然而,随着我国经济体制改革的深入以及住房市场的快速发展,住房公积金制度在运行中逐渐暴露出越来越多的问题。

关于住房公积金制度的批评和争论,可以追溯到2016年世界银行发布的《中国经济季报(第三季度)》。该报告对中国的住房公积金制度进行了评述,其主要结论有三点:第一,住房公积金作为提供贷款的机构还比较薄弱；第二，住房公积金主要使较高收入家庭获益；第三，在监管方面，建设部缺乏对金融机构监管的专业能力。此后，上海发展研究基金会秘书长乔依德与世界银行进行了两轮激辩。近年来一些学者和市场人士提出了取消公积金的建议，如全国政协经济委员会副主任杨伟民在2018年陆家嘴论坛上呼吁，逐步取消强制性住房公积金，逐步将强制性住房公积金改为自愿缴存，设立政策性住宅金融机构对其进行改革。2020年2月11日，中国国际经济交流中心副理事长黄奇帆在新冠肺炎疫情冲击背景下提出取消公积金制度的建议，同样引起极大争论。以下列举公积金制度存在的主要问题和争论。

（一）覆盖率低

公积金覆盖率是指住房公积金缴存人数占城镇就业人数的比例，《住房公积金管理条例》第二十条规定，单位应当按时、足额缴存住房公积金，不得逾期缴存或者少缴。这说明住房公积金具有强制性，也就意味着公积金的覆盖率应该为100%。从实际运行情况来看，公积金覆盖率由2012年的27.37%变为2018年的33.25%，尽管一直在上升，但可以说一直处于较低水平。新加坡是我国最初的学习对象，其公积金制度适用于公民和永久居民。2018年新加坡公积金会员人数为391万人，公民和永久居民分别为347万人和52万人，其公积金覆盖率达到98%，我国与之相差甚远。从地区角度来看，2018年中部地区、西部地区公积金覆盖率仅为30%左右（见图4-10），是拉低整体覆盖率的主要原因，这说明中西部地区的法治意识以及住房金融的生态环境较差。

（二）公平性缺失

公平性缺失是住房公积金最为严重的问题。

一方面，住房公积金被低收入群体广为诟病。其一，表现在低收入人群覆盖率低。从单位性质看，国家机关和事业单位、国有企业以及外商投资企业是住房公积金缴存的主要力量，而这三类单位普遍工资水平高、福利待遇好。图4-11显示近年来这三类单位缴存人数占比在六成左右。而城镇私营企业及其他城镇企业缴存人数占比则较低，2014年仅为12.74%。近年

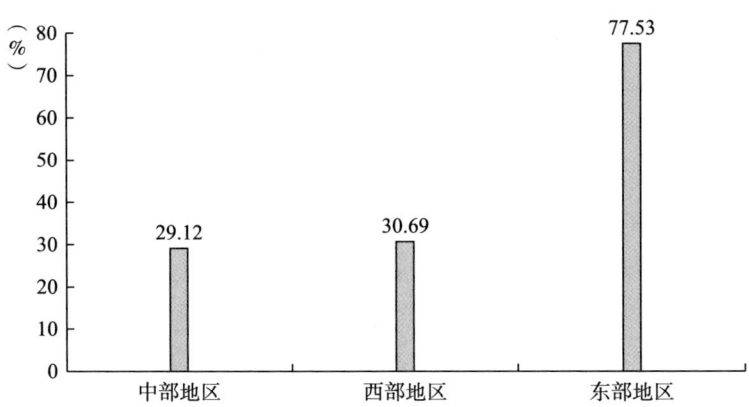

图4-10 2018年住房公积金覆盖率的地区分布
资料来源：2018年《全国住房公积金年度报告》。

来住房公积金在城镇私营企业及其他城镇企业的覆盖率有所提高，2018年达到了30.82%。然而，这一占比与民营经济提供80%就业岗位的地位是不相称的。这种单位性质间覆盖率不平衡的现象在发展较快的省份已经得到了改善，2018年北京城镇私营企业缴存人数占比达到86.56%，上海城镇私营企业缴存人数占比达到71%。而在经济发展较慢的地区，则依然是以公有制企业缴存为主力，在私营企业的覆盖率较低，如青海2018年国家机关和事业单位、国有企业缴存人数占比高达87.4%，城镇私营企业缴存人数占比仅为4.97%。其二，表现在低收入群体的缴存基数和缴存比例太低。根据清华大学房地产研究所的一项研究，2007年天津、大连、湖州和南宁四城市的最高收入组缴存基数分别是最低收入组缴存基数的10.95倍、9.91倍、10.4倍和24.13倍，四城市的最高收入组缴存比例分别是最低收入组缴存比例的1.35倍、1.09倍、1.22倍和1.70倍。综合来看，四城市的最高收入组缴存额分别是最低收入组缴存额的14.75倍、10.77倍、11.70倍和38.60倍。①

另一方面，在高收入群体看来公积金制度如同"鸡肋"。它的好处是可以产生抵税效应，但对于高收入群体来说许多人存在不能使用公积金贷款的烦恼。在一线城市和部分二线热点城市，由于房价上涨过快，公积金存

---

① 刘洪玉主编《推进与完善住房公积金制度研究》，科学出版社，2011，第111页。

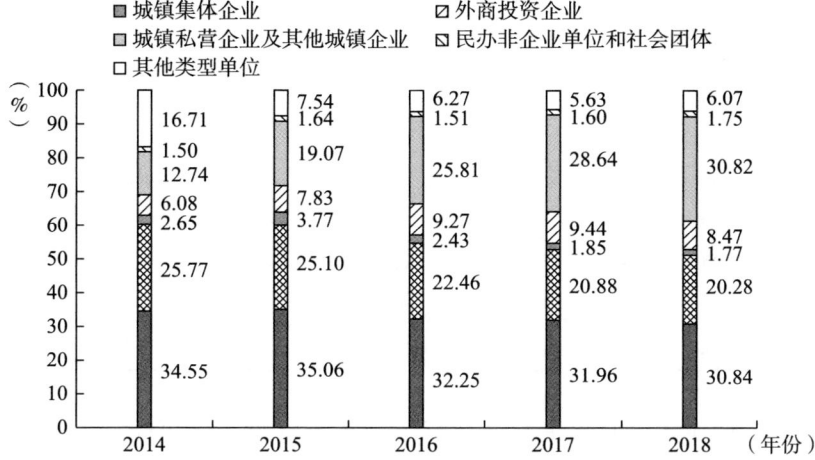

图 4-11 2014~2018 年公积金缴存人数占比情况（按单位性质分）
资料来源：2014~2018 年《全国住房公积金年度报告》。

在流动性紧张的问题，因此采取了贷款限额的措施（见表 4-2），相较于总房价来说公积金贷款额度并不能满足高收入群体的贷款需求。北京、上海、广州、深圳的《住房公积金 2019 年年度报告》反映了这一情况，四城市 144 平方米以上的贷款笔数占比分别为 2.5%、4.58%、0.93%、1.79%。由于住房公积金归职工个人所有，但对于高收入群体而言则不能自由使用，实际上形成了高收入群体补贴低收入群体的情况。根据清华大学房地产研究所的研究，常州住房公积金贷款贡献度随收入的增加而逐渐递减[1]；孟昊使用了更为直观的公积金存贷率指标反映天津公积金贷款的公平性，结果表明低收入群体是公积金最大的受益者[2]。

表 4-2 一线城市和部分二线热点城市的公积金贷款额度上限

单位：万元

城市	个人申请	两人及以上申请
北京	120	120

---

[1] 刘洪玉主编《推进与完善住房公积金制度研究》，科学出版社，2011，第 141 页。
[2] 孟昊主编《中国住房公积金制度研究》，中国金融出版社，2017，第 13 页。

续表

城市	个人申请	两人及以上申请
上海	60	120
广州	60	100
深圳	50	90
杭州	50	80
苏州	45	70
天津	60	80
南京	50	100
青岛	36	60

低收入群体认为公积金制度存在"劫贫济富"之嫌，高收入群体则觉得不能使用贷款，低成本资金被用作补贴低收入群体，那么公积金制度的公平性到底偏向谁呢？实际上这涉及如何定义公平。经济运行分为起点、过程和结果三个阶段，相应地，公平可划分为机会公平、规则公平和结果公平。机会公平强调人们在进入市场时获得平等的机会；规则公平强调在经济活动过程中经济主体是否受到相同的规则约束；结果公平强调经济活动最终的分配是否公平。西方经济学更多地强调起点意义上的公平；马克思主义强调生产资料占有意义上的公平以及等量劳动获得等量收入；现代经济学则强调结果公平，政府在再分配领域发挥着重要作用。就公积金制度而言，大部分低收入群体未被纳入制度内，这是机会不公平；公积金制度对缴存基数、缴存比例做出了规定，由于公积金来源于职工工资，但高收入群体不能有效利用其贷款，这是规则不公平；从结果公平角度来考察，总体上对低收入群体是不公平的，尽管低收入群体公积金贷款使用杠杆率更高，但低收入群体在样本内使用贷款的概率低于平均水平，如果考虑"幸存者偏差"问题，则低收入群体使用贷款的概率更低。

（三）投资渠道单一

《住房公积金管理条例》规定，住房公积金管理中心在保证住房公积金提取和贷款的前提下，经住房公积金管理委员会批准，可以将住房公积金用于购买国债。虽然投资于股票、债券等会有更大的回报，但需要承担较高的风险,因此目前住房公积金获取增值收益的渠道除个人住房贷款、银行存款外,仅有国债。2018年,住房公积金业务收入为1814.44亿元,其中存款利息为278.33亿元,委托贷款利息为1527.68亿元,国债利息为0.62亿元,住房公积金增值收益率仅为1.56%。虽然营利性并不是公积金制度的主要目标,但目前住房公积金缴存额已超过2万亿元,面对如此庞大的资产规模,0.62亿元的国债利息显得微不足道。

新加坡的公积金会员在普通账户预留2万美元、专门账户预留4万美元后,剩下的储蓄可以用来参加公积金投资计划(CPFIS),目前可投资的产品包括单位信托基金、投资类保险产品、年金、养老政策产品、新加坡政府债券、国库券、交易所交易基金等。国内的住房公积金应制定更合理的投资策略来提高增值收益,寻找除国债之外的更多适合的投资对象,进行更高效的资产管理,在确保风险可控的前提下争取更多收益,这样一方面能分配更多利益给缴存者;另一方面可以提高资金的利用效率,减少资金沉淀。

(四)关于住房公积金增值收益能否用于廉租房建设的讨论

2002年修订的《住房公积金管理条例》第二十九条规定,住房公积金增值收益可用于建设城市廉租住房的补充资金。2007年8月国务院颁布的《关于解决城市低收入家庭住房困难的若干意见》明确提出住房公积金增值收益在提取贷款风险准备金和管理费用后,全部用于廉租住房建设。

对公积金增值收益用于廉租房建设补充资金的做法,一些学者提出了不同意见。张泓铭认为,住房公积金属于个人财产,增值收益也只能属于住房公积金全体储户共同所有,而公积金增值收益实际上却归属财政用于廉租房建设,这是值得商榷的,有违背《物权法》精神之嫌。[①] 叶胜荣认为,住房公积金增值收益与政府非税收入有本质区别,由于公积金属于个人财产,根据《经济法》中有关所有权的界定,所有人依法对自己的财产享有占有、使用、收益和处分的权利,因此建议增值收益要面向缴存者

---

① 张泓铭:《住房公积金增值收益余额难姓"公"》,《上海房地》2008年第3期。

分红。①

住房公积金归职工个人所有,这是《住房公积金管理条例》规定的。对于公积金增值收益的属性,首先须厘清公积金的资金属性,它不是单位与职工对公积金管理中心的债权,也不是对公积金管理中心的投资,公积金的资金属性实际上是一种受托管理资产。从《信托法》视角看,公积金的委托人是单位职工,受托人是公积金管理中心,受益人是单位职工,受托人以自己的名义对信托财产分别管理、分别记账,应履行诚实、信用、谨慎、有效管理的义务。从《民法通则》和《物权法》的法理上分析,住房公积金的增值收益属于公积金运作过程中产生的利息类收益,所有权归属缴存人。从设立信托的目的来看,公积金实际上扮演了公益信托的角色,因为公积金管理中心的定位是不以营利为目的的。由于公益信托的性质,缴存人所有权的行使受到一定的限制,同样缴存人对增值收益的所有权也受到一定的限制。然而,这并不意味着在各方权利、义务没有明确的条件下有关管理部门可以单方面决定增值收益的使用方向。

我们认为,低收入群体的住房保障问题是打赢脱贫攻坚战、全面建设小康社会的重要环节,从公益信托的公益角度出发,公积金承担一部分廉租房建设资金未尝不可;从信托应为受益人谋取最大利益的角度出发,增值收益用于廉租房建设应采取有偿借款或股权投资的方式。考虑到地方政府确实存在资金困难的情况,地方政府可利用储备土地入股的方式,这样既解决了低收入群体的住房保障问题,又有效实现了住房公积金的收益权能。

(五)管理机制存在缺陷

我国住房公积金制度实行属地化管理,各住房公积金管理中心相互独立,全国几乎找不到两个管理模式完全相同的住房公积金管理中心。属地化管理模式虽然在一定程度上有助于各地政府按照本地区现实情况安排各自的住房公积金政策,但是由于住房公积金市场间相互独立,各地区间缺乏沟通和合作的有效渠道,公积金运行无法实现全国一体化统筹,难以形

---

① 叶胜荣:《住房公积金增值收益使用范围探讨》,《现代商贸工业》2007年第5期。

成规模效应。另外，人口迁移或工作城市调整时，公积金的调整存在障碍、行政管理成本增大、不同地区的资金相互独立等问题的存在，也造成了效率的损失，这是住房公积金制度当前存在的不可忽视的问题之一。

此外，住房公积金管理模式的实质是一种行政委托代理，储户作为委托人，把存储资金委托给住房公积金管理中心，住房公积金管理中心作为代理人，负责住房公积金的归集、支付和管理，这种模式也有很多弊端。第一，运行程序中的筹、管、用三个环节不分，内部控制机制不健全，无法形成良好的相互制约和监督机制，导致公积金被挪用、挤占、抽调等事件屡屡发生。第二，多重代理增大了资金运用成本和决策风险，使得代理效果变差。第三，住房公积金管理中心不是专业的金融监管机构，不具备承担住房公积金经营风险的能力，一旦出现资不抵债的情况，受损失的只能是缴存者，将极大扰乱市场秩序。

由于住房公积金具有属地化管理、委托代理的性质，利益集中在各地住房公积金管理中心，在实际操作中仍然存在限制提取、鼓励贷款的状况，使得公积金的实际使用率较低。

三 住房公积金制度短期内优化改进的措施

（一）提高住房公积金覆盖率

当前低收入群体的住房保障是住房市场应重点解决的难题。提高住房公积金覆盖率，使得低收入群体享受到政策性住房金融服务，依然是既有住房金融制度体系下实现住有所居的最优解。具体可以从以下三个方面入手。第一，加大惩罚力度，主要针对法治环境较好的东部地区。对不依法办理住房公积金缴存登记、不为职工设立住房公积金账户的企业进行处罚，及时督促不缴存或少缴存的单位进行改正，必要时向法院申请强制执行，保障职工的合法权益。第二，奖惩结合。应重点关注目前覆盖率较低的省份，尤其是中西部地区，对积极缴存的私营企业、个体工商户、非全日制从业者、其他灵活就业者给予一定的补偿或奖励，使其发挥模范带头作用。第三，各地住房公积金管理中心应积极简化办理流程、规范服务工作，推出更多业务的线上办理程序，让企业和职工能够更加方便、快捷、高效地办理相关业务。

（二）保障缴存但未使用住房公积金贷款群体的利益

目前未使用住房公积金贷款的群体主要有两类：一类是高收入群体，他们因贷款额度受限而未能使用公积金贷款；另一类是低收入群体，他们因债务收入比不达标或因信用水平不够而难以使用公积金贷款。从规则公平性的角度出发，应保障这两类群体的利益，可以采取补贴的方式对未使用公积金贷款的群体进行补贴，补贴的标准可以参照相同时期定期存款的利率水平，补贴的资金可以从公积金增值收益中提取。实际上，自2014年3月开始苏州对"长期未使用住房公积金"的职工实行补贴，但补贴的范围不仅要求未使用贷款，而且要求5年以上未提取过公积金。我们认为可以将范围扩大到只要未使用贷款就应该补贴，因为对个人而言公积金缴存的意义是获得优惠的政策性贷款。

对未使用公积金贷款的群体进行补贴只是一种事后补救的措施，更重要的是要让公积金贷款用起来。从结果公平的角度出发，应采取各种措施提高低收入群体公积金贷款的可得性，如适当提高贷款额度、为贷款提供政策性担保措施等。同时，减免部分贷款利息，使公积金贷款的普惠性进一步增强，当然减免利息应从增值收益中提取。这些措施旨在发挥公积金制度的互助功能，并提升结果公平性。

（三）提高住房公积金使用效率

目前公积金的使用存在流动性不足和资金闲置并存的现象，前者主要表现在发达地区，这些地区出现的资产证券化项目以及"公转商"贴息贷款都表明存在流动性不足的情况；后者主要表现在欠发达地区，这些地区的公积金使用效率相对较低，整体上还是表现出资金沉淀的问题。可以从以下三个方面着手解决。第一，从细节着手，如目前公积金冲还贷方式变更的周期较长，其间职工每个月缴存的公积金处于闲置状态，因此应缩短这一周期，提高使用效率。第二，从投资着手，拓宽投资渠道。公积金投资渠道仅限于购买国债，这主要是出于安全性的考虑，然而我国金融市场取得了长足发展，一些次主权的债券（如地方政府债券、政策性金融债）具有极高的信用等级，流动性也较高，可适当放宽投资限制。第三，从全国统筹着手，通过打破各地公积金地方割据的局面提高资金使用效率。当然全国统筹是一项难度较大的工作，可逐步推进。其一，针对各地现存住房公积金制度的差异，应在保持各地"因城施策"的必要差异的前提下，寻找能够兼容的地方并进行调整，加强各地住房公积金之间的关联，扩大规模效益。其二，利用互联网技术，跨越地区间隔，建设各地之间的信息互联互通平台，使群众在人口迁移或改变工作城市时更加便捷地调整自己的住房公积金账户。其三，在中央层面统筹进行顶层设计，优化现行住房公积金管理制度。

第五章
个人住房抵押贷款资产支持证券（RMBS）市场

中债资信 RMBS 团队

- 2019 年 RMBS 共发行 67 单、5162.71 亿元，发行规模较 2018 年有所下降，但仍保持银行间市场主导地位，发起机构类型更为丰富，发行利率维持低位；交易方面，2019 年我国 RMBS 二级市场交易量同比仍保持增长势头，交易活跃度较上年有所提升；存续方面，存续期内 RMBS 项目基础资产整体表现良好，提前还款率由于房价趋稳以及收入放缓等原因出现下降，回收率仍有待观察。

- 从产品特征来看，2019 年 RMBS 产品表现主要有以下五个方面，一是参与机构多元化程度提高，区域性城商行和专业性银行也参与发起；二是交易模式更为灵活，更多采用目标余额摊还的方式；三是入池资产地区分散性维持较好，但单个项目入池资产地区集中度提升；四是 RMBS 较同期限国开债溢价收窄且相较其他零售类 ABS 产品表现更优；五是 RMBS 对外开放程度进一步提高。

- 我们认为未来 RMBS 将继续助力落实住房金融宏观审慎管理、推进房贷利率市场化，向高质量发展阶段迈进。首先，从发行端来看，未来发行 RMBS 动机除满足信贷投放、降低房贷地区集中度、优化银行资产负债结构等诉求外将更加多元化；从存续端来看，不同发起机构 RMBS 存续期表现有所区别，实际违约率表现出现分化。其次，二级市场交易量继续保持增长势头，市场活跃度不断提升，投资人认可度不断提高。最后，LPR 机制落地后，从定价基准、调整方式、调息频率

第五章　个人住房抵押贷款资产支持证券（RMBS）市场

等方面来看，短期内 RMBS 产品利率风险将保持稳定，长期应关注存量 RMBS 利率风险。随着未来房价逐步趋稳、收入增速放缓，且 LPR 短期内利率上浮的可能性不大，预期未来房贷提前还款率将有所下降。

个人住房抵押贷款资产支持证券（以下简称"RMBS"）指金融机构作为发起机构，将个人住房抵押贷款信托给受托机构，由受托机构以资产支持证券的形式发行证券，以基础资产所产生的现金支付资产支持证券本息的结构性融资活动。

2019 年 RMBS 在盘活存量贷款、助推个人住房抵押贷款（以下简称"房贷"）实现利率市场化、落实住房金融宏观审慎管理等助力住房金融市场良性发展方面继续发挥其重要作用，维持了良好的发展态势并继续保持银行间市场资产证券化产品（以下简称"信贷 ABS"）主导地位。本章结合 2019 年银行间 RMBS 行业情况，对产品市场发行、交易及存续期重点参数特别是早偿率进行统计分析，对产品特征进行梳理总结，对产品未来发展进行趋势展望，以期助推我国 RMBS 市场高质量发展，使其在稳定住房市场贷款利率、解决住房民生问题方面发挥更大作用。

一　市场情况

（一）行业分析

住房金融维持宏观审慎，强调防范住户部门债务风险，将降低房贷资产违约风险。2019 年中央多次重申坚持"房住不炒"、全面落实"稳地价、稳房价、稳预期"长效管理机制的政策定位，明确提出避免将房地产作为短期刺激经济的手段，从销售、投资及融资端全面限制房地产行业过快增长。政策具体影响如下：一是房地产行业信贷政策更为审慎，商业银行不断加大个人住房贷款管控力度，个人住房贷款及房地产投资规模持续压缩，这将有利于防范住户部门债务风险；二是金融部门严格把控房地产行业资金流入,防范房地产行业过度金融化,在房地产企业融资政策全面收紧影响下,热点城市房价过快上涨势头得到遏制、房价增速开始回落;三是在住房金融宏观审慎管理下,一城一策、因城施策等强调完善城市主体责任划分,预计未来各地将逐步落实差别化、精细化调控政策,房地产市场发展将以适应各地实际社会环境需求为目标,逐步回归理性。对RMBS产品而言,进一步落实住房金融宏观审慎政策,将有助于稳定房价水平、住户部门债务水平,降低房贷资产违约风险,提升基础资产信用质量,推进RMBS向更高质量发展。

LPR新规落地实施,有利于助推房贷利率市场化进程。2019年8月17日,央行就新发放商业性个人住房贷款利率有关事宜发布公告,明确新发放商业性住房贷款利率应以近一个月相应期限贷款市场报价利率为基准加点形成。2019年12月28日,为深化利率市场化改革,进一步推动LPR机制运用,央行发布公告明确存量浮动利率房贷定价基准应于2020年3月1日至2020年8月31日之间转换为LPR,转换时点利率保持不变,根据2019年12月LPR和原执行的利率水平确定加点数值。同时,借贷双方可重新约定重定价周期和重定价日,重定价周期最短为一年。长远来看,LPR新规将有利于推动我国贷款利率和市场利率尽快实现"双轨并轨",疏通货币政策向房贷利率的传导机制,助推房贷利率市场化进程。

(二)发行与交易情况

1. 发行情况分析

从发行情况看,2019年RMBS发行总额及增速较2018年有所下降(见图5-1),但仍保持银行间市场资产证券化产品主导地位,超过银行间市场ABS发行总规模的一半。2019年全年银行间市场共发行67单、5162.71亿元RMBS产品,增速较上年同比下降11.64个百分点,但发行规模仍占银行间市场发行总量的53.59%,超过总规模的一半,继续保持信贷ABS市场主导地位。整体来看,受住房金融宏观审慎政策的影响,RMBS发行规模较2018年有一定缩小,但RMBS仍为信贷ABS市场主流产品。

从发起机构看,全国性国有商业银行依然占据RMBS市场发起主导地位,但其证券发行规模增速同比下降;全国性股份制商业银行活跃度进一

第五章 个人住房抵押贷款资产支持证券（RMBS）市场

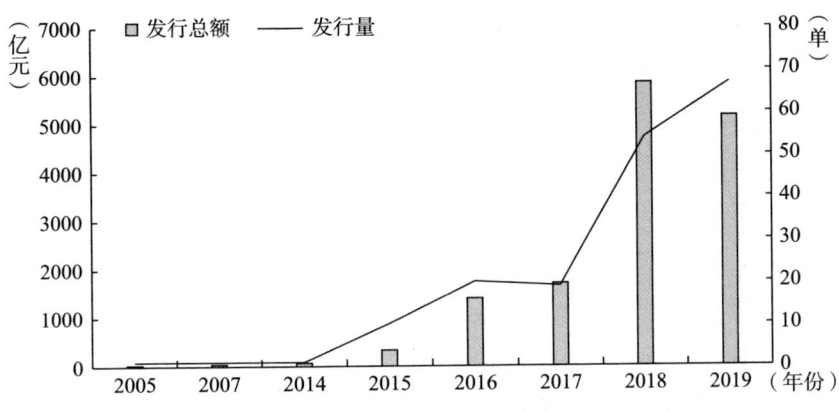

图 5-1 2005~2019 年 RMBS 发行量及总额

注：2006、2008~2013 年无 RMBS 发行。
资料来源：Wind，中债资信整理。

步提升；地方性城商行重新参与到 RMBS 市场发起中；专业性银行发起其首单 RMBS。2019 年共有 18 家机构参与 RMBS 项目的发起，平均每单发行金额为 77.06 亿元。其中，全国性国有商业银行、全国性股份制银行发起规模分别为 3758.36 亿元、1048.97 亿元，占全年市场总量的 73.30%、20.32%，增速同比下降 104.81 个百分点、上升 11.37 个百分点。地方性城商行[①]全年共发起 10 单、294.61 亿元，占当年发起总量的 5.71%；专业性银行中德住房储蓄银行首次发起 1 单、60.77 亿元的 RMBS 项目。

从发行利率看，2019 年发行利率全年维持低位。2019 年受货币市场资金面相对宽松影响，RMBS 优先 A1 档发行利率区间为 3.06%~3.70%，优先 A2 档发行利率区间为 3.30%~5.28%，优先档证券加权平均发行利率为 3.42%，其中 A1 档、A2 档、A3 档、A4 档平均发行利率分别较上年下降 90BP、87BP、84BP、33BP，呈下行趋势。从 2019 年全年总体看，发行利率整体平稳，全年维持低位（见图 5-2）。

2. 交易情况分析

2019 年我国 RMBS 二级市场交易量同比仍保持增长势头，交易活跃度较上年有较大提升。自 2012 年信贷资产证券化重启以来，RMBS 的发行规

---

① 包括杭州银行、徽商银行、江苏银行、汉口银行、南京银行 5 家。

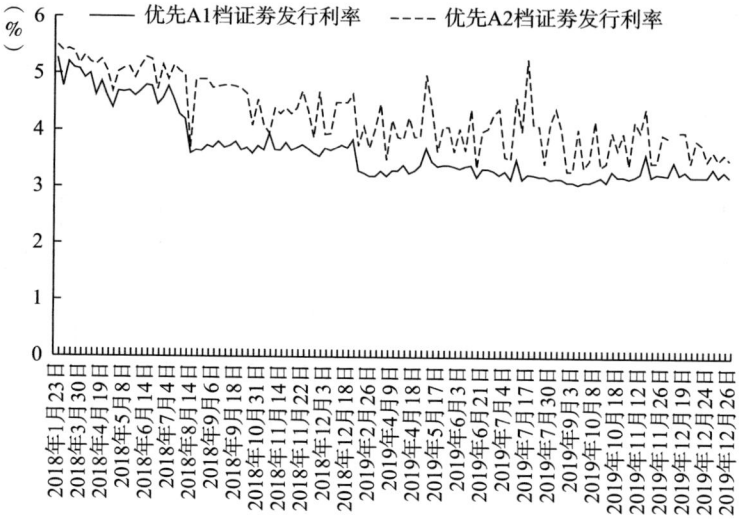

图 5-2 RMBS 优先 A1 档、优先 A2 档证券发行利率变化趋势

注：由于优先 A3 档、优先 A4 档的产品较少，未在图中列示。

模持续攀升，2018 年二级市场交易量迅猛增长，2019 年继续保持增长势头，全年现券交易量为 2943.09 亿元，同比增长 161.47%，占全部 ABS[①] 现券交易量的 48.94%，是信贷 ABS 市场交易的主要产品（见图 5-3）。尤其是 2019 年第三季度，由于部分城商行为降杠杆及提升流动性需求而减持前期 RMBS 产品，供给明显提升，导致该期间交易量迅猛增长，占全年 RMBS 现券交易量的 51.89%（见图 5-4）。交易活跃度方面，2019 年 RMBS 换手率为 29.69%[②]，整体活跃度较上年的 15.05% 有较大提升。整体来看 RMBS 存量巨大，二级市场 2943.09 亿元的交易量相较于 9914.36 亿元的存量而言仍处于较低水平，未来仍有较大发展空间。

（三）存续情况

截至 2019 年 12 月，银行间市场共有 172 单处在存续期的 RMBS 项目，存量余额为 10385.76 亿元，占信贷 ABS 存量余额的 72.31%，占中国债券

---

① 包含企业 ABS 和信贷 ABS（含 ABN）。
② 换手率 = RMBS 当年交易量/历史存量 × 100%。

第五章　个人住房抵押贷款资产支持证券（RMBS）市场

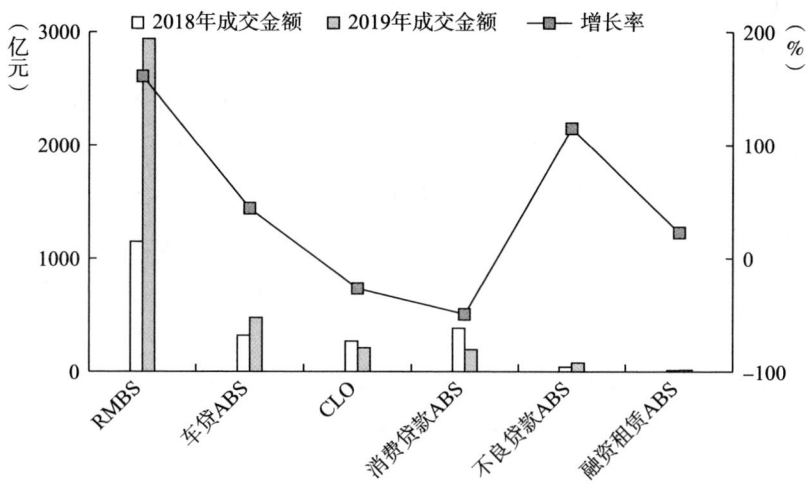

图 5-3　2018~2019 年信贷 ABS 各产品类型成交金额及增长率
资料来源：Wind，中债资信整理。

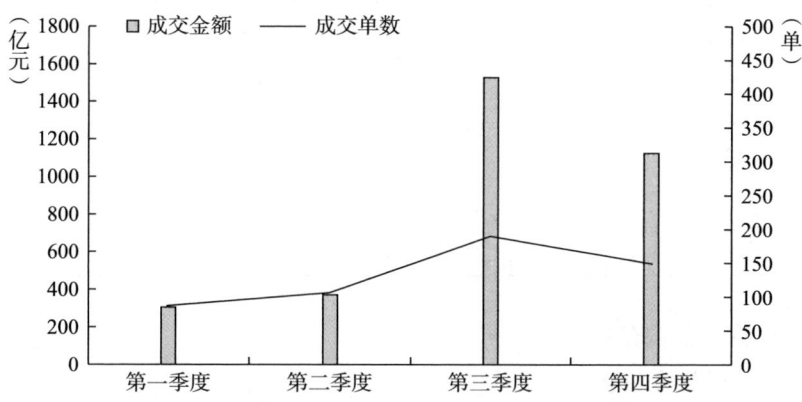

图 5-4　2019 年各季度 RMBS 成交单数及成交金额
资料来源：Wind，中债资信整理。

市场存量余额的1.07%。存续期证券均表现良好，未发生违约事件及任何对证券化信托财产和信托事务管理产生重大影响的事件①，经济增速放缓，叠加贸易摩擦等不确定性因素，会对基础资产未来信用表现有一定不利影响。

---

① 详细内容参见项目各期《个人住房抵押贷款证券化信托受托机构月度报告》列示的对证券化信托财产和信托事务管理产生重大影响的事件。

1. 基础资产情况

（1）基础资产特征分析

入池资产贷款特征基本保持稳定。2019年RMBS项目入池资产加权平均账龄和剩余期限分别为4.23年、11.35年，相较于2018年的3.34年、10.88年均有小幅上升。2019年RMBS项目初始贷款价值比平均为62.31%，相比2018年（61.74%）略有上升，抵押物价值对贷款余额的覆盖程度仍保持较高水平。资产端及证券端利差方面，2019年RMBS入池加权平均贷款利率维持在4.24%~5.50%，与2018年基本持平，而发行的加权平均贷款利率为3.42%，较上年下降58BP，所有项目资产端利率均高于证券端利率，平均利差为135BP（见表5-1）。

表5-1 2018~2019年分机构类型RMBS产品基础资产特征分析

基础资产特征	全国性国有银行		全国性股份制银行		区域性城商行	专业性银行
	2018年	2019年	2018年	2019年	2019年	2019年
平均未偿本金余额（亿元）	113.92	113.89	74.85	45.53	29.46	60.77
加权平均贷款利率（%）	4.83	4.78	4.84	4.68	4.92	4.63
加权平均账龄（年）	3.40	4.12	2.92	4.84	3.27	3.29
加权平均剩余期限（年）	11.06	11.41	9.71	10.36	12.77	17.98
LTV（%）	62.34	63.03	61.14	62.59	58.80	67.17
一、二线城市占比（%）	43.41	42.89	49.38	63.37	67.91	100.00

（2）重点参数分析

①提前还款率分析

2019年受热点城市房价涨幅回落、二手房市场交易活跃度下降，叠加经济下行、居民收入放缓及购房意愿下降等因素影响，提前还款率整体呈现下降趋势。存续RMBS项目2019年月提前还款率较2018年整体呈现下降趋势，其中4~6月下降趋势较为明显，同比下降最大值出现在5月，下降幅度为40BP（见图5-5）。究其原因，一是一、二线城市房价涨幅收窄，三、四线城市房价回落，整体房价增速趋缓（见图5-6）；二是宏观经济增速下行背景下居民收入增速放缓及购房意愿下降；三是利率处于下行通道，短期内大幅上升的可能性较小。RMBS由于期限较长，早偿率一方面减少本

第五章 个人住房抵押贷款资产支持证券（RMBS）市场

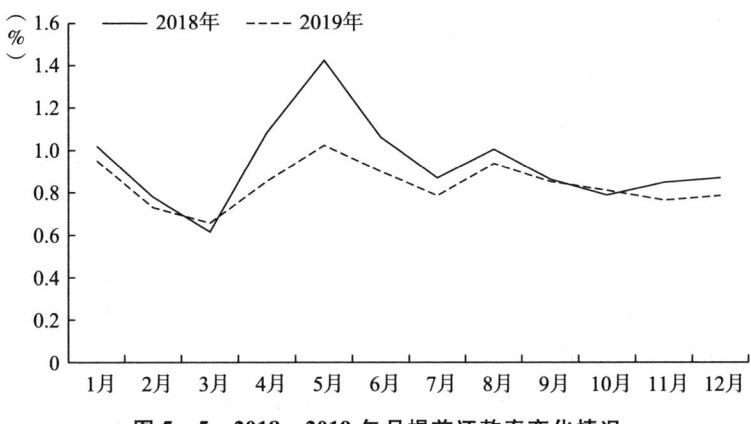

图 5-5 2018~2019 年月提前还款率变化情况

注：此处选用表现期在 12 期以上、2017 年后发行的 RMBS 存续项目作为样本进行统计，早偿率计算公式为提前还款本金金额/期初未偿本金余额。

资料来源：Wind，中债资信整理。

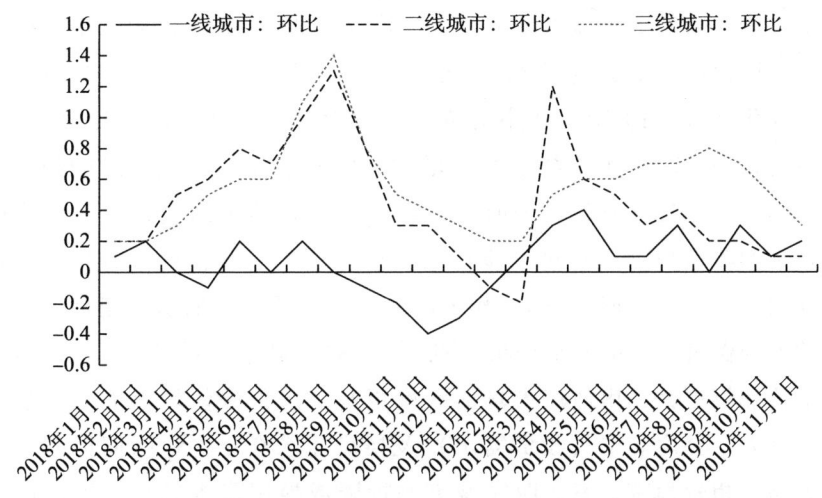

图 5-6 各级城市二手住宅价格变动情况

资料来源：国家统计局，中债资信整理。

金违约的不确定性，另一方面也减少了未来流入的利息，在较长的存续期内对 RMBS 现金流分布情况影响较大，因此提前还款率成为市场较关注的参数。结合 2019 年提前还款率情况及多家银行房贷提前还款数据进行分析，可以看出房价、收入和利率是影响提前还款的重要因素，其中利率的作用机理是影响房贷成本，收入的作用机理是影响借款人的还款能力，房价的

103

作用机理是影响借款人的还款意愿，三者作用机理有所差别，但都与房贷的提前还款呈现正向相关性，具体分析如下。

(A) 房价

房价能够通过两个方面对借款人的提前还款意愿产生影响：一个是房价对贷款余额的覆盖倍数，另一个是房地产市场的活跃度。一方面，对于已发放的贷款，当房价上涨时，相对于贷款成本而言，房屋的价值变得更高，房价对贷款余额的覆盖倍数不断增大，考虑到国内借款人受传统思想的影响，整体负债意愿较低，这将提高借款人提前还款的可能性。另一方面，随着房价的上涨，房地产市场活跃度会上升，支付能力较强的借款人投资二套房及换房需求也会有所提高，从而增强其提前还款的意愿。基于某银行在2012年发放的个人住房贷款表现数据，统计不同LTV区间和不同区域的贷款提前还款的表现情况，分析房价因素对于房贷提前还款的影响。从房价对贷款余额的覆盖倍数来看，贷款价值比（LTV[①]）的大小可以很好地体现房屋价值与贷款金额之间的相对关系（见图5-7）。从图中可以看出显著的变化特征，即LTV越小的贷款，房价对贷款余额的覆盖倍数越高，其提前还款率越高，而随着LTV的增大，提前还款率呈现下降的趋势。事实上，LTV仅为贷款发放时的时点值，随着贷款的不断偿还，房屋价值对贷款余额的覆盖程度还将进一步扩大。从房地产活跃程度来看，考虑到数据的局限性，我们以城市等级[②]作为房地产市场活跃度的衡量指标，对提前还款的差异做进一步的验证分析（见图5-8）。其中，对于一、二线城市而言，房价涨幅更大，房地产市场活跃度更高，房价保值增值能力更强，相应的借款人二套房需求（投资需求）及换房需求会更高，因而提前还贷率也会更高，相较而言，三、四线城市的投资或换房需求较低，提前还款率也较低。

总体来看，房价对房贷提前还款产生正向影响。一方面，房价对贷款余额的覆盖倍数越高，借款人提前还款的可能性越大；另一方面，房地产

[①] 贷款价值比＝合同金额/房屋价值。
[②] 实际的贷款数据中，一线城市包括北京、上海、广州、深圳4个城市，二线城市包括西安、重庆、成都、太原、长春、哈尔滨、合肥、南昌、青岛、济南、郑州、天津、大连、沈阳、宁波、杭州、福州、厦门、南京、苏州、武汉、长沙22个城市，整体上城市的覆盖度较高。

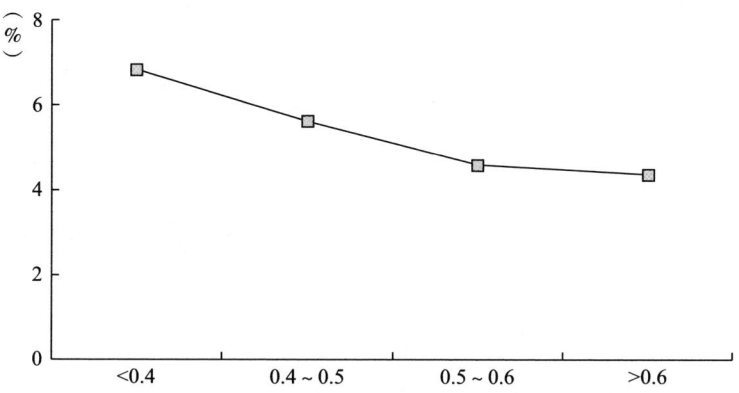

图 5-7 不同 LTV 区间的年化提前还款率

资料来源：Wind，中债资信整理。

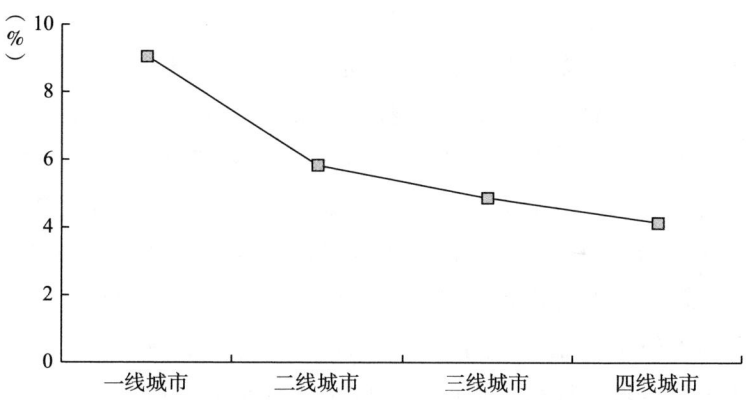

图 5-8 不同区域的年化提前还款率

资料来源：Wind，中债资信整理。

市场活跃度越高，借款人会更倾向于尽早购入新的房产，因此也会对已存在的房贷进行提前偿付。2019 年在"房住不炒"政策影响下，房地产市场逐步回归理性，尤其是在第二季度，受调控加码、行业信贷收紧等多重因素叠加的影响，一、二线城市房价整体涨幅收窄，三线城市涨幅有所回落，因此借款人提前还款意愿降低。

（B）收入

收入能够从总量和增速两个方面改变借款人的还款能力，进而影响房贷提前还款率，且中青年借款人受这一因素的影响可能更为明显。一是当收入总量增加时，借款人对贷款的支付能力提高，且我国居民的负债意愿较低，因此在满足其他方面的生活需求后，借款人的提前还款意愿会有所提高。二是当收入增速增加时，借款人预期未来的收入总量会增加，这也会促使借款人提前还款。三是在我国收入总量较多和收入增速较快的人群主要是中青年，收入因素对这类人群提前还款率的影响可能更为明显，同时，中青年存在旺盛的改善型需求，当收入因素变动时，可能会更倾向于提前还款。

分析某国有银行2012年在全国范围内发放的70余万笔个人住房抵押贷款截至2018年的数千万条逐笔逐月的还款数据，并对借款人提前还款情况进行统计，从收入－债务比和年龄两个方面，分析收入对于借款人提前还款的影响。

从收入－债务比来看，为避免贷款额度及其他潜在因素的差异对借款人提前还款情况的干扰，我们进一步选取了收入－债务比①这个指标。从图5－9可以看出，整体上，贷款的提前还款表现与收入－债务比呈现正相关的特点，即收入－债务比越高的人群，其提前还款率也越高。从图5－10可以看出，处在40岁以下的借款人，其提前还款率较高，且随着年龄的增大而提高，在［30，40）岁年龄区间内的借款人提前还款率达到最高点，而在这之后，借款人提前还款率呈现明显的下降趋势。一般情况下，中青年时期的借款人处于事业上升期，有更加稳定的工作，收入水平也更高，且换房等改善型需求也较高，提前还款的可能性更大，而对于其他年龄段的借款人而言，收入的稳定性及支付能力相对较弱，提前还款的能力也较弱。

总体来看，借款人收入的差异将影响房贷提前还款率。具体而言，虽然提前还款率与借款人收入之间未表现出直接的线性关系，但是在剔除贷款额度等因素的影响之后，提前还款率与收入－债务比呈现正相关关系，说明收入对房贷提前还款率具有正向影响。同时，考虑到中青年旺盛的住房改善型需求，收入因素对这类人群提前还款率的影响将更大。2019年受外部环境及国内需求不足的影响，宏观经济增速下行压力加大，居民收入及购房意愿有所下降，导致住户部门提前还款意愿有所降低，提前还款率

---

① 收入－债务比＝年收入×贷款期限/合同金额。

较上年有所下降。

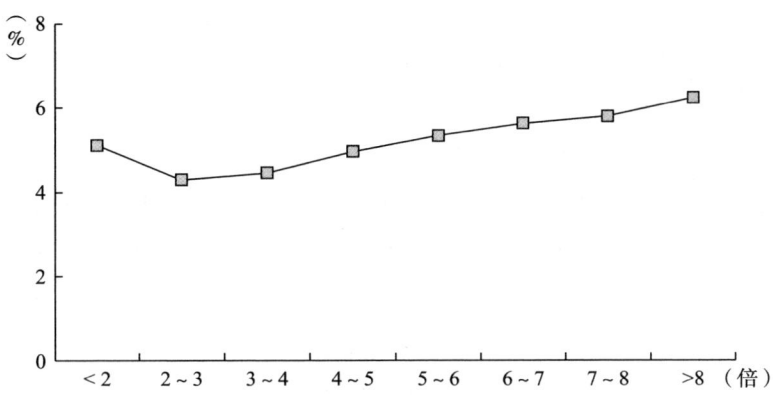

图5-9 不同收入-债务比区间的年化提前还款率

资料来源：公开数据，中债资信整理。

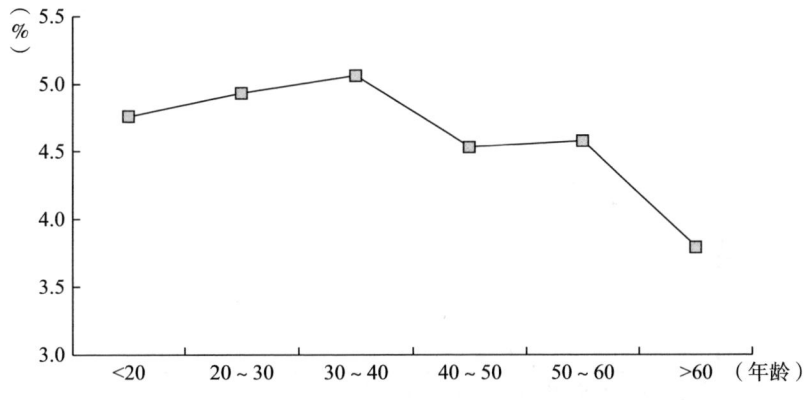

图5-10 不同年龄区间的年化提前还款率

资料来源：公开数据，中债资信整理。

（C）利率

利率方面，利率能够通过改变房贷成本对借款人的提前还款意愿产生影响。2020年8月末，全面完成存量浮动利率贷款定价基准转化前，我国房贷业务通常为浮动利率，由浮动基准和浮动比例构成，当浮动基准上调时，借款人预期未来偿还房贷的成本增加，为了避免支付更多的利息，提前还款的可能性会提高。

过去我国房贷的浮动基准为中国人民银行公布的基准利率，从2019年

8月起更换为5年期LPR，对比历史上各月发放贷款的年化提前还款率①和我国首套房平均房贷利率的变化情况（见图5-11），可在一定程度上反映未来LPR变化情况对提前还款的影响。从银行历史各月发放贷款的年化提前还款率来看，不同银行的提前还款率曲线具有较强的相似性，主要原因是同一时期发放的贷款特征以及所经历的市场环境基本一致，因此贷款在存续过程中的提前还款表现具有相似的特征和趋势。2015年之前，各银行发放的贷款提前还款表现相对稳定，而自2015年开始，提前还款率均出现了明显的下降趋势，直至2017年前后，该下降趋势才有了改变，甚至出现了较为明显的反弹。对比2015年转折期我国首套房平均房贷利率，提前还款率下降时期也恰好是房贷利率的下行时期，这与2015年基准利率的下调有关。而伴随着2017年各项房地产调控政策的实施，房贷利率有了较大幅度的提升，这也导致2017年后发放贷款的提前还款率有了较为明显的上升。

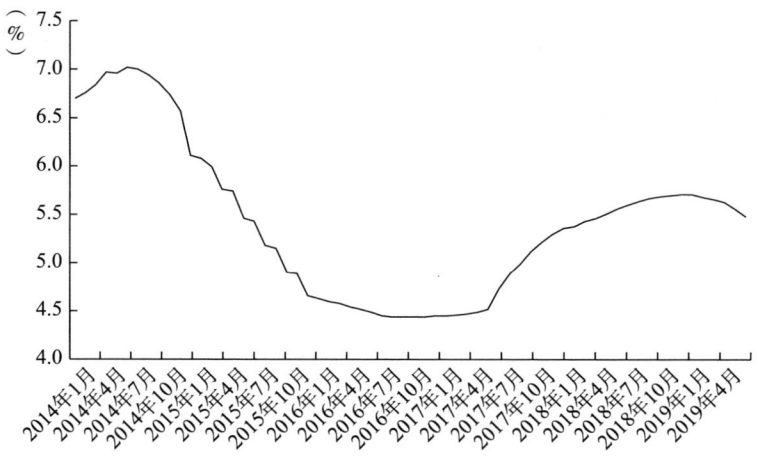

图5-11 首套房平均房贷利率

资料来源：公开数据，中债资信整理。

因此，虽然银行发放贷款的时间越靠近现在时点，其贷款的表现期越短，提前还款率的计算准确性可能会存在一定的误差，但是利率对借款人提前还款行为的正向影响可以得到一定的验证。而从实际贷款利息偿付的

---

① 历史数据源自各银行个人住房抵押贷款资产支持证券注册申请报告，年化提前还款率＝提前还款总金额×12/（发放贷款总额×贷款表现期数）。

角度来看，由于房贷的年限较长，利率上浮所带来的利息增长需要在20～30年的期限内进行分摊，每月的还款金额不会出现特别大的变动，因此，从借款人角度考虑，其支出成本不会因为利率的变动而产生较大变化，利率对房贷提前还款的影响也是有限的。总的来看，利率通过改变借款人的贷款成本而对房贷提前还款产生正向影响，但这种影响是比较有限的。2019年在稳健的货币政策条件下，市场流动性保持合理充裕，利率预期下行，存续RMBS产品整体提前还款率有所下降。

②累计违约率[①]分析

违约率保持同类型ABS产品中较低水平，但发起机构分化开始显现。截至2019年末，银行间市场存续期超过12期[②]的92单RMBS项目平均累计违约率水平为0.32%，其中存续12期、24期、36期、48期的累计违约率均值分别为0.11%、0.27%、0.38%、0.52%，处于零售类ABS产品中较低水平，且上升趋势较为平稳（见图5-12）。此外，由于发起机构在资产运营、风险管理、经营区域等方面存在差异导致其房贷资产质量存在差异，其发行项目表现出的实际累计违约率也相应存在分化。

③违约回收率[③]分析

受RMBS项目存续期表现较短影响，违约回收率仍有待观察。2019年末表现期超过24期的存续42单RMBS项目[④]回收率均值为33.39%，为存续零售类ABS产品中最高水平，其中存续24期、36期、48期的回收率均值分别为16.90%、26.77%、42.23%，整体呈上升趋势。但由于RMBS生命周期较长，部分违约贷款或通过非诉讼方式实现回收，短期内回收金额有限，此外通过处置抵押房产实现回收所需的周期也相对较长，因此目前存续项目回收率较全生命周期预测水平仍偏低。

---

① 某一收款期间的累计违约率指该收款期间以及之前各收款期间内的所有违约贷款在成为违约贷款时的未偿本金余额之和占初始起算日资产池余额的比例。
② 不包括建元2005-1和建元2007-1。
③ 违约回收率，是指发起机构针对违约贷款，通过正常还款、处置抵押物等方式回收的金额占总违约金额的比例。
④ 由于表现期较短回收数据不充分，因此本章仅分析表现期24期及以上的项目，并剔除异常值，样本共42单。

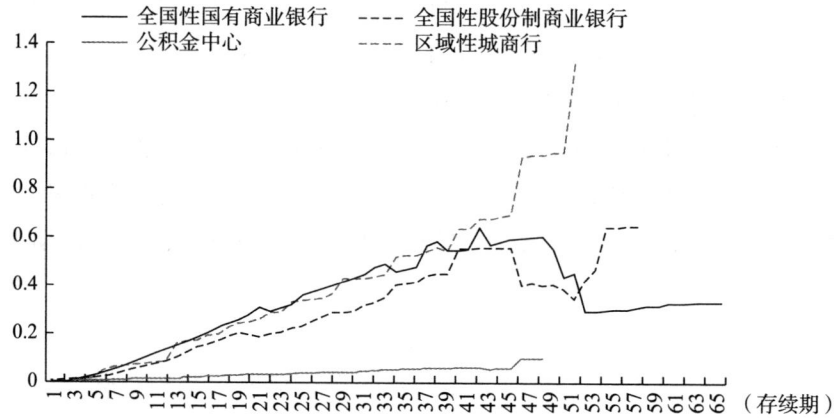

图 5-12 不同发起机构类型基础资产平均累计违约率表现

注：为各类型发起机构存续 RMBS 项目各期违约率均值，图中累计违约率出现跃升/下降是由后期存续样本数量减少、表现期不足所致。

资料来源：受托报告，中债资信整理。

二 产品特征

（一）发起机构类型更加丰富，市场参与主体更加多元

从发起机构看，2018 年参与 RMBS 发起的机构类型为全国性国有商业银行及股份制商业银行共计 10 家，2019 年区域性城商行、专业性银行也加入 RMBS 项目发起中，发起机构数量扩大至 18 家，其中共有 7 家首次发起 RMBS 项目[1]，共计 11 单、337.41 亿元 RMBS 产品，占全年总规模的 6.54%。从规模来看，全国性国有商业银行发起规模占比较上年下降 18.25 个百分点，其中，建设银行和工商银行仍为市场主力，分别发起 1400.24 亿元和 1312.39 亿元，占全年 RMBS 市场规模的 27.12% 和 25.42%，较上年度发起总量分别下降 42.15% 和 35.74%。全国股份制商业银行发行规模同比有所上升，其中中信银行 2019 年发起 12 单、479.64 亿元，是其 2018 年

---

[1] 包括浦发银行、中德住房储蓄银行、平安银行、浙商银行、江苏银行、南京银行、汉口银行 7 家。

发起总量的6.66倍。区域性城商行本年度重新参与到RMBS市场。受政策层面持续严监管态势影响，监管部门持续控制商业银行个人住房贷款规模增速，出于腾挪额度、释放资本占用等方面的需求，商业银行特别是全国性股份制商业银行、区域性城商行发行动力不断增强。整体来看，2019年发起机构范围扩大，市场多元化程度有所提升（见图5-13）。

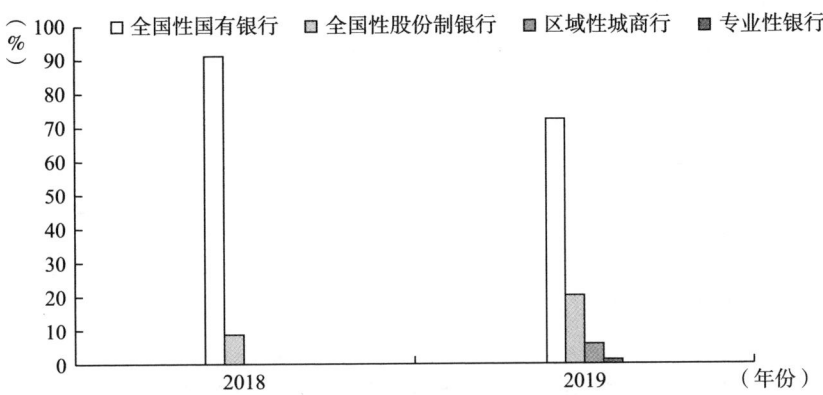

图5-13 2018~2019年各类型发起机构年度RMBS发行占比
资料来源：公开市场信息，中债资信整理。

（二）项目交易结构设计更加灵活，更多采用目标余额型摊还方式

2019年共有28单RMBS产品设置目标余额型摊还方式，是2018年目标余额型证券发行规模的1.98倍，占全年发行总规模的50.14%。采用目标余额型摊还方式的发起机构较上年新增了中国工商银行、中国农业银行、招商银行、平安银行、浙商银行和江苏银行（见表5-2）。相比过手型摊还方式，目标余额型摊还方式通过设定各期间还款金额可使证券期限相对可控；而相较于传统的固定摊还型证券，即使可分配金额不足以支付目标余额也不会触发加速清偿事件，而是在以后进行补足即可，交易形式相对更为灵活。但需要注意，目标余额型摊还方式对早偿率的设置及现金流预测提出了更高要求，若早偿率估计偏于乐观，或会导致证券实际到期日晚于发行预期到期日，从而影响投资者收益。

表 5-2　2019 年采用目标余额型摊还方式发起机构情况

单位：单，亿元

发起机构	发行单数	发行规模
中国建设银行	12	1400.24
中国银行	5	499.85
中国农业银行	2	242.88
招商银行	3	185.51
中国工商银行	1	149.95
平安银行	1	49.78
江苏银行	3	49.74
浙商银行	1	10.48
合计	28	2588.43

资料来源：公开市场信息，中债资信整理。

（三）入池资产地区分散性维持较好，但单个项目地区集中度有所上升

2018 年发起机构主要为全国性国有商业银行及股份制银行，其房贷经营地区较为分散，入池资产集中度相对较低；2019 年入池资产地区分散性整体维持较好水平，全年 RMBS 项目入池资产共涉及 377 个地级市，未偿余额占比最高城市为重庆，占全年发行总规模的 5.88%，最低为开平，各城市平均占比为 0.27%（见表 5-3）。

表 5-3　2019 年入池资产占比前 20 名城市情况

单位：亿元，%

前 20 名城市名称	未偿本金余额	占全年发行规模比例
重庆	303.80	5.88
合肥	275.82	5.34
杭州	209.08	4.05
广州	159.24	3.08
深圳	149.84	2.90
成都	146.34	2.83

续表

前20名城市名称	未偿本金余额	占全年发行规模比例
苏州	134.33	2.60
郑州	131.88	2.55
武汉	128.84	2.50
福州	112.04	2.17
惠州	97.17	1.88
长沙	95.69	1.85
临沂	86.98	1.68
佛山	86.83	1.68
无锡	74.62	1.45
东莞	74.54	1.44
南京	71.43	1.38
中山	68.76	1.33
西安	68.75	1.33
北京	65.20	1.26
合计	2541.18	49.18

资料来源：公开市场信息，中债资信整理。

2019年，4家区域性城商行及1家专业性银行开始发行其首单RMBS项目，单个项目存在地区集中度较高的现象。分析认为，由于区域性城商行及专业性银行业务范围较为集中，且2019年受政策层面持续高压影响，银行个人住房贷款及房地产投资规模收紧，对于前期房贷投放量较大的地区，其发行项目入池资产集中度较上年明显提升。其中，"和家2019年第二期个人住房抵押贷款资产支持证券""融享2019年第二期个人住房抵押贷款资产支持证券"两单项目，入池贷款地区集中度达100.00%（见表5-4）。

表5-4 2019年地区集中度较高RMBS项目

单位：%

项目名称	公告日	入池资产最大城市	最大城市集中度占比
和家2019年第二期	2019年7月17日	合肥	100.00
融享2019年第二期	2019年7月30日	无锡	100.00
九通2019年第一期	2019年4月28日	武汉	83.05
融享2019年第一期	2019年4月9日	无锡	76.77

续表

项目名称	公告日	入池资产最大城市	最大城市集中度占比
杭盈2019年第三期	2019年12月9日	杭州	75.68
住元2019年第一期	2019年3月15日	重庆	73.20
杭盈2019年第二期	2019年6月21日	杭州	72.80
杭盈2019年第一期	2019年5月7日	杭州	71.38
鑫宁2019年第一期	2019年6月25日	南京	52.65

注：此表中占比为入池贷款最大城市本金余额占比。
资料来源：公开市场信息，中债资信整理。

（四）AAA级证券发行利率与国开债信用利差收窄，显著低于其他零售类ABS产品

相较于同期国开债，2019年优先A档证券整体溢价有所收窄，其中一年期以内RMBS优先A档证券溢价收窄幅度较一年期以上产品更为明显。2019年，RMBS优先A档证券发行利率平均高于同期国开债约70.68BP，较上年下降约27.38BP，其中一年期以内RMBS优先A档证券溢价约57.65BP（见图5-14），一年期以上RMBS优先A档证券溢价约79.54BP（见图5-15），分别较2018年下降约39.20BP、19.59BP（见图5-16）。相较于其他零售类ABS产品存续期表现，存续期RMBS产品违约率水平较低、回收率水平最高、整体信用质量最优，在此背景下，结合溢价收窄以及RMBS产品二级市场流动性仍不足，我们认为RMBS优先A档证券和同期限国开债信用利差在逐步消失，目前溢价或以流动性溢价为主。

与AAA级别的车贷ABS和消费贷ABS相比，RMBS发行利率与国开债利差最小[①]，表明相较于其他零售产品，RMBS产品更为优质，投资者认可度更高。分析认为，主要原因在于：一是相较于其他零售类ABS产品，RMBS抵押率更为充足、资产分散度更高、产品设计标准化程度更高，市场

---

① （1）考虑到企业贷款、汽车贷款及消费性贷款证券化产品期限一般较短，此处选用早偿下加权期限2.5年以内的证券进行利差分析。（2）图5-16显示车贷ABS利差缩减速度相较于RMBS更为快速，主要受车贷ABS期限较短影响，本次研究样本中，2019年车贷、RMBS、企业贷款和消费性贷款项目平均早偿下加权到期期限分别约为0.82年、1.95年、0.68年和0.70年。

发行体量大，投资者认可度高；二是零售类 ABS 产品下，RMBS 累计违约率水平最低，且 2018 年末商业银行个人住房贷款不良率与上年持平，继续保持 0.3% 的低位优势，符合债券市场整体低风险偏好的预期。

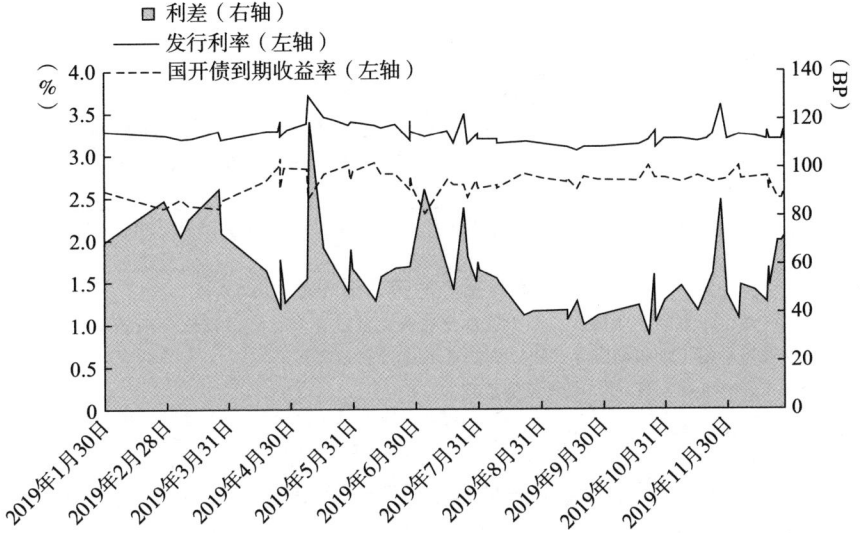

图 5-14　一年期以内 RMBS 优先 A 档证券发行利率与同期限国开债到期收益率和利差趋势
资料来源：Wind，中债资信整理。

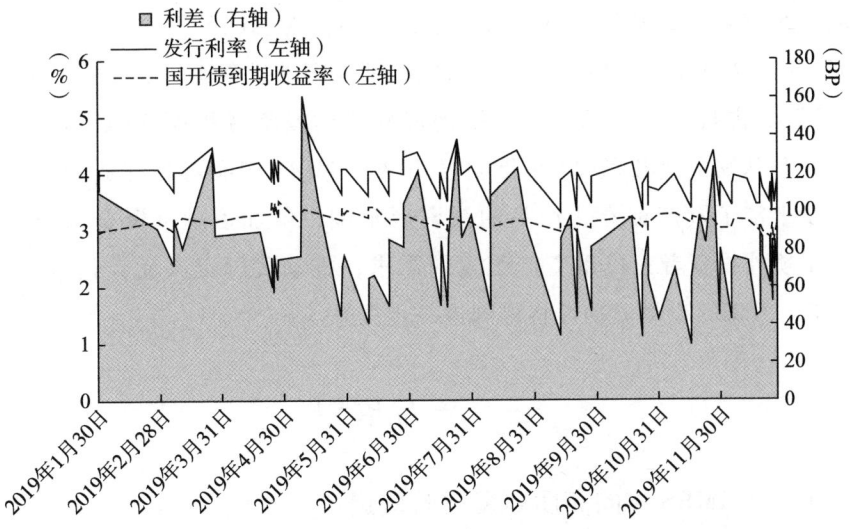

图 5-15　一年期以上 RMBS 优先 A 档证券发行利率与同期限国开债到期收益率和利差趋势
资料来源：Wind，中债资信整理。

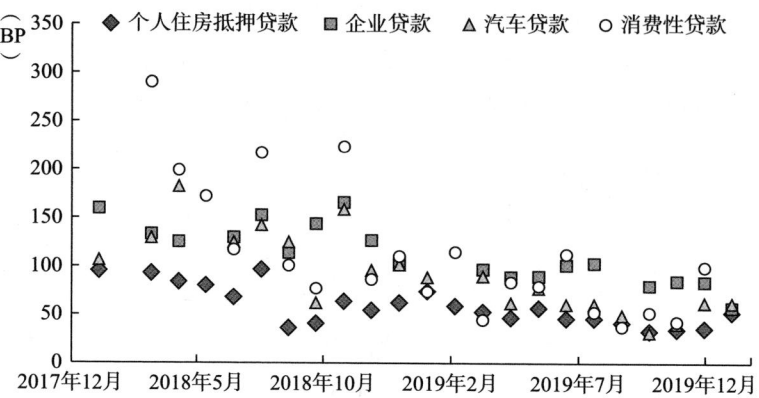

图 5-16　各类资产与国开债利差（AAA）

注：考虑到企业贷款、汽车贷款及消费性贷款证券化产品期限一般较短，此处选用早偿下加权期限 2.5 年以内的证券进行利差分析。

资料来源：Wind，中债资信整理。

（五）RMBS 产品对外开放程度进一步提高

伴随着中国债券市场的对外开放，境外投资人逐渐进入中国资产证券化市场，RMBS 成为继车贷 ABS 之后第二大受境外投资者关注的资产证券化产品。2018 年中国建设银行、兴业银行分别首次尝试采用"债券通（北向通）"引入境外机构投资者，迈出 RMBS 面向国外投资者的第一步，2019 年"建元""杭盈"系列部分产品受到境外机构投资者积极认购，其中"建元"系列认购的规模较 2018 年明显增加。RMBS 产品对外开放程度提升，进一步丰富了资产证券化产品的投资者范围，增加了融资资金来源渠道，满足了境外投资者人民币资产配置的需求，推动我国资产证券化市场与国际接轨，RMBS 市场流动性将得到进一步提升。

三　产品展望

（一）RMBS 将向高质量发展阶段迈进

作为住房金融的有机组成部分，RMBS 是商业银行盘活房贷存量、优化信贷结构的重要工具，发行RMBS可支持商业银行完善信贷额度管理，存续RMBS实际表现可助力提高"一城一策"政策制定精准性，进而更好落实住房金融宏观审慎管理。同时，随着RMBS发行利率市场化程度提升，可倒逼房贷利率市场化程度提升，进一步推进房贷利率市场化进程。未来，随着资产证券化市场在规范信息披露、完善配套政策机制、建设RMBS估值体系、拓展参与者主体、培育投资人群体等方面不断着力，RMBS市场将继续向高质量发展阶段迈进，更好地助力于落实国家宏观审慎政策。

（二）RMBS发起动机将更为多元

相较于2018年RMBS发行利率，2019年RMBS发行利率全年维持低位，在2020年货币市场资金面相对宽松的预期下，RMBS发行利率将进一步下降，发起机构发行收益相对可观。在银行住房抵押贷款及房地产投资规模增速得到控制、房贷总量规模增速趋缓的背景下，受信贷限额等政策影响，预计发起机构将发行RMBS以满足信贷投放、降低房贷地区集中度、优化银行资产负债结构等诉求。此外，随着发起机构类型不断丰富，产品结构设计不断创新，次级投资者群体不断壮大，推动RMBS市场化销售，将更好地发挥发行RMBS为商业银行节约资本的作用，进一步提升相关机构的发行动力。

（三）机构分化和区域分化风险开始显现，并将持续存在

由于发起机构在资产运营、风险管理及经营区域等方面存在差异，房贷资产质量有所不同，2019年，不同发起机构RMBS存续期表现有所区别，实际违约率表现出现分化。受房屋供需、土地价格、城市规划、地区经济发展水平、人口吸附能力等多种因素影响，我国房地产市场区域分化显现，且在按照"因城施策"的基本原则，落实房地产长效管理机制，不将房地产作为短期刺激经济的手段的政策影响下，预计国内房地产行业和房贷市场区域分化会持续存在，伴随着RMBS单个项目地区集中度明显提升情况的出现，需进一步关注房地产行业区域分化对RMBS违约率的影响。

(四)RMBS产品二级市场交易量逐步扩大,投资人参与热情有望进一步提升

2019年我国RMBS产品二级市场交易量继续保持增长势头,市场活跃度不断提升,是信贷ABS市场交易的主要产品,投资人认可度高。但相较于RMBS存量水平,目前市场交易量占比仍较小。未来,一方面随着RMBS一级发行市场产品标准化程度不断提升,产品设计的精细化程度不断提高,证券本息偿付方式和交易结构设置不断丰富,差异化RMBS产品将逐步满足不同投资人的个性化投资需求;另一方面,随着RMBS二级市场继续强化事中、事后信息披露,增强产品信息透明度,培育投资人对RMBS的投资理念,完善RMBS产品收益率曲线等市场基础设施,资产证券化市场继续促进一、二级市场的联动,将有助于进一步带动投资人的热情。

(五)LPR机制落地,短期对RMBS影响有限,长期需关注存量RMBS利率风险

对于存量RMBS而言,短期来看,一方面央行明确存量商业性个人住房贷款在转换时点的利率水平应保持不变,资产端利率短期内将保持不变,另一方面由于央行暂未明确取消或者控制贷款基准利率,证券端利率由投资者决定是否转换,但不论转换与否,短期内证券端利率均不受影响,因此存量RMBS短期内受影响有限;长远来看,定价基准、调息频率等不一致可能导致存量RMBS面临一定利率风险。对于新发RMBS而言,一段时间内资产端仍为基准定价,若证券端提前采用LPR定价,存在一定的基准错配,但是一方面由于入池资产转换前后执行利率不变,且房贷的重新定价期至少一年,2020年内入池资产单笔的利率与发行时保持一致。另一方面证券端利率通常按年进行调整,2020年内利率将不发生浮动,因此,基准不一致带来的利率风险很小。整体而言,从定价基准、调整方式、调息频率等方面来看,短期内RMBS产品利率风险将保持稳定,长期须关注存量RMBS利率风险。

第五章 个人住房抵押贷款资产支持证券（RMBS）市场

（六）新冠肺炎疫情对 RMBS 基础资产质量影响整体可控，优先档证券本息可正常兑付

新冠肺炎疫情对经济总量的冲击程度短期内或超过"非典"时期，但不改变我国经济长期向好的基本面，预计对全年的经济影响可控，须关注疫情或对房贷等零售类贷款借款人还款能力和还款意愿产生短期扰动，但助力中小企业渡过难关、灵活调整还款安排、延后还款期限等措施可一定程度上缓解不利影响。房地产行业短期内或受疫情的一定冲击，存在利空因素，但全年影响可控，其中受疫情影响较大地区，行业整体受冲击较大，地区分化凸显。从资产端来看，在坚持稳中求进工作总基调下，个人可支配收入和家庭杠杆率水平出现明显异动的可能性较小，但短期内基础资产违约率或小幅上升、回收率及早偿率或略有下降，但不会出现明显波动，疫情冲击有限。从证券端来看，RMBS 现金流平滑稳定，考虑交易结构设置对风险的缓释作用，可较好保障优先档证券的本息兑付，须注意优先档证券特别是固定摊还证券，受疫情期间早偿率或有短期下降影响，实际到期日较预期到期日或将延后，实际对证券期限的影响仍有待观察。

第六章
房地产投资信托基金（REITs）市场

陈 晓[*]

- 21世纪初以来，REITs这一金融产品就得到了国内金融界的重视，金融监管层和市场机构积极探索，做了大量工作。目前，经过三个阶段的努力，境内REITs发展已经具备较为坚实的政策基础，不仅以"中信启航"为代表的"类REITs"已粗具规模，同时2020年4月监管层还正式发布了基础设施REITs的试点方案。

- 国内"类REITs"于2014年正式启动，截至2019年境内共发行"类REITs"69只，总金额达到1388亿元，6年间发行数量年化增长率为65%，发行金额年化增长率为39%。物业类型包括综合体、商业店面、写字楼、基础设施、酒店、购物中心和公寓7类。

- 尽管REITs市场取得了一定程度的发展，但当前"类REITs"模式在市场现状、业务载体、法律模式、税务安排和市场体系等方面与真正的REITs还有较大差距，不能完全实现REITs的功能，对金融市场的支持有限。在这一背景下推出的公募REITs，精准选择了基础设施领域作为开端，可充分发挥金融供给侧改革的作用，按照审慎原则，结合国内外经验现状推进，标志着中国REITs的破冰。

- 长期来看，REITs的健康发展必须进一步改革和完善现有制度体系。要尽快建立以公司制为导向的业务架构，完善相关法律体系；建设相关税务法律制度，充分体现税务中性原则；加强市场层面各项基

---

[*] 陈晓，国家金融与发展实验室房地产金融研究中心特聘研究员，曾在多家证券公司负责资产证券化业务，拥有丰富的资产证券化实践经验。

第六章 房地产投资信托基金（REITs）市场

础设施建设，夯实业务健康发展的基础。

一 境内 REITs 市场的发展历程

（一）中国 REITs 政策研究和海外探索阶段（2001~2006年）

在这一阶段，国内金融监管层推出了信托业务方面的多个法条法规，交易所则先导性地启动了 REITs 的行业研究，同时越秀 REITs 成功赴香港发行，为后续 REITs 的发展奠定了良好的基础。

2001~2002 年，《信托法》《信托投资公司管理办法》《信托投资公司资金信托管理暂行办法》等一系列文件的发布，在推进了我国信托业务发展的同时逐步开启了房地产信托业务的发展之路，2001 年国家发计委曾牵头起草了《产业投资基金管理暂行办法》并向社会公开征求意见，2003 年深交所则开始研究 REITs 发行的可行性，都曾一度引起公众对 REITs 的讨论热潮。2005 年末，越秀集团携所辖的广州和上海 7 处优质物业赴港发行 REITs 取得成功，成为我国第一支真正意义上的房地产投资信托基金，至此国内资产以境外发行的方式进一步点燃了国内房地产金融行业的热情，也使得国内推动 REITs 业务的热情在这一期间达到顶点。

但是，后续监管机构出台了《信托投资公司房地产信托业务管理暂行办法（征求意见稿）》、《关于进一步加强房地产信贷管理的通知》以及《关于加强信托投资公司部分风险业务提示的通知》等文件，提高了房地产信贷和房地产信托业务门槛，加强了业务管控，而 2006 年国家外管局、国家发改委等部门联合发布《关于规范房地产市场外资准入和管理的意见》，通过投资主体、资金、外汇管理等多方渠道，严格限制境外公司收购内地物业，导致"越秀模式"难以复制，这些政策在一定程度上放慢了中国 REITs 的发展步伐。

（二）中国 REITs 政策发展和产品试点突破阶段（2007~2014年）

此阶段，证监会和央行及银监会几乎同时启动了 REITs 方案研究，之后国务院文件中也明确提出了发展房地产信托投资基金的表述，对REITs的研究工作不断深入；与此同时，国内的房地产企业和相关金融机构也通过境内境外多个渠道尝试产品发行，推动业务落地，最终则以"中信启航"ABS产品的发行正式标志着国内首单具有REITs框架的产品诞生。

2008年，中国人民银行在《2007年中国金融市场发展报告》中指出要充分利用金融市场存在的创新空间，择机推出房地产信托投资基金产品。2008年银监会召集业内机构共同起草了《信托公司房地产投资信托计划试点管理办法》，虽然最终未能发布，但这是REITs作为一个独立的金融产品第一次在中国被监管层面正式研究推进；2008年12月，国务院发布《关于促进房地产市场健康发展的若干意见》（"金融国九条"），房地产信托投资基金首次在国务院层面作为一种拓展企业融资渠道的创新融资方式被提出。2009年，央行和银监会联合拟定了《房地产集合投资信托业务试点管理办法》，提到REITs将被两家监管机构共同监管，明确了中国REITs的产品结构、投资范围和收益分配等内容，在业务的实质上又向前推进了一大步。2009年11月，经中国人民银行征求试点城市和试点项目参与机构意见，起草了《银行间债券市场房地产信托受益券发行管理办法》，并向九部委、社保基金和北上广三个试点城市政府征求意见，但因种种原因未能最终下发。2010年，住建部等七部门联合发布《关于加快发展公共租赁住房的指导意见》，鼓励金融机构探索运用房地产信托投资基金拓展公共租赁住房融资渠道。2014年中国人民银行和银监会在《关于进一步做好住房金融服务工作的通知》中则清晰表述：积极稳妥开展房地产投资信托基金（REITs）试点。

实务方面，2009年，经中国人民银行和证监会牵头研究部署，上海、北京和天津获得了保障性住房REITs试点资格并制订了试点方案，但最终未能获得国务院批准；2014年1月16日，证监会下发了《关于核准中信证券股份有限公司设立中信启航专项资产管理计划的批复》，同意中信证券设立中信启航专项资产管理计划（以下简称"中信启航"），4月25日"中信启航"ABS成功发行，虽然部分分层产品仍为债权性质，但底层资产为国内优质商业不动产资产的股权权益和经营性现金流，标志着中国通过私募方式成功实现了权益型类REITs产品发行的破冰。与此同时，大量机构通过各种方式在境外进行REITs产品尝试，包括2011年汇贤产业信托在香港上市、鹏华美国房地产基金成为内地首只发行的投资美国房地产的基金；2013年，开元酒店作为内地首个酒店房地产基金成功在香港上市、广发美国房地产指数基金作为国内首只美国房地产指数基金开盘。

（三）中国REITs政策演进和实践发展阶段（2015年至今）

随着"中信启航"项目的破冰，私募"类REITs"的模式逐渐成熟并成为主流的业务模式，政策层面的进展主要体现在对于资产支持专项计划的发行从审批制转为备案制，而实践层面"类REITs"则在交易所和银行间两个市场蓬勃发展。

2014年5月，证监会在《关于进一步推进证券经营机构创新发展的意见》中提出研究建立REITs的制度体系及相应的产品运作模式和方案；同年11月，证监会颁布《证券公司及基金管理公司子公司资产证券化业务管理规定》，正式将"类REITs"载体——资产支持专项计划的发行模式从行政审批转向备案管理。2015年1月，住建部发布《关于加快培育和发展住房租赁市场的指导意见》，明确提出积极推进房地产投资信托基金（REITs）试点。2017年7月，住建部等九部委联合发布《关于在人口净流入的大中城市加快发展住房租赁市场的通知》，提出积极支持并推动发展REITs。到2018年证监会召开系统年度工作会议时，则提出研究出台公募REITs相关业务细则，支持符合条件的住房租赁、PPP项目开展资产证券化业务。2018年4月，证监会与住建部联合印发了《关于推进住房租赁资产证券化相关工作的通知》，表示重点支持住房租赁企业发行以其持有不动产物业作为底层资产的权益类资产证券化产品并试点发行REITs，再一次强调了REITs的重要性。2019年，交易所多次表示正在研究推出公募REITs试点，国家发改委在4月发布的《2019年新型城镇化建设重点任务》指出要支持发行有利于住房租赁产业发展的房地产投资信托基金等金融产品。

值得关注的是，2020年初，证监会在系统工作会议上明确提出了"稳妥推进基础设施REITs"，这是多年来公募REITs首次被明确提上时间表。到2020年4月底，证监会和国家发改委联合发布了《关于推进基础设施领域不动产投资信托基金（REITs）试点相关工作的通知》（证监发〔2020〕40号），随后证监会又发布《公开募集基础设施证券投资基金指引（试行）

（征求意见稿）》，正式标志着境内公募REITs的起航。

2014年12月，中信华夏苏宁云创资产支持专项计划在深交所上市，成为国内第二个"类REITs"产品，拉开了交易所"类REITs"产品蓬勃发行的大幕。2015年6月，鹏华前海万科REITs封闭式混合投资基金发行，并于9月30日登陆深交所开始交易，虽然因为投资不动产比例和底层资产等问题不是真正的REITs[①]，但这是目前国内首个也是唯一一个可面向普通公众发行的大规模投资不动产对应权益的公募基金产品。2017年2月，我国首个银行间类REITs——兴业皖新阅嘉一期房地产投资信托基金发行。到2019年底，各交易场所[②]共发行"类REITs"产品69个，总金额达到1388亿元。

二 境内REITs市场发展现状[③]

（一）产品架构

目前"类REITs"产品的架构主要依托券商资产管理计划作为发行载体，借助私募基金（个别也采用信托作为通道）认购持有标的不动产的项目公司股权，同时根据项目公司负债情况和税务筹划安排对项目公司发放债权，以项目公司经营性税后现金流、物业增值资本性收入以及相关方权利金作为资金来源，按投资人持有份额和结构化偿付顺序进行价值分配。

在这一结构中，证券公司或基金子公司作为管理人对产品成立承担勤勉尽责义务，原始权益人作为资产持有方将资产转让给私募基金，多数情况下还需要作为或引入优先收购权人或流动性支持机构提供资金支持和增信作用。销售机构负责面向投资人完成资金募集工作，交易所和中证登记

---

① 鹏华基金持有的不动产资产并不是商业物业的产权，而是一个有固定期限（10年）的BOT收益权，因此严格意义上并非REITs基金，但是，这一产品突破了《证券投资基金法》对证券投资基金投资范围（不能投不动产资产）的限制以及《证券投资基金运作管理办法》公募基金投资单一证券比例（不能超过10%）的限制，因而具有较强的创新价值。

② 包括上海证券交易所、深圳证券交易所、机构间私募产品报价系统和银行间债券市场。

③ 由于目前在银行间市场以信托计划作为载体的"类REITs"仅有1单，且架构也基本复制了证监会体系下产品，因此本章中除统计信息外，对目前"类REITs"的论述主要考虑证监会模式。

公司分别负责产品的挂牌转让和登记结算工作。私募基金管理人负责私募基金的管理工作。监管和托管由具有相应资质的商业银行担任。具体结构如图6-1所示。

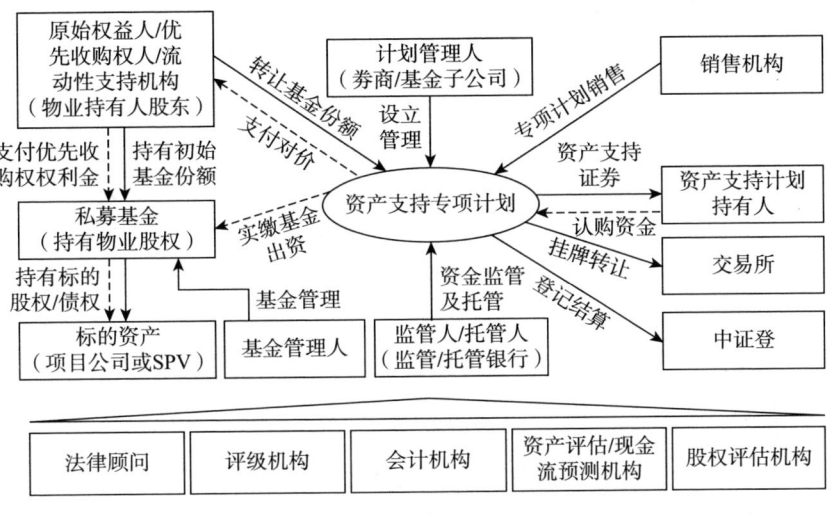

图6-1 "类REIT"典型交易结构

（二）典型案例——中信启航"类REITs"

中信启航是国内发行的第一单"类REITs"产品。中信启航是一款以专项资产管理计划为载体，在深交所综合交易平台挂牌交易的以私募形式发行的"类REITs"产品。

1. 产品情况

产品规模：中信启航专项资产管理计划募资总规模为52.1亿元，分为优先级和次级，优先级和次级份额均可以在深交所综合协议交易平台转让流通。

分层设计：优先级规模为36.5亿元，占比为70.1%，评级为AAA级，预期期限不超过5年；次级规模为15.6亿元，占比为29.9%，预期期限不超过5年。

产品收益：优先级产品收益包括固定和浮动部分，固定部分为每年支付的收益，收益率为7%，浮动部分为退出时获得资本增值的10%。

次级收益为在产品存续期间收益为满足优先级收益率后的剩余收益，

及退出时获得资本增值的90%。

2. 基础资产

产品基础资产为北京和深圳的两栋中信证券自持物业：北京中信证券大厦位于北京燕莎商圈，深圳中信证券大厦位于福田CBD核心地段，两栋楼宇均地理位置优越，且主要由中信集团成员单位承租，租约和租金极其稳定。

3. 交易结构

中信启航项目设立了一个私募基金来持有两个物业所对应的项目公司的股权，再以专项资产管理计划认购私募基金份额。中信金石基金作为管理人对该私募基金进行管理。具体交易结构如图6-2所示。

4. 产品亮点

（1）优先级、次级份额皆可在深交所交易，产品具有一定流动性，未来可以通过私募市场退出，也保留在政策允许的情况下转为公募REITs产品公开上市的法律安排；

（2）产品次级份额为偏股型法律结构，主要依赖经营收入和物业增值实现投资人回报，体现了REITs的核心理念；

（3）通过设立通道型产品，向高净值个人客户发行了部分次级份额，对未来REITs的投资渠道进行了积极尝试。

5. 产品不足

（1）私募产品定位，投资人范围受限，流动性严重不足，发行价格存在溢价；

（2）投资对象单一，不能增加投资标的，只能采用被动管理模式；

（3）偏债权而非股权，占多数份额的优先级为典型的固定收益产品，而次级收益从最终清算结果看也未体现股权属性。

（三）市场统计分析

1. 发行总体情况

国内"类REITs"自2014年正式开始启动，从2014年发行2个项目、发行金额96亿元，到2019年发行25个项目、发行金额500亿元，6年间，境内共发行"类REITs"项目69个，总金额达到1388亿元。除个别年份发行金额和数量略有下降外，整体呈现较好的增长态势，特别是2019年呈现

第六章 房地产投资信托基金（REITs）市场

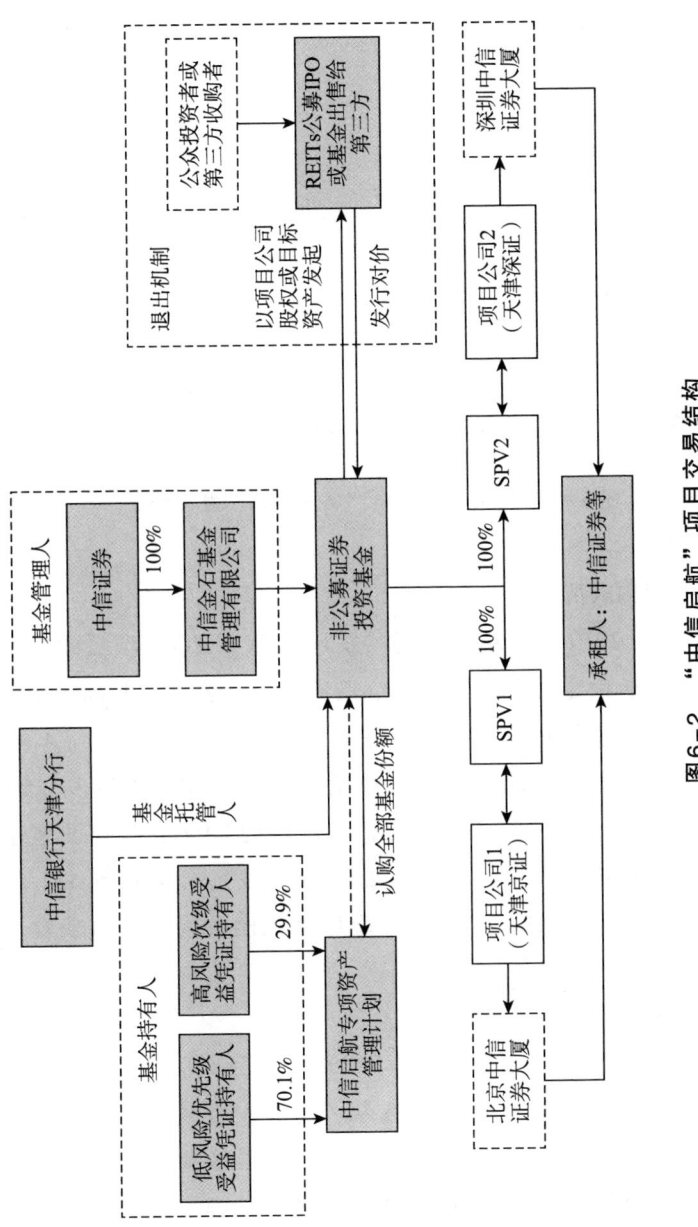

图6-2 "中信启航"项目交易结构

资料来源：中信启航项目发行材料。

爆发式增长，发行规模和数量分别较上年增长了97%和67%。同时，单个项目规模呈现减少趋势，平均金额由约50亿元下降至约20亿元，说明发行物业开始由一线核心区域向二、三线城市扩大，如图6-3所示。

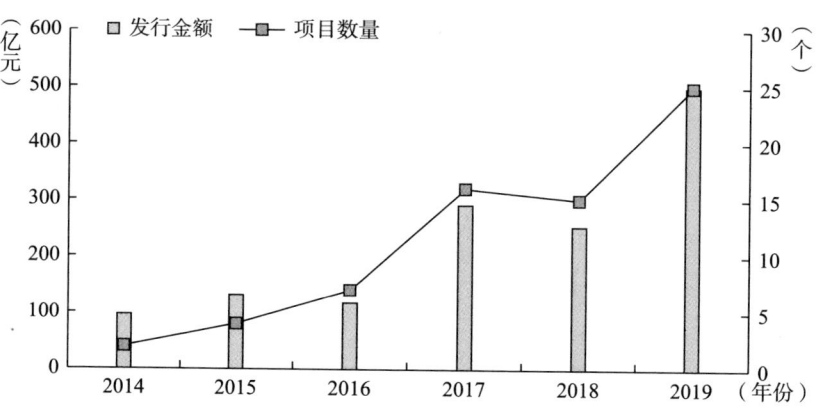

图6-3 2014~2019年"类REITs"发行情况
资料来源：Wind。

2. 物业类型构成情况

从2014年到2019年，境内市场共发行"类REITs"项目的物业类型包括综合体、商业店面、写字楼、酒店、购物中心、公寓和基础设施7类，其中购物中心、商业店面和写字楼占据超过一半的份额。如图6-4和图6-5所示，购物中心这一类型的发行项目数量和发行金额均为最多，数量为16个，占总量的23%，金额为328亿元，占总量的24%。基础设施作为重点方向，目前发行量达到8个，占总量的12%，发行金额达到181亿元，占总量的13%，呈现增长势头。每个类型项目规模不同，平均来看，酒店最大、公寓最小。

3. 产品评级情况

从2014年到2019年，境内"类REITs"项目对应证券分档共计为185个，各档证券评级情况从A级到AAA级不等，A级最少，只有2个，发行金额为20.78亿元；AAA级最多，达到83个，占总量的45%，发行金额达到809亿元，占总量的59%；此外63个产品还挂牌了无评级的次级档，合计发行金额为261亿元，无评级分层的平均规模低于有评级分层，说明目前境内产品仍以固定收益模式为主，权益型产品较少，具体情况如图6-6所示。

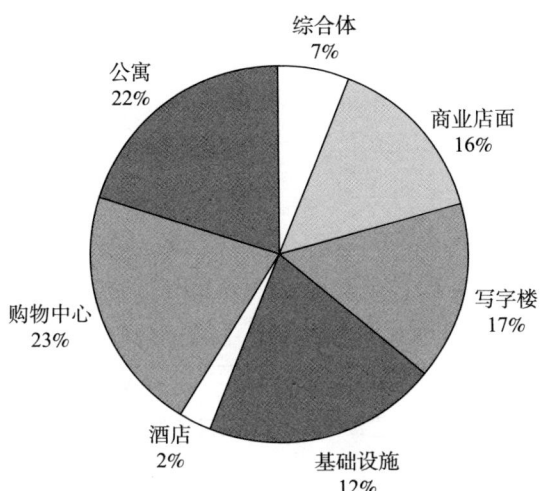

图 6-4 "类 REITs"项目物业类型构成（按项目数量）
资料来源：Wind。

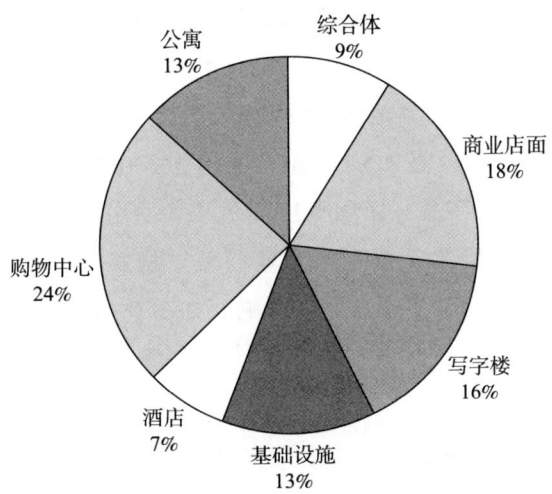

图 6-5 "类 REITs"项目物业类型构成（按发行金额）
资料来源：Wind。

4. 发行利率情况[①]

从 2014 年到 2019 年，境内"类 REITs"项目发行 AAA 级分档证券共

---

① 考虑其他分档证券的样本较小，此处仅对 AAA 级分档证券的情况进行分析。

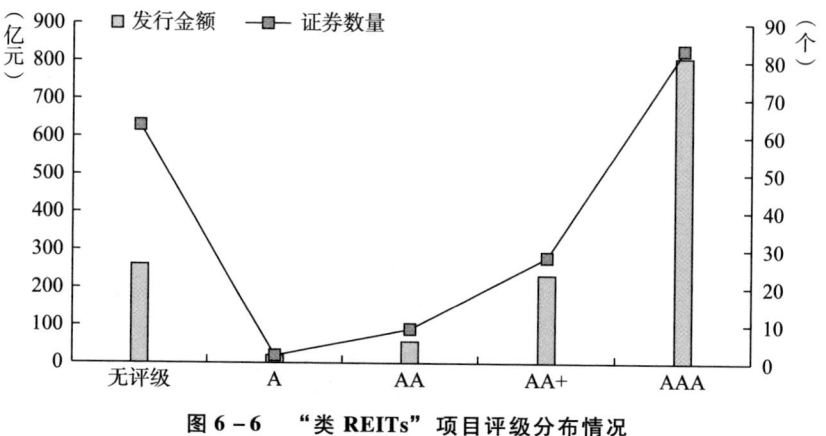

图6-6 "类REITs"项目评级分布情况

资料来源：Wind。

83个。如图6-7所示，按照发行金额加权平均和简单算术平均两种算法计算分析年度平均发行利率，二者基本一致，总趋势和资本市场的利率水平保持一致，从按照发行金额加权平均的发行利率来看，2014年最高，达到6.7%，2016年最低，仅为4.19%，2015年、2017年和2018年在5.5%左右浮动，2019年随市场利率走低则波动至5%左右。具体项目分档的利率差别较大，剔除极特殊的数值0.5%，最低数值为3.68%，最高数值为7.90%，两极值均为2019年的产品，区间宽度超过4个百分点，说明产品的差异性日益显著，在评级级别之外体现了明显利差。从发行规模和发行利率的关系看，发行规模对发行利率没有明显影响，如图6-8所示。

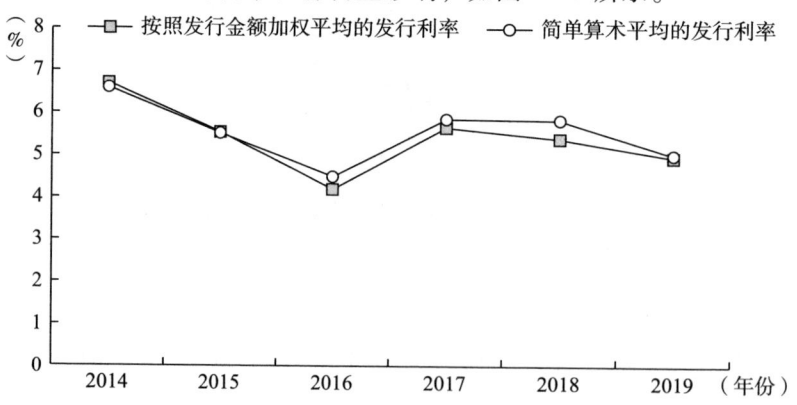

图6-7 2014~2019年"类REITs"项目发行利率情况（年度平均）

资料来源：Wind。

第六章　房地产投资信托基金（REITs）市场

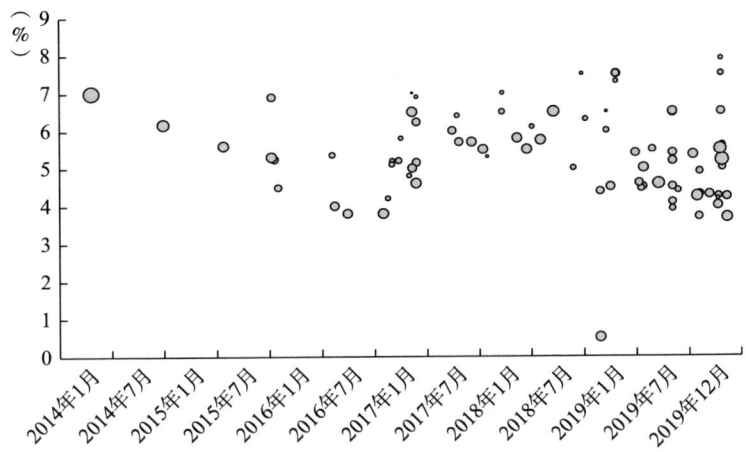

图 6-8　2014~2019 年"类 REITs"项目发行利率情况（具体项目分档）
资料来源：Wind。

5. 发行场所情况

从 2014 年到 2019 年，境内发行"类 REITs"项目的场所包括上海证券交易所、深圳证券交易所、机构间私募产品报价与服务系统和银行间债券市场，绝大部分在上海证券交易所和深圳证券交易所发行流通，只有 2 个在机构间私募产品报价与服务系统以及 2 个在银行间债券市场发行流通，合计金额规模为 117 亿元，占比不足 10%。深圳证券交易所发行项目数量为 36 个、占总量的 52%，发行金额为 756 亿元、占总量的 55%；上海证券交易所发行项目数量为 29 个、占总量的 42%，发行金额为 514 亿元、占总量的 37%，具体如图 6-9 和图 6-10 所示。

6. 承销机构情况

从 2014 年到 2019 年，境内承担过"类 REITs"项目的计划管理职责的机构达到 30 家，具有相关业务经验的机构呈现不断增加趋势。从项目数量来看，前海开源资管发行 13 个，中信证券发行 10 个，华泰证券资管发行 6 个，位居前三，其中多达 20 家机构仅有 1 个项目经验，说明该项业务仍具有较大难度。从发行金额来看，前海开源资管、中信证券、华夏资本、华泰证券资管和恒泰证券 5 家机构均超过百亿元，分别为 191.57 亿元、185.82 亿元、126.31 亿元、119.85 亿元和 117.36 亿元。

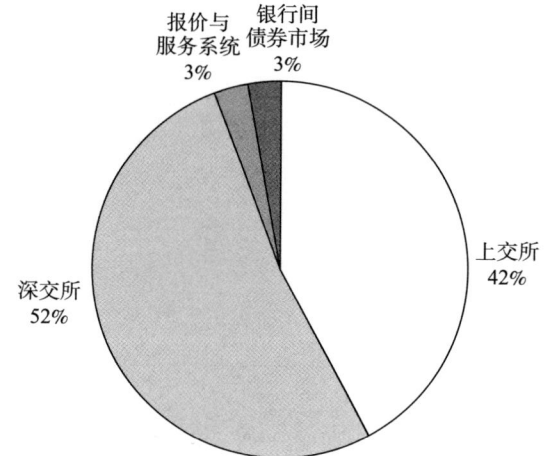

图 6-9 "类 REITs"项目流通场所构成（按项目数量）
资料来源：Wind。

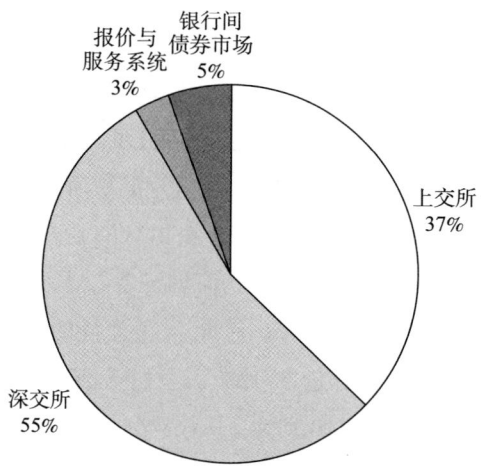

图 6-10 "类 REITs"项目流通场所构成（按发行金额）
资料来源：Wind。

三 目前境内"类 REITs"模式问题剖析

境内"类 REITs"自诞生以来，虽然在很大程度上解决了优质物业走向资本市场、提升融资/退出效率、扩大金融市场的投资范围等问题，也在一定程度上体现了公募 REITs 标准化设立、权益化发行、专业化运作等功能，但是如第二部分所述,"类 REITs"仍然是在现有证券公司资产管理计划上面嫁接的金融产品,并未在体制机制上突破创新,因此其在包括组织形式、产品结构、税务筹划、期限安排、分配方式、管理模式、投资来源等方面,均同真正的 REITs 有较大差距。造成这一现状的原因,既有政策层面的不足,也有市场自身缺乏发展演进。主要包括以下五方面内容。

(一)房地产市场的特殊现状和金融多元监管格局影响了顶层设计的出台

REITs 的基础资产是房地产,因此一个健康、稳定的房地产市场是推出 REITs 的必要条件。但是,自进入 21 世纪初,政策将房地产产业定位为支柱产业以来,虽然后续政策多有调整,但事实的结果是国内的房地产市场进入了将近长达 20 年的单边、持续、快速上涨阶段。而近年来为了遏制房地产行业盲目扩张带来的泡沫,避免类似次贷危机性质的系统性金融风险,改善居民生活质量,我国多次在全国范围内推行严格的房地产金融调控政策。由于 REITs 推出后存在对房地产市场价格影响的不确定性,监管层在 REITs 政策的设计方面也是慎之又慎,而随着市场的不断演变,这一工程也在多次调整中不断难产。

从 REITs 的主要市场可以发现,REITs 产品的多数收入来源为租金,即投资人的分红来源主要是租金收益,适度的租金收益率是保证 REITs 运营的重要保障。但另一方面,因为市场预期、抵押型融资需要等因素,国内不动产的持有人具有高估物业价值的倾向,市场长期上升也助长了这一不良现象。从而造成了国内多数物业存在估值过高,租金收益率偏低的情况,资本化率基本在 5% 以下,一线城市甚至不足 2%,而可比的亚洲市场,包括日本、新加坡和中国香港地区的 REITs 派息率往往超过 4%,由于物业的租金收益率不足,造成 REITs 的推出缺乏合适的标的。

根据 REITs 成熟国家的经验,除美国作为首个推出 REITs 的国家采用渐进性策略外,其他 REITs 的成熟市场,包括日本、中国香港和新加坡均为从顶层的制度设计起步,形成一套包含组织结构、收入分配、资产投向、负债安排、税收策略、上市要求等的完整体系,而这一要求就决定了 REITs 具有极强的系统性和较大的工作量,既容易相互影响制约,又难以一蹴而就。

从目前的监管安排来看，金融监管采用"一委一行两会"架构，包括金融稳定发展委员会、中国人民银行、银保监会和证监会，虽然较之前"一行三会"的架构在顶层上更加集中，但 REITs 这一具体金融工具的牵头机构仍未明确，一行两会之间以及银行间和交易所两大市场之间，仍存在较多需要顶层明确的核心问题。

除此之外，由于其房地产特性、税务中性和公司化运作模式，REITs 顶层的设计还涉及财政部、税务总局、住建部、国家发改委、市场监督管理总局、自然资源部等多个部门的职责，协调沟通难度极大。因此，在目前的外部环境下，本着积极推进、试点先行的原则，充分利用证监会体系下的券商资产管理计划潜力，并借助多个创新结构开展"类 REITs"业务，既可以避免长期等待跨部委进行法律制度建设的协调工作量，又能在最大程度上实现 REITs 的功能，确实是目前最便捷、最现实的选择。

（二）券商资管计划作为载体是目前模式偏离 REITs 本源的重要原因

如上所述，利用券商资产管理计划推广的"类 REITs"，虽然在一定程度上实现了 REITs 的功能，但是券商资产管理计划其实质为资产管理产品，其自身的特点会明显约束 REITs 核心功能的实现，具体问题如下。

首先，偏债非股的特点是"类 REITs"偏离真 REITs 的最大瑕疵。从前文所述的"类 REITs"产品结构可以明显看出，"类 REITs"一般为结构化产品，包括两层以上结构，其中优先和夹层往往是固定收益型产品，占比较高且优先于劣后级获得兑付，而劣后级多数没有预期收益，获得全部剩余收益，具体水平随资产服务机构运营的情况发生波动。实际执行中，还往往要求股东公司或物业持有人以主体信用背书，造成了发行人资产负债率或担保风险敞口的扩大，并非利用资产改善流动性，其财务风险并未降低。这一特点和真 REITs 以类似股票方式发行，投资人均通过分红和份额市值提升获利的方式明显不同，导致"类 REITs"被戏称为"不动产支持债券"。

其次，私募发行的性质较大程度影响了价格和流动性。虽然境外也存在大量的私募 REITs 产品，但现阶段在境内已经发行的"类 REITs"产品，缺乏公募发行渠道，券商资管计划的投资人上限仅为 200 人，而通过交易所固定收益类平台发行又导致个人投资人基本被排除在外，较高的投资门槛造成这一具有优质资产加成的产品发行价格偏高，且缺乏流动性。

最后,"类 REITs"难以开展主动性的资产管理。成熟市场的 REITs 产品一般会通过并购重组等方式，增量投资于成熟物业并管理，也可以将本身拥有的增值物业套现获利或贬值物业处置，体现了资产管理人的价值。但目前"类 REITs"的结构只能定向投资运营固定物业，其现金流也仅限于基础物业公司的运营收入以及产品到期退出时物业资产的处置收入或原始权益人支付的权利对价等，未来的发展空间极为有限；在运营中也无法增加杠杆，没有类似 REITs 作为主体再进行债务融资的途径；同时，此类产品只能通过设定固定期限来保障退出安排，较难采用惯常的二级市场交易退出方式，无法将产业资本从具体项目中解放出来。

（三）REITs 的各类架构方案均同既有的法律制度体系存在冲突

目前全球 REITs 市场上成熟的架构方案主要包括公司制和信托制，美国和日本这两个最大的 REITs 市场均采用了公司制，而中国香港和新加坡这两个和中国境内市场具有高度同质性的地区则采用了信托制。但目前来说，两种制度均在执行层面存在法律障碍。

第一，从设立和发行来看，公司制和信托制均存在现行法律的约束。相对而言，公司制最为成熟，也符合权益性资产上市的特点，相关的治理结构也较为适宜 REITs 的运营。但如采用公司制，首先会面临《公司法》要求利润优先弥补亏损，同时需要提取利润的 80% 列入公司法定公积金，直到累计额达到公司注册资本 50% 以上的规定，这和 REITs 将绝大部分净运营收益分配的思路存在较大冲突；其次在上市环节，《首次公开发行股票并上市管理办法》则要求盈利必须达到一定水平方能上市、具有完全独立性、避免同业竞争等，这些同 REITs 的要求明显相悖。

如采用信托制，根据 2020 年 3 月 1 日正式实施的《证券法》规定："在中华人民共和国境内，股票、公司债券、存托凭证和国务院依法认定的其他证券的发行和交易，适用本法；本法未规定的，适用《中华人民共和国公司法》和其他法律、行政法规的规定。"同时，新版《证券法》对资产支持证券、资产管理产品发行和交易也有提及，但 REITs 仍只字未提。如果希望信托性质的REITs可作为证券发行，必须对《证券法》修改或出台补充规定，将其明确纳入"证券"范畴。如采用类似目前交易所的券商资管计划模式或银行间市场的财产权信托模式，考虑《信托法》和《关于规范金融机构资产管理业务的指导意见》（下文简称"《资管新规》"）等相关法律法规，在合同数量、面向个人投资人发行、信托公司管理职责和能力、单个份额金额及流动性等方面，会遇到诸多问题。

第二，流动性方面的法律问题亟待破解。证券投资基金是REITs最重要的投资人，但《基金法》明确了基金财产应投资于上市交易的股票、债券以及国务院证券监督管理机构规定的其他证券及其衍生品种。按此规定，公募基金不能投资不动产、持有物业的非上市公司股权或以房地产作为委托物的信托计划。另外，高净值个人客户也是中国资本市场的重要投资人，但如采用信托方式，根据《资管新规》规定，投资人原则上不得超过200人，大大限制了投资人数量。

第三，不动产资产的交易也存在大量障碍。比如根据《企业国有资产交易监督管理办法》规定"国资监管机构负责审核国家出资企业的产权转让事项。其中，因产权转让致使国家不再拥有所出资企业控股权的，须由国资监管机构报本级人民政府批准"，同时国有产权转让应"在依法设立的产权交易机构中公开进行"，不得针对受让方设置资格条件，因此对于大量国资持有的不动产而言，REITs难以纳入交易对象。另外，作为监管较为推崇的基础设施，其中不乏通过PPP模式实施的，往往伴随股权转让的限制和锁定期，影响资产的更新和持有人的退出。

第四，对于"公募基金+ABS"方案，可以通过修改现有证监会体系规则的方式，解决公募基金投资比例限制以及引入公募资金的问题，引入公众投资人以降低成本，实现产品的标准化。但是，由于仍依赖于券商资产管理计划发行的资产支持证券，因此第二部分提到的问题仍将在一定程度上存在。最典型的问题是，由于增加了一层交易结构，会进一步提高交易成本和后续管理中的委托代理成本，从理论和实证角度来说都不是一个最优方案。

（四）税务上缺乏税优政策，只能曲线实现税务中性

在美国、日本、新加坡等REITs较为成熟的国家和地区，REITs之所以

收益率高且稳定而广受市场青睐,最重要的原因在于税务优惠政策。上述市场均通过专门立法或修改现有法案的方式,给予REITs诸多税收优惠安排,包括在REITS产品认购资产和规模扩张时提供税优、产品层面所得税减免、投资人分红时给予优惠等,至少也会保障在REITs这一层面对应税所得额进行税务中性处理。但是,因为国内"类REITs"的主管部门是证监会,目前管理权限无法触及财税领域,因此只能引导相关市场机构通过一些技术创新曲线实现部分功能,影响了这一业务的扩大和推广。

第一,我国商业地产和租赁住房的租金收益率均较低,最高的一线城市甲级写字楼的租金收益率也难以超过8%,商业物业多数在4%以下水平,而住宅的租金收益率更低至2%以内,因此本身可分配的现金流极为有限。目前"类REITs"的产品结构往往需要嵌套多个特殊目的载体(产品或公司)实现,在暂无税务中性政策情况下,重复纳税在所难免,又额外增加了税务负担。因此,如按照上述情况扣缴大量税款,会导致投资人收益率过低甚至低于无风险回报率,造成REITs产品丧失价值。因此,学习成熟市场的税优方案,通过设定一定的分红条件来给予REITs税收优惠政策,免缴REITs层面所得税,减少投资人税务负担,避免税负过高和双重征税具有现实意义。

第二,从目前"类REITs"的产品运作流程来看,涉及的税种较多,部分存在较高的税率。一是REITs设立环节,根据资产交易方式的不同,可能需要支付的税种包括增值税及附加税、印花税、土地增值税、所得税和契税,其中印花税涉及买卖双方。二是REITs持有环节,存在增值税及其附加,印花税、房产税、土地使用税、所得税等税种,至少涉及投资者、封闭式证券投资基金、专项资产管理计划和项目公司四个主体,还有可能涉及SPV公司、信托计划等通道,有可能重复计税。三是REITs退出环节,类似于设立时情况,REITs层面可能涉及增值税、土地增值税、印花税和所得税等,投资人可能涉及所得税,具体情况见表6-1。可以看出,其中土地增值税(30%~60%)和企业所得税(25%)税率较高,且均有可能在设立和退出环节发生,税务负担较重。在实践中,往往会发现大量"类REITs"产品不是按照正常程序并购持有不动产的项目公司,而是先设立一个SPV公司并同时构建SPV公司的负债,由SPV公司并购项目公司再反向吸收合并，从而在项目公司层面创造债务利息负担，利用利息支出降低项目公司利润，避免项目公司层面缴纳所得税，变相实现税务中性。

表6-1 "类REITs"所涉及的税种情况

流程	交易环节	被征税对象	应税行为	税种	计税依据	税率
设立环节	SPV公司收购资产	发起人（卖方）	资产转让	增值税	转让收入	11%或5%
				增值税附加	增值税	12%
				土地增值税	增值额	30%~60%
				印花税	合同金额	0.05%
				企业所得税	应纳税所得额	25%
		SPV公司（买方）	受让资产	契税	交易金额	3%~5%
				印花税	合同金额	0.05%
	REITs收购股权	发起人（卖方）	股权转让	企业所得税	应纳税所得额	25%
				印花税	合同金额	0.05%
		REITs（买方）	受让股权	印花税	合同金额	0.05%
持有营运环节	物业营运	项目公司	物业出租	增值税	租金收入	11%或5%
			物业出租	增值税附加	增值税	12%
			物业出租	印花税	租金收入	0.1%
			持有物业	房产税	租金收入/物业值	12%或1.2%
			持有物业	土地使用税	面积	大城市1.5~30元
			物业出租	企业所得税	应纳税所得额	25%
	分红	机构投资者	分红	企业所得税	应纳税所得额	25%
		个人投资者	分红	个人所得税	应纳税所得额	20%
退出环节	投资者在二级市场转让公募基金份额	投资者	资本利得	企业缴纳应纳税所得额为25%，个人缴纳应纳税所得额为20%		
	REITs处置资产或项目公司SPV股权	专项计划或项目公司	财产转移	类似于设立环节时的资产转让和股权转让行为		

资料来源：北京大学光华管理学院《不动产信托投资基金税制问题研究》。

第三，实践中仍存在税收管理标准化程度不足的问题。目前最典型的是包含不动产资产的公司股权转让行为，该情形是否会视同房地产销售从而需要适用土地增值税，在具体的法规层面并不明确，在国家税务总局和前地方税务局的具体批复中看，存在计税和不计税两种情况。另外，"营改增"之后一系列涉及资产管理产品的文件，认为资管产品（含专项计划及私募基金）取得的保本收益需缴纳增值税，由管理人为代扣代缴义务人并按3%的税率简易征收，但实践中资产支持专项计划的优先级收益和私募基金预期收益虽然没有采用保本收益条款，但鉴于其收益率非常具体且有极大概率实现，仍有可能被认定为属于保本收益纳入应税收入。而房产税亦存在透明度不足问题，按从租计征为租金收入12%，如从值计征则为房产原值折让基础上的1.2%。

（五）尚未形成标准化市场体系

首先，目前国内REITs发展面临专业化资产管理人缺位情况。一方面，由于国内REITs业务迟迟没有推出，而物业又经历了长期的资产单边增值上涨阶段，专业化不动产资产管理人的价值难以体现，市场尚未形成明确和规模化需求。另一方面，"类REITs"业务在规模上仍属于小众金融产品，且由于其封闭式、偏债化特点，大量案例体现为原始权益人的融资需求而非退出需求，后续的管理主要由融资方进行运作，所谓管理人往往是物业服务公司而非资产管理公司，且因产品真实期限不长（一般3年即退出），在实际运作中主要仍以租金收付这一简单工作为主，对于物业的价值提升鲜有涉及。

其次，没有专项的信息披露体系。鉴于"类REITs"业务是嫁接在券商专项资产管理计划的产品，因此监管在设计之初，不可能考虑到其个性化的情况，从目前的规范来看，《证券公司及基金管理公司子公司资产证券化业务信息披露指引》这一部门规章以及证券基金业协会发布的相关文件中，对资产层面的信息披露要求主要是合规性、可特定化和预计现金流水平等，对于REITs业务中极为关键的项目公司情况、不动产具体信息、现金流构成明细、项目公司层面税费成本和分配安排等均没有具体要求，导致实务操作中因专项计划管理人的能力和责任心不同，不同产品之间存在较大的披露差距，没有较为细致专业的标准化要求。

最后，投资人准入和培训工作较为滞后。目前，国内监管机构鉴于"类REITs"非保本的法律实质，对目前"类REITs"业务的劣后级（一般为权益层），以"一刀切"的方式禁止了风险承受能力较弱的个人投资人进场，没有根据其风险承受能力做差异化管理，而机构投资人因资本占用等监管指标也往往无法投资劣后级，这成为目前"类 REITs"项目上市推广的重要障碍之一。从国内金融市场发展阶段来看，资产管理业务还处在新规发布的过渡期，非常规的银行理财、信托产品、券商基金资管产品在内的"影子银行"体系推高了资本市场的"无风险收益预期"，而依托于券商资管产品的"类 REITs"也因而被资本市场给予了一定的刚性兑付预期，从而在一定程度上抑制了合理健康的 REITs 市场环境的形成。

四 公募 REITs 的正式起航

2020 年 4 月底，证监会和国家发改委发布了关于推进基础设施 REITs 试点工作联合通知，随后证监会发布了业务指引征求意见稿，上述事件标志着学界和市场期盼多年的中国版公募 REITs 终于迈出了实质性一步。这一方案作为多年研究和实践经验的综合，体现了四大特点。

（一）精准选择基础设施领域作为突破口

目前整个宏观环境呈现了疫情持续时间难以预测、对外贸易状况不稳定的特征，对消费和出口的影响巨大，且消费和出口在未来对经济的拉动作用将呈现极大的不确定性。因此，预计投资将成为下一阶段带动经济恢复和可持续增长的重要手段，中央加大特别国债、专项债等投放力度，就是为了提高投资对经济的作用。从目前的经济金融环境来看，国内的投资特别需要依托政府或地方平台通过各类基础设施建设来实现，选择基础设施领域作为 REITs 的突破口，可以和目前的经济态势及国家政策紧密衔接。

从 REITs 这一金融产品的特点来看，其收益率和稳定性高度依赖于底层物业的现金流，因此基础资产的优劣将是成败的重要决定因素。研究表明，在过去 1~3 年，亚太地区工业/物流类型 REITs 的回报率在所有物业类别中表现最佳，分别达到 31.4% 和 13.3%，而有的数据中心 REITs 甚至可以接近 30%。另一方面，长期以来国内的房地产面临极大的上涨压力，避免新金融产品冲击住房市场也是必须考虑的重要因素，而在所有不动产类型中，基础设施是同住宅相关性最弱的。因此，从基础设施入手，有利于形成公募 REITs 的良好开端。

（二）充分体现了金融供给侧结构性改革的思路

长期以来，国内金融体系以商业银行为主，在资金提供方面表现出中短期和债务性特征，和基础设施建设的长期性存在天然错配特征。虽然《国务院关于加强地方政府性债务管理的意见》（国发〔2014〕43 号）和新预算法出台后，融资主体通过专项债、PPP、特许经营、政府购买服务等方式实现了多元化融资，但大规模、低成本的权益性资金仍是稀缺资源，地方政府债务负担特别是隐性负债不断扩大的趋势并未缓解。

基础设施 REITs 作为一种新的金融产品，则可以有效改变上述情况。一是此次推出的基础设施 REITs 明确要求权益导向，从而可以大大改善之前几乎纯粹的债务融资模式（包括银行贷款和公开市场债券），有效化解债务杠杆。二是 REITs 作为一种公募产品，具有低价格、标准化特征，可以大大降低融资成本，并避免"影子银行"等风险。三是 REITs 属于中低利率和中低风险产品，预计将对公众投资人产生极大的吸引力，有利于完善储蓄转化投资机制，使得"稳金融"和"稳投资"互相促动。

（三）以小步快跑思路，积极审慎推进

如前文所述，成熟市场的 REITs 是将发行主体和资产承载主体合二为一，采用公司或者信托方式，避免多层嵌套的委托代理问题。但在目前，上述成熟模式对顶层法律架构冲击太大，且涉及税务、国土、住房等多个部门有关规章的协调问题，不可能一蹴而就。因此，此次发文充分利用了现有"类 REITs"模式的成熟经验，采用"公募基金+单一基础设施资产支持证券（ABS）"的产品结构，从而避免了对上述多项法律法规调整的问题，但公募化和权益化的实现，则已经向前推进了一大步。同时，在证监会的权限内最大程度突破了现有法规，要求公募基金对资产支持证券进行全额认购，突破了公募基金投资的"双 10%"限制，可保障基础设施 REITs 公募发行的效率。

具体执行推进方面，则充分体现了审慎和务实的原则，意在保障新产

品的健康成长。一是从基础设施入手，对宏观经济和政府债务问题均有着直接的正面作用，同时有利于市场预期保持一致性。二是划定重点区域和重点行业范围，并设定了可作为基础资产的优质项目条件，从而在标准层面保障了资产质量。三是加强融资用途管理，鼓励将回收资金用于新的基础设施和公用事业建设，重点支持补短板项目，从而形成投资良性循环。

（四）有效结合了国际经验与本土特点

REITs最为知名的规则为美国REITs的"四项测试"，包括收入分配、资产构成、收入构成和组织结构，其他成熟市场也均有类似规定。本次推出的基础设施REITs，在最核心的利润分配比例上采用90%的要求，和成熟市场高度一致。但对于其他指标则没有机械照搬，而是设定了个性化的标准。其中最典型的是组织结构方面，和发达国家市场明显不同，而是一定程度上参考了印度的基础设施投资信托并从严规定，要求原始权益人的最低持有比例不少于20%，期限不少于5年，同时还设定了个人投资人持有上限最多为16%，意在试点阶段通过要求原始权益人长期限持有来避免道德风险，同时提高机构投资人的比例避免价格异常波动。

试点方案中，最具有中国特色的是对于管理人的要求。一方面，要求基金管理人和资产支持专项计划管理人具有同一实控关系，减少委托代理成本，并对基金管理人的基础设施运营管理经验提出了非常具体要求，从而保障其具备尽职履职能力。另一方面，允许基金管理人聘请第三方机构负责基础设施的日常运营维护和档案归集管理等工作，可以在项目发行乃至5年后仍以该种委托关系约束原始权益人参与项目运营，提高项目的管理能力。同时，鉴于目前大量基础设施由城投公司持有，这一模式也为其转型成为"轻资本"运行主体建立了明确通道，对于地方国企改革具有重大意义。

五 发展建议

（一）优化顶层架构，组织完善法律层面建设

基础设施REITs的试点推出，大大推进了中国不动产通过REITs实现证

券化的进程。但是出于审慎性和便利性的原因,目前只能采用嫁接原有"类REITs"模式的方案来逐步推进。但是从长期发展来看,建立中国REITs的架构体系,必须采用"以终为始"的视角,从最终目标出发,找到适宜国情的REITs业务载体,然后以此为基础进行法规制度的全面建设和完善工作。从目前成熟市场经验看,业务载体包括公司和信托(国内的券商资产管理计划在法律层面也是类似信托的一种金融通道),建议国内以公司模式为方向开展法律建设。这是因为,一方面,从美国这一最为成熟和发达的REITs市场看,虽然其监管当局并未限制REITs的法律形式,但最终多数REITs均采用了公司制,并伴随采用了内部化的管理模式,而从实证绩效研究和委托代理理论来说,这一模式对REITs的成长更为有利,也即采用公司制是符合REITs主动管理理念的选择。另一方面,从国内现有法律体系来看,REITs权益性、公募化、可负债、期限不固定、份额可灵活变动的特点更契合公司的法律特点,而从物权登记、资管新规对产品的约束等方面看,信托等契约型产品的法律体系则同REITs的设计存在更多的冲突。

确定中国REITs的框架后,后续应尽快展开法律法规的修订、完善和补充工作。目前可能涉及的相关法律包括《公司法》《证券法》《信托法》《证券投资基金法》等;涉及的部门规章和交易场所的自治规范则包括发行上市相关法规制度、证券投资相关法规制度、资管产品管理相关法规制度、金融机构资本和风险管理相关法规制度等。上述体系的构建,既可以通过新设立专项法律的方式实现,又可以完善现有法律法规的模式推进,根据具体情况灵活处理。

具体的操作过程中,公司模式REITs的发行上市是焦点和核心,显然目前《首次公开发行股票并上市管理办法》无法满足要求,但可参照科创版以及中国存托凭证(CDR)上市制度制定的经验,一方面由人民银行及证监会授权交易所出台具体的上市标准并试行注册制,后续适时设立单独的证券品种并在《证券法》修订时进一步明确;另一方面对于上市业绩标准做特色化安排,设立多个可选性标准,强调物业质量、经营性现金流水平和分红能力等物业运营的关键指标,改变目前经营性企业重点考量净利润的模式,避免因REITs主体利润不足,无法公开上市。此外,对于REITs的核心指标,如资产构成、收入构成、分配比例、负债比例等则需要严格限制,避免通过REITs进行套利的行为。在投资人方面,则建议出台投资额度和比例、资本计提、非标额度计算、风险暴露设定等一系列配套的市场监管安排,以市场化手段弱化房地产信托、券商资产管理计划等私募产品对房地产行业的支持,达到"开正门、堵旁门"的效果,实现房地产行业和金融行业良性互动发展。

(二)充分体现税务中性原则,尝试给予适度税收优惠政策

目前在税务部门长期未针对REITs推出税收优惠政策的重要原因是避免影响财政收入,但从理论和实践角度来看,对REITs的税优政策不会造成大规模税务损失,反而有可能提高税务收入。一方面,从流转频率来看,虽然降低税率或减少部分应税行为会造成单笔交易的税务损失,但是目前国内不动产的资产规模预计总体价值在百万亿量级,由于税务负担过重,大量交易被搁置,如果通过REITs减税提高不动产交易的活跃程度,即便是提升1%的交易量,也能带来万亿量级的税基增长。另一方面,REITs作为一个金融产品,预计未来会有较为活跃的金融市场,包括分红收入、资本利得收入、注册印花等都是新的增长点,而REITs的不动产属性则会创造诸如家政、安保、生活服务等配套需求,整体上对税源的贡献极大。

在具体的设计中,首先,中国REITs应以税务中性为基本原则,底线是确保以REITs持有并经营资产所承担的税负不应大于投资者自行持有并经营资产所承担的税负,发挥REITs的收入传递和资源优化作用。一方面,明确REITs层面包括中间通道层面不再缴纳所得税和增值税,而是由最终投资者在其自身层面缴纳所得税,改变目前重复课税的状况;另一方面,为防止利用政策恶意逃税,可以参考成熟市场的模式对收入来源、资产构成、分红比例等约定具体的门槛,满足门槛的产品才能获得REITs地位并给予税优政策。

其次,把握业务实质,差异化税务征收模式。目前在REITs设立时,因资产转让会触发一系列税种,但这一转让行为本身可能因原始权益人的转让模式存在较大差异。如是以单纯获得现金对价的融资模式开展,则相当于资产变现,从税务政策一致性角度出发理应征税。如是以资产让渡至REITs为目的(类似于UPREITs模式),仅仅获得REITs份额为对价,而未

来以分红作为主要收益时,建议递延相关交易税款,根据其未来份额转让的价格和持有期限等情况再设定不同的纳税方案。

最后,在试点阶段适度降低税务负担,提高资产持有人的积极性。一方面,结合国家大政方针,就长租公寓、基础设施等需要扶持的领域,对REITs进行资产交易时涉及高额的增值税、土地增值税和所得税,对REITs的经营层面所涉及的房产税等税种参考个人持有人进行适度减免,培育更多的专业化、规模化、集约化的机构。另一方面,应通过税收优惠政策鼓励REITs长期持有不动产,包括对原始权益人和投资人根据REITs份额持有期限,建立差异化所得税政策,对持有REITs期限超过特定年限的投资者获得的股利免征个人所得税,从而促进REITs市场的发展,抑制REITs市场的短期投机,带动市场长期健康发展。

(三)加强市场层面各项基础建设,夯实业务健康发展的基础

首先,打造专业化资产管理人群体。REITs作为典型的主动管理金融产品,必须以REITs投资人的投资收益最大化为目标,由优秀管理人负责运作才能不断实现资产的保值增值。从目前国际经验和国内现状来看,委托管理是首选方案,通过书面约定各方权利义务,由管理人在物业投资组合管理、资本结构优化、物业改造提升、租赁运营及物业管理等领域提供专业服务,其工作包括但不限于投资标的筛选、尽职调查、投后管理等。管理人的费率水平和费用构成要能在管理人和投资人之间形成激励相容的格局,如采取"固定小额年度管理费+基于回报的业绩分成"模式,从而在市场机制推动下建立良好的激励机制。要建立对管理人明确的准入条件和替换机制,确保其公司的和团队的业务能力和经验水平,同时设立动态的市场化准入机制,形成良性竞争的市场格局。

其次,重视信息披露工作,研究建立完善的信息披露制度。按照真实、充分、准确、及时的信息披露原则,通过定期、临时的信息披露以完整反映REITs的经营情况,确保市场的有效性,形成准确的价格体系,提高投资人的参与积极性。在此过程中,REITs需要定期或临时向发行场所提供的重要信息包括现金流分配、资产构成及变动情况、收入来源情况、股东构成及变动情况、负债和杠杆率情况等。与此同时,还要在市场中介机构层面

建立完善和审慎的会计审计体系、物业估值体系、法律调查体系等，确保信息披露内容口径的标准化和一致性，在制度层面保障中介机构尽职履职，提高信息的透明度和效度，减小投资者和管理团队之间的信息不对称性，使得市场价格能充分及时反映REITs价值，带动形成市场的长期投资体系。

最后，要做好投资人准入和教育工作。一方面，结合成熟市场经验，具有一定投资经验和风险承受能力的个人投资人是REITs市场的重要投资群体，而REITs作为兼具不动产属性的金融产品，其实质风险也远小于股票类的权益性产品，建议国内监管可考虑以资管新规的合格投资人标准为基础，综合其对不动产投资的熟悉程度和风险承受能力，在REITs市场引入个人投资人。出于市场培育阶段的审慎性考虑，可在产品推出的初期选择处于优质地域的成熟基础资产和自身信用水平较高的发行人（管理人）开展试点。在投资者教育的过程中，要重点宣传其高股息收益率、具有长期回报特性、兼具资产信用支持的特点，同时避免个人投资人产生间接"炒房致富"的错误理念，形成长期投资的良好习惯；对于机构投资人则要引导其建立专业化投研体系，通过机构投资人的合理估值形成市场化且具有稳定性的REITs价格曲线，实现REITs在不动产市场的价格发现功能。

第七章
住房租赁市场与住房租赁金融

崔 玉 黄志强[*]

● 2019年住房租赁相关政策从前期的大力支持住房租赁市场发展为主,转为支持住房租赁市场稳定发展和规范住房租赁市场并举,侧重于支持城市租赁住房建设、增加租赁住房供给、整治住房租赁中介和长租公寓企业乱象、规范住房租赁金融行为等方面。从需求端来看,2019年我国住房租赁市场规模约为1.25万亿~1.87万亿元;住房租赁人口呈现年轻化和单身化的特征,且住房租赁需求主要集中在一线城市和部分人口净流入量较大的二线城市。从供给端来看,2019年各城市(除成都外)的租金价格基本保持稳定或略有下降,即使是在6月、7月高校毕业生的住房租赁需求集中释放时期,一线城市的住房租金也未表现出明显的季节性上涨。作为住房租赁市场供给端重要部分的长租公寓行业,近年来爆发出滥用租金贷、利用租客信用进行无序扩张、房屋品质下降、中小型长租公寓因过度扩张频繁"爆雷"等问题,可谓乱象环生。面对以上问题,放缓扩张步伐、提升运营能力将成为长租公寓经营模式转型的主要方向。

● 从住房租赁企业的融资情况来看,在银行贷款方面,2019年从银行信贷渠道获得融资的规模越发有限,且出于风险防范考虑,银行住房租赁贷款更倾向于投向政府主导的公共租赁住房项目,在对融资方的选择上更倾向于国有住房租赁企业。在股权融资方面,2019年行

---

[*] 崔玉,国家金融与发展实验室房地产金融研究中心研究员;黄志强,国家金融与发展实验室房地产金融研究中心研究员。

业股权融资规模接近 120 亿元，但主要集中在行业头部住房租赁企业或区域头部住房租赁企业，中小规模住房租赁企业难以获得股权融资。在债券融资方面，2019 年发行规模为 122.17 亿元，较 2018 年下降 2.48%，加权平均票面利率为 4.50%；发行主体均为实力较强的房地产开发企业。在住房租赁资产证券化方面，2019 年发行规模仅为 99.62 亿元，较上一年近乎"腰斩"，且仅有重资产模式租赁企业的资产证券化产品获批发行。

- 2019 年末和 2020 年初，青客公寓和蛋壳公寓相继在美股上市，标志着长租公寓企业的上市之路已经开启，其招股书提供了窥探透视长租公寓行业发展现状的一个窗口。从青客、蛋壳提供的近年经营数据来看，长租公寓企业面临以下几点金融风险：第一，快速扩张引发的流动性风险；第二，大规模使用租金贷产生的资金池管理风险；第三，持续巨额亏损导致可持续经营存在重大风险。

- 展望 2020 年，在政策方面，规范住房租赁市场主体行为、促进住房租赁市场稳定发展仍将是行业政策基准，规范制度化、法律化之路将继续推进。在市场方面，受新冠肺炎疫情影响，住房租赁人口节后返工延后，就业市场出现短期低迷，在一定程度上影响了住房租赁的短期需求。受需求减弱影响，短期内住房租赁市场成交量会降低、空置率将有所提升、租金水平可能会下降。在住房租赁企业融资方面，2020 年住房租赁行业的融资规模难以进一步扩张。银行对贷款发放对象的选择，仍倾向于国有住房租赁企业；风险投资对项目的选择将更为谨慎；住房租赁专项债的发行规模可能会略有上升；最适合发展住房租赁市场的融资工具 REITs 在短期内仍将难以落地。资本向行业头部企业集中的趋势仍将持续，行业集中度会进一步提升。

一　2019年住房租赁市场发展回顾

（一）政策篇

自1998年全面深化住房制度改革，取消福利分房，实施住房商品化、货币化分配以来，购买住房是我国居民实现住有所居的主要途径，整个住房市场以买卖为主。但过度市场化和"轻租重售"结构性问题产生的弊端逐渐凸显，房价泡沫不断累积。为让住房更好地回归"居住属性"，党的十九大以及2017年中央经济工作会议提出，要加快建立多主体供给、多渠道保障、租购并举的住房制度。在大力培育和发展住房租赁市场一系列政策措施的引导下，我国住房租赁市场快速发展，为解决进城务工人员、新就业大学生等新市民的住房问题发挥了重要作用。

从2019年中央和部委层面出台的住房租赁相关政策来看，发展住房租赁市场已经成为建设房地产市场长效机制的重要组成部分，政策导向已经从前期的以大力支持住房租赁市场发展为主，转向支持住房租赁市场稳定发展和规范住房租赁市场并举。目前政策侧重于支持城市租赁住房建设、增加租赁住房供给、整治住房租赁中介和长租公寓企业乱象、规范住房租赁金融行为等方面。

表7-1　2019年部分住房租赁相关政策内容

政策文件	时间	发文部门	主要内容
《进一步优化供给推动消费平稳增长　促进形成强大国内市场的实施方案（2019年）》	2019年1月28日	国家发改委等十部门	1. 加快发展住房租赁市场，发挥国有租赁企业对市场的作用，支持专业化、机构化住房租赁企业发展 2. 将符合条件的农业转移人口纳入住房保障范围 3. 支持部分人口净流入、房价高、租赁需求缺口大的大中城市多渠道筹集公租房和市场租赁住房房源，将集体土地建设租赁住房作为重点支持内容

续表

政策文件	时间	发文部门	主要内容
《2019年中央财政支持住房租赁市场发展试点入围城市名单公示》	2019年7月18日	财政部、住建部	1. 北京、长春、上海、南京、杭州、合肥、福州、厦门、济南、郑州、武汉、长沙、广州、深圳、重庆、成都16个城市进入2019年中央财政支持住房租赁市场发展试点范围 2. 中央财政将对确定的试点城市给予奖补资金支持,直辖市每年10亿元,省会城市和计划单列市每年8亿元,地级城市每年6亿元,试点示范期为三年 3. 可用于多渠道筹集租赁住房房源、建设住房租赁信息服务与监管平台等与住房租赁市场发展相关的支出,示范城市可以自主确定资金使用方案
《关于整顿规范住房租赁市场秩序的意见》	2019年12月13日	住建部等六部门	规范住房租赁市场主体行为,包括严格登记备案管理、真实发布房源信息、落实网络平台责任、动态监管房源发布、规范住房租赁合同、规范租赁服务收费、保障租赁房屋安全、管控租赁金融业务、加强租赁企业监管、建设租赁服务平台、建立纠纷调处机制、强化行业自律管理等多个方面

资料来源:根据公开资料整理。

从2019年地方城市层面出台的住房租赁相关政策来看,各城市针对住房租赁市场推出了更为细化的政策。目前政策侧重于增加住房租赁土地供给、增加人才公寓和公租房供给、搭建租赁住房信息平台、规范住房租赁中介和长租公寓企业行为、规范住房租赁交易、放宽人口落户门槛、提供人才住房补贴、推进租购同权等方面。

(二)住房租赁市场需求端现状

1. 2019年我国住房租赁市场规模为1.25万亿~1.87万亿元

从住房租赁市场的需求结构来看,一部分为流动人口带来的住房租赁需求,另一部分为户籍人口在户籍所在城市的住房租赁需求,其中流动人口的住房租赁需求是租赁市场需求的主要部分。从我国流动人口数据变化来看,自2015年开始我国流动人口规模由此前的持续上升转为缓慢下降。

2019年我国流动人口规模下降为2.36亿人，较高峰时减少1700万人（见图7-1）。流动人口规模下降主要是由于近年来实施户籍政策改革，城市的落户门槛大幅下降（部分城市已经实施零门槛落户），部分流动人口转化为当地户籍人口。根据原国家人口计生委发布的《中国流动人口发展报告2014》，2013年我国流动人口家庭中租住私房的比例为67.3%。以此估算，我国住房租赁人口目前约为1.59亿人，约占总人口的11.3%。以人均住房租金占城镇居民人均可支配收入中位数①的20%~30%估算，2019年我国住房租赁市场规模约为1.25万亿~1.87万亿元②。

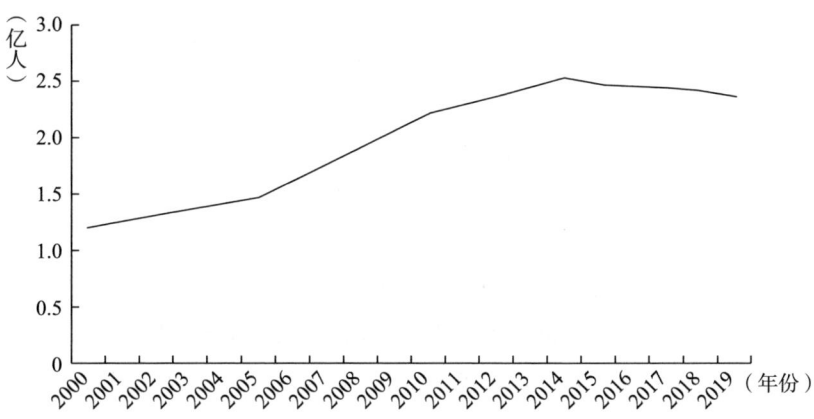

图7-1　2000~2019年全国流动人口规模变化趋势

资料来源：Wind。

2. 住房租赁人口呈现年轻化和单身化的特征

随着"80后""90后"等新生代成为流动人口的主力军，住房租赁人口逐渐年轻化。从住房租赁机构发布的报告来看，我国城市的住房租赁人口分布呈现年轻化和单身化的特征。

第一，年轻人已经成为住房租赁人口的主力军。2019年58同城、安居客和每日经济新闻旗下镁刻地产联合调研了一线、二线和部分三线城市的住房租赁人群，发布的《租房消费行为调查报告》显示，住房主流人口中

---

① 根据《2019年国民经济和社会发展统计公报》，2019年我国城镇居民人均可支配收入中位数为39244元。
② 未估算户籍人口在户籍所在城市的住房租赁需求规模。

21~25岁、26~30岁和31~35岁人群的占比分别为34.4%、26.9%和14.4%,这意味着21~35岁的人口占总租赁人口的75.7%(见图7-2)。

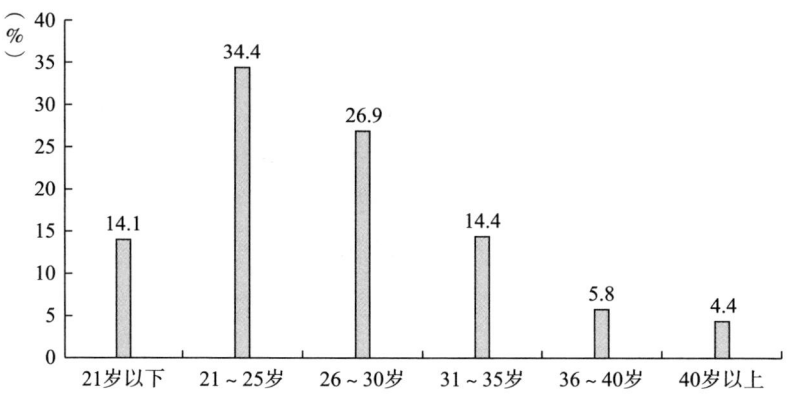

图7-2 住房租赁人口年龄分布

资料来源:58同城、安居客和每日经济新闻旗下镁刻地产联合发布的《租房消费行为调查报告》。

第二,住房租赁人口以未婚群体为主。巴乐兔对北京、上海、深圳、广州、杭州、南京、武汉和成都这8个国内租房市场最活跃的一、二线城市的真实租赁数据进行分析,发布了《2019年轻人租房大数据报告》,报告显示,年轻人出于经济方面的考虑,选择合租的比例高达85%;而合租人群中已婚人群占比仅为15%,单身和恋爱人群的占比分别达到51%和34%。

住房租赁人口年轻化、单身化,意味着对住房租赁体验的个性化要求更多,对房源品质、交通便利程度、住房的配套设施、租后服务等方面的要求更高,且更易于接受合租模式。这些需求,与传统的房东直接将自有闲置住房出租难以匹配,这将给以长租公寓为代表的专业化、机构化租赁企业的发展提供巨大的市场需求支撑。

3. 住房租赁市场需求主要集中在一线城市和部分人口净流入量较大的二线城市

从地域分布来看,住房租赁需求主要集中在一线城市和部分人口净流入量较大的二线城市。主要原因是我国一、二线城市人口聚集程度高,流动人口数量庞大,同时住房价格过高,这就迫使大量的居住需求转向住房租赁市场。安居客发布的《住房租赁报告2019》显示,1~11月住房租赁需求排名前十的城市分别为北京、成都、上海、深圳、重庆、广州、武汉、西安、杭州、郑州，均为一线城市和近年来人口净流入量较大的二线城市。根据贝壳研究院的统计，4个一线城市加上成都、天津、苏州、武汉、杭州、南京6个二线城市，租赁人口达到4805万人，约占总租赁人口的30.0%，租赁市场规模达到6435.8亿元，占总市场规模的50%以上。

从发达国家的城镇化发展规律来看，人口向特大城市聚集是必然的趋势，比如日本超过40%的人口集中在三大都市圈的13个都府县。我国目前住房租赁市场需求主要集中在一线城市和部分人口净流入量较大的二线城市，这就意味着政府层面支持住房租赁市场发展的政策也应该主要集中在这些城市。当然，为更好地提供租赁住房服务，专业化、机构化的租赁企业也应选择在这些住房租赁需求集中的核心城市布局。

（三）住房租赁市场供给端现状

1. 租金水平稳中有降

在经历2018年上半年各大城市租金暴涨和部分长租公寓持续"爆雷"之后，政府部门加强了对住房租赁企业和租赁中介的规范要求，2018年下半年以来主要城市的住房租金水平呈下降趋势。中原地产统计了4个一线城市和2个二线城市的租金数据：北京住房租金水平延续了2018年下半年的下跌趋势，2019年租金水平累计下降4.50%；深圳2019年租金水平累计下降0.86%；上海2019年租金水平累计下降0.17%；广州2019年租金累计上涨0.24%；成都住房租金从2015年开始一直呈上升趋势（除去季节性波动），2019年租金水平累计上涨6.79%；天津2019年租金水平累计下降3.95%。上述6个城市2011年12月至2019年12月的二手住宅租金指数如图7-3所示。总体来看，2019年各城市（除成都外）的租金价格基本保持稳定或略有下降，且即使是在6月、7月高校毕业生的住房租赁需求集中释放时期，一线城市的住房租金也未表现出明显的季节性上涨。

2. 长租公寓行业在无序扩张过程中乱象环生

2017年以来在政策鼓励和资本推动下，作为住房租赁市场供给端重要部分的长租公寓行业迎来快速发展阶段。早期为抢占市场蓝海，长租公寓市场无序扩张，乱象环生，引发了如下问题。

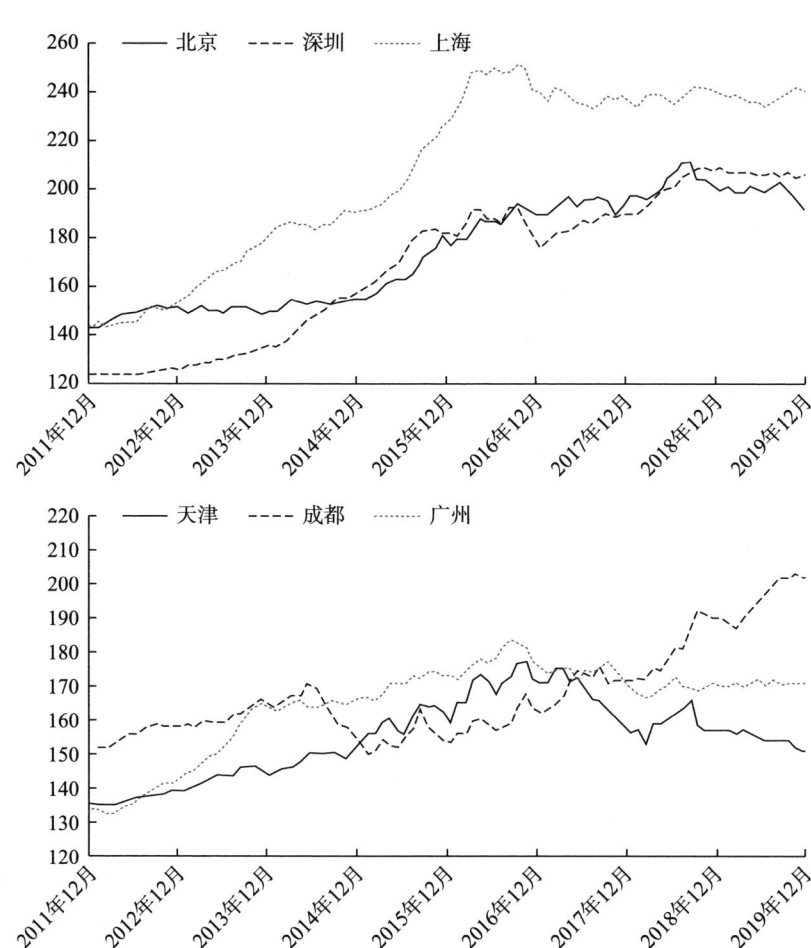

图7-3 中原地产二手住宅租金指数（定基2004年5月=100）
资料来源：中原地产、Wind。

第一，滥用租金贷，利用租客信用进行无序扩张。租金贷本身是可以利用的，因为租客的现金流与租金支付的现金流存在期限和规模上的错配，通过贷款服务可以解决这一问题，但租金贷在长租公寓企业层面明显存在滥用情况。一是部分租客是在不知情或者被诱导的情况下产生了租金消费贷款，这就有违金融消费者保护的原则，属于掠夺性贷款。二是对资金账户没有实施严格监管。银行或网贷机构贷给租客的贷款，本应最终流向一手房东，但放贷机构将贷款汇至二房东长租公寓，且没有独立账户或由第三方进行资金监管。长租公寓占用租客信用取得的贷款,利用期限错配形成资金沉淀并用于自身扩张。在这种模式下,一旦资金链断裂,必然引发一系列连锁反应。

第二,长租公寓品质下降。为减少房屋空置成本,多家长租公寓出现过房屋品质下降的情况。最为典型的是"自如甲醛门"事件,2018 年 8 月 31 日,一则"阿里 P7 员工得白血病身故,生前租了自如甲醛房"的信息使自如深陷舆论漩涡。事件发生后自如采取了积极态度进行公关危机,但从实际行动来看并不能令广大租客满意,包括委托机构不具备 CMA(中国计量认证)资质、甲醛房退租后被加价再出租等。

第三,中小型长租公寓因过度扩张频繁"爆雷"。2017 年至今"爆雷"长租公寓 68 家,其中 2019 年 52 家(见图 7-4)。主要原因包括采用"高收低租"模式进行无序竞争,资金链断裂、恶意卷款或因经营不善而倒闭或被收购。

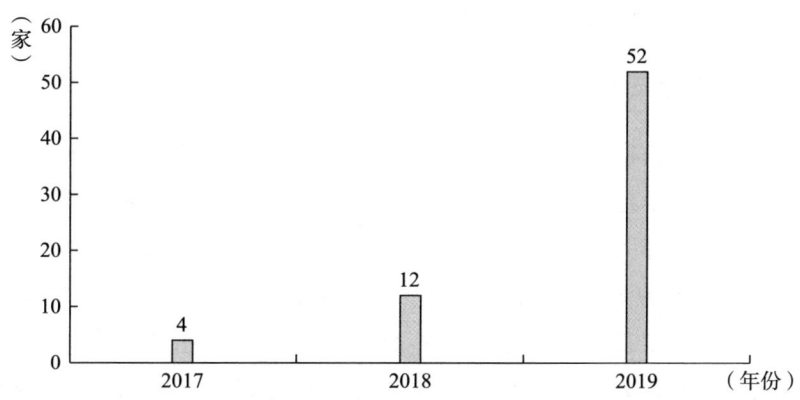

图 7-4　2017~2019 年"爆雷"长租公寓数量
资料来源:贝壳研究院《2019~2020 年住房租赁报告》。

3. 长租公寓行业逐渐回归理性发展道路

面对以上种种问题和困境,在租金水平稳中有降的行业背景下,2019 年长租公寓行业逐渐回归理性发展道路。长租公寓企业前期只求规模扩张、竞相争取房源、抬高核心城市租金水平的发展模式在政策规范下逐步转变,放缓扩张步伐、提升运营能力和提高租客入住率成为转型方向,其目的在于寻求市场占有率提升与盈利之间的平衡。以分散式长租公寓头部企业——我爱我家旗下的相寓为例,从2019年第三季度财报来看,相寓已经根据全国各城市租赁市场的变化优化调整布局,聚焦需求稳定增长的区域市场;不良库存逐步降低,在管租赁住房规模从2018年底的30.3万套降低至2019年第三季度的28.5万套;坚持以提升运营周转效率为核心策略,全国平均在管租赁住房出租率稳定在94.2%左右,成为头部长租公寓企业中少数实现持续盈利的企业。

二 2019年住房租赁企业融资现状

无论是采取重资产模式自持租赁物业,还是采取轻资产模式成为二房东,住房租赁企业的运营均存在前期投入高、现金流回收慢、投资周期长、回报率低等特点。因此,仅仅依靠住房租赁企业自有资金投入显然不够,还需要获取大规模的外源性融资。目前住房租赁市场企业端的融资渠道主要包括银行贷款、股权融资、住房租赁专项债和资产证券化。

(一)银行贷款

为落实国家租购并举的政策要求,从2017年开始商业银行和政策性银行开始探索信贷渠道支持住房租赁市场发展的模式,银行融资渠道开始向住房租赁企业打开大门。中国建设银行、中信银行、中国工商银行、交通银行、中国农业银行、中国银行、国家开发银行、招商银行、浦发银行、华夏银行、北京银行、徽商银行等多家银行先后涉足租赁住房市场,并先后与房地产开发企业或住房租赁企业签订合作协议和住房租赁贷款授信意向。从住房租赁贷款业务种类来看,目前商业银行和政策性银行向住房租赁企业提供租赁住房开发贷款、住房租赁支持贷款、住房租赁应收账款质押贷款、租赁住房企业经营贷款等多种信贷产品,基本覆盖了项目的启动(租赁住房土地的获取)、项目的获取(建造、购买或租赁房源)、项目的设计(改造、装修、家具家电的配置)及后续的日常运营等住房租赁项目全生命周期的金融需求。

随着住房租赁市场步入快速发展阶段,住房租赁企业的同质化竞争激烈,违规经营频现,持续性盈利困难。银行逐渐意识到住房租赁贷款业务资金需求大、资金占用周期长、收益率低、风险较高且住房租赁企业缺乏有效抵押物等问题,这显然与商业银行的效益性、安全性、流动性的经营原则有所背离。因此,为降低住房租赁贷款的业务风险,银行开始加强对客户选择和项目风险的研判,对住房租赁贷款的发放更为审慎。这在一定程度上导致银行为住房租赁企业提供融资支持的愿意降低,住房租赁企业从银行信贷渠道获取住房租赁资金的规模越发有限。从公开信息来看,2019年银行住房租赁贷款更倾向于投向政府主导的公共租赁住房(公租房、廉租房、人才公寓)项目,在对融资方的选择上更倾向于国有住房租赁企业。2019年1月,中国建设银行、交通银行、中国农业银行组建银团,为南京安居保障房建设发展有限公司的子公司南京安科置业提供额度12亿元的租赁住房项目贷款,贷款利率为基准利率,期限长达25年;2019年12月,中信银行为上海城投置地(集团)有限公司的子公司上海城业房地产有限公司提供6.32亿元的住房租赁项目贷款,贷款期限为25年,贷款利率不高于LPR减39个基点,贷款抵押方式为在项目建设期采用土地及在建工程抵押,项目建成并办理不动产权登记证后转为现房抵押,在项目建成后追加租金收入应收账款质押。

(二)股权融资

1. 风险投资和私募股权投资主要集中在头部住房租赁企业

虽然住房租赁行业风口不再,但出于对万亿元住房租赁市场的预期,经营状况相对较好的头部住房租赁企业仍备受风险投资(VC)和私募股权投资(PE)青睐。据不完全统计,2012~2019年长租公寓领域的股权融资事件超过110起,融资总规模超过330亿元(不包括房地产企业和头部住房租赁公司为快速占领市场而进行的内部注资)。从融资情况来看,住房租赁企业的股权融资起步较早,但早期融资规模较小,从2015年开始长租公寓市场的股权融资持续升温。从2018年开始融资额度呈现逐步向头部企业聚集的趋势,行业融资状况出现分化。

2019年行业股权融资规模接近120亿元(见图7-5),但已经主要集中在头部住房租赁企业或区域头部住房租赁企业,行业融资数量下降,单笔融资规模增加,中小规模住房租赁企业已经较难获得股权融资。以2019年的9起融资事件为例,包括蘑菇租房D轮2亿元、微家天使轮5000万元、窝趣B轮2亿元、魔方公寓D轮1.5亿美元、蛋壳公寓C轮5亿美元、自如B轮5亿美元、智小寓Pre-A轮2000万元、城家公寓A轮3亿美元、蛋壳公寓D轮1.9亿美元,自如、蛋壳公寓、城家公寓、魔方公寓4家头部企业的融资额占比已经达到97.8%。可以预期,在资本的助推下,长租公寓领域寡头垄断的时代可能正在到来。

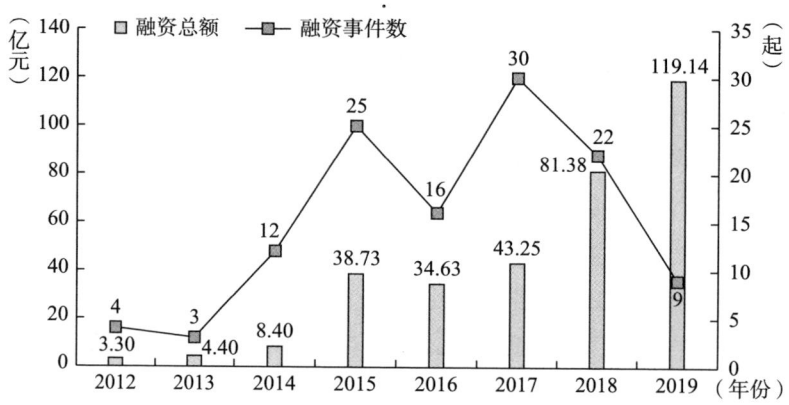

图7-5　2012~2019年长租公寓领域股权融资事件数及融资总额
资料来源:根据公开资料整理。

2. 青客、蛋壳公寓成功IPO

因为长租公寓呈现前期占用资金大、资金回收周期长和前期盈利水平低等特征,所以能够通过IPO募集长期资金是长租公寓企业梦寐以求的融资方式。2019年11月5日,青客公寓在美国纳斯达克股票市场挂牌上市,融资额为4590万美元,净融资额为3815.56万美元。虽然融资额较前期预计的1亿美元可谓"腰斩",但青客公寓终究还是顺利成为长租公寓企业境外上市第一股。随后,2020年1月17日,蛋壳公寓也顺利在美国纽交所挂牌上市,融资额为1.30亿美元,净融资额为1.16亿美元。总的来说,长租公寓企业的上市之路已经开启,标志着通过IPO融资支持住房租赁市场发展的新篇章已经开启。

(三)住房租赁专项债

在债券渠道方面,住房租赁企业可以通过发行住房租赁专项债进行融资。得益于国家政策，住房租赁专项债的发行不断加速推进。

2017年8月，国家发改委发布《关于在企业债券领域进一步防范风险加强监管和服务实体经济有关工作的通知》，指出相关部门可以积极组织符合条件的企业发行债券以专门用于发展住房租赁业务。之后，重庆龙湖企业拓展有限公司住房租赁专项债（发行总规模不超过50亿元，期限不超过15年，主体和债项评级均为AAA级，分期发行）于2017年12月28日获中国证监会核准后，于2018年3月21日完成首期30亿元的发行，2018年8月17日完成二期20亿元的发行。这标志着全国首单公募住房租赁专项债正式落地，债券融资渠道实现"0到1"的突破，开通了债券市场支持和服务住房租赁市场的新途径。

2019年，我国住房租赁专项债的发行规模为122.17亿元，较2018年下降2.48%；加权平均票面利率为4.50%，最高为8.5%，最低为3.55%。从发行主体来看，均为实力较强的房地产开发企业，且利率水平与发行主体的实力和信用评级密切相关。主要原因是目前住房租赁业务的回报率比较低，普遍不足3%，难以覆盖资金的利息成本。出于风险防范考虑，实力较弱的中小型住房租赁企业难以获得发行住房租赁专项债的资质。总的来说，在目前房地产开发企业融资收紧、信用债规模缩减的背景下，监管机构对房地产开发企业发行住房租赁专项债仍采取支持的态度，以帮助房地产开发企业获得低成本资金，鼓励住房租赁市场发展。表7-2列明了2019年已经发行的住房租赁专项债发行情况。

表7-2 2019年住房租赁专项债发行情况

发行人	发行日期	发行总额（亿元）	期限（年）	票面利率（%）	发行方式	债券类型	债券简称
葛洲坝	2019年1月9日	10.00	5.00	3.85	公募	公司债	19葛洲01
绿城	2019年1月18日	5.00	5.00	3.98	公募	公司债	19绿城01
万科	2019年2月22日	20.00	5.00	3.65	公募	公司债	19万科01
上海宝龙	2019年3月28日	3.00	2.00	7.20	公募	公司债	19宝龙01
碧桂园	2019年3月29日	5.67	4.00	5.95	私募	公司债	19碧桂01
广州城建	2019年5月16日	15.00	5.00	3.83	公募	公司债	19穗专01
宋都基业	2019年5月27日	8.00	3.00	8.50	私募	公司债	19宋都01

续表

发行人	发行日期	发行总额（亿元）	期限（年）	票面利率（%）	发行方式	债券类型	债券简称
正荣地产	2019年6月12日	3.50	3.00	6.80	私募	公司债	19正荣01
龙湖	2019年7月17日	15.00	7.00	4.67	公募	公司债	19龙湖04
龙湖	2019年7月17日	5.00	5.00	3.90	公募	公司债	19龙湖03
宋都基业	2019年8月27日	2.00	3.00	8.50	私募	公司债	19宋都02
万科	2019年9月24日	25.00	5.00	3.55	公募	公司债	19万科02
绿城	2019年12月9日	5.00	2.00	3.61	公募	公司债	19绿城04

资料来源：Wind。

（四）资产证券化

通过项目端的资产证券化，可以将与租赁住房相关的一系列用途、性能、租期相同或相近，可以产生大规模稳定现金流的租赁资产进行结构性重组，转换成可以在金融市场上出售和流通的证券，为住房租赁企业提供更灵活的融资方式和退出机制。2017年1月，魔方（南京）企业咨询管理有限公司发行了我国首单住房租赁ABS"魔方公寓信托受益权资产支持专项计划"，总金额为3.5亿元，产品期限为1~3年，采用优先级/次级支付机制，其中优先级共设三档，开启了住房租赁业务证券化融资的创新之路。

目前我国住房租赁资产证券化产品主要可以分为两大类：一是以资产抵押债券（Asset-Backed Securities，ABS）、资产支持票据（Asset-Backed Medium-term Notes，ABN）、商业房地产抵押贷款支持债券（Commercial Mortgage Backed Securities，CMBS）为代表的债券型产品；二是类房地产信托投资基金（Real Estate Investment Trust，REITs）模式的权益型产品。ABS和ABN类产品主要为纯债型产品，体现为债权或收益权属性，将未来物业产生的现金流折现，通常不包含物业产权或抵押权，其基础资产通常包括租赁住房租金收益权和租赁分期应收贷款两种。CMBS主要是通过信托贷款等方式发放经营性物业抵押贷款，并将信托受益权或贷款债权作为基础资产发行资产支持证券，标的物业的经营收入等额偿还优先级证券本金及预期收益，其底层资产需以商业性质的物业作为抵押。类REITs是指以商业地产产权和租金收益权为底层资产,以商业地产为抵押,将未来租金形成的应收账款注入资产池。由基金管理人发起设立契约型私募基金,由私募基金通过 SPV 间接持有项目公司的股权,项目公司持有标的物业。专项计划发行资产支持证券募集合格投资者的资金,用以收购和持有私募基金份额,进而间接享有标的物业产权。国内的 REITs 产品之所以被称为"类 REITs",是因为其国内法律和金融制度不完善背景下嫁接国外 REITs 的产物,与国外主流 REITs 的差别是它并非公募产品。类 REITs 底层现金流经过两层 SPV 传递后,投资者并不享有租金升值收益,其产品依然具有较强的债券属性。表 7-3 列出了两类住房租赁资产证券化产品的主要区别。

表 7-3 两类住房租赁资产证券化产品比较

产品类型	模式	融资形式	抵押物	底层资产	交易场所	结构
债权型	ABS	债权融资	轻资产,如应收账款等	租金收入、贷款本息和其他服务费用	交易所	信托收益权+专项计划
债权型	ABN	债权融资	轻资产,如应收账款等	租金收入、贷款本息和其他服务费用	银行间	信托收益权+专项计划
债权型	CMBS	债权融资	重资产,如不动产、商业物业	相关商业房地产未来收入	交易所	信托收益权+专项计划
权益型	类 REITs	股权+债权融资	重资产,如不动产、商业物业	不动产价值+经营净收入	交易所	私募基金份额+专项计划

2019 年我国住房租赁资产证券化产品成功发行规模仅为 99.62 亿元,较上一年近乎"腰斩",且仅有重资产模式的资产证券化产品获批发行。整体而言,资产证券化融资渠道较 2018 年大幅收紧,相关产品的发行审核趋严。主要原因是资产证券化各类产品从 2017 年初的数亿元规模,迅速攀升至 2018 年的 50 亿元、上百亿元级别的储架发行规模,有异化为房地产开发企业变相融资的趋势。在中央层面再次全面收紧房地产开发企业融资的政策背景下,2019 年大量房地产开发企业的住房租赁资产证券化产品在向交易所申请阶段被否。而轻资产模式,即以应收租金或租金贷款本息为基础资产的证券化产品,可能因行业"爆雷"频发、基础资产现金流不稳定等原因而难以获准发行。表 7-4 列出了 2019 年债券型和权益型住房租赁资产证券化产品的发行情况。

从现金流特点来看，资产证券化技术是适合住房租赁市场发展的，国外经验表明，REITs这种金融工具对推动专业化租赁机构的长期发展具有重要作用，是租赁企业资产证券化融资的主要方向。然而，在现实中我国住房租赁市场的证券化还存在一些问题和障碍，主要表现在三个方面：一是一些收益权并未参照证券化进行破产隔离和增信方面的管理；二是资产证券化公募上市仍存在法律障碍；三是存在双重税收问题。

表7-4 2019年住房租赁资产证券化产品的发行情况

发行企业	发行日期	发行总额（亿元）	基础资产类型	项目名称
远洋地产	2019年1月25日	3.08	类REITs	中信建投-远洋地产长租公寓1号第一期资产支持专项计划
朗诗	2019年3月13日	10.68	类REITs	平安汇通-平安不动产朗诗租赁住房1期资产支持专项计划
华发实业	2019年3月27日	15.48	类REITs	中联前海开源-华发租赁住房一号第一期资产支持专项计划
朗诗	2019年7月31日	3.51	类REITs	中山证券-东兴企融-朗诗寓长租公寓一期资产支持专项计划
华侨城	2019年9月18日	21.50	类REITs	中联前海开源-华侨城租赁住房一号第一期资产支持专项计划
华发实业	2019年12月24日	11.29	类REITs	中联前海开源-华发租赁住房一号第二期资产支持专项计划
上海地产	2019年1月24日	18.00	ABS	国开-上海地产第一期公共租赁住房资产支持专项计划
海南发展	2019年3月26日	8.70	ABS	海南省人才租赁住房第一期资产支持专项计划
广州开发区人才工作集团有限公司	2019年4月25日	5.04	ABS	国君-广州人才租赁第一期资产支持专项计划
佳兆业	2019年8月27日	2.34	ABS	中山证券-佳兆业城中佳画住房租赁1期资产支持专项计划

资料来源：Wind。

三 从青客、蛋壳公寓招股书分析长租公寓企业金融风险

在政策推动和资本助力下，2017年以来各类市场主体不断进入长租公寓市场，长租公寓市场步入高速扩张阶段。激进的扩张导致2018年下半年以来长租公寓市场各种问题频发，这也使得资本进入长租公寓领域变得更为审慎。大部分长租公寓企业目前已经没有办法获取充足的资金来进行规模扩张或日常经营，不断加大的现金流压力使得以青客、蛋壳为代表的轻资产模式的长租公寓开始试图通过上市融资的形式来缓解资金压力，2019年成为长租公寓行业的IPO元年。从青客、蛋壳两家长租公寓企业公布的招股书来看，长租公寓企业如今面临如下金融风险。

（一）快速扩张引发的流动性风险

自2017年起，青客、蛋壳公寓都经历了快速扩张阶段。青客公寓成立于2012年，管理的租赁住房从2017年的3.92万间增长到2019年6月30日的9.69万间，运营覆盖城市从主要集中于上海、苏州2个城市，逐渐扩展到上海、苏州、杭州、南京、武汉、北京、嘉兴7个城市。蛋壳公寓成立于2015年，管理的租赁住房从2017年的1.57万间增长到2019年6月30日的34.64万间，运营覆盖城市从主要集中于北京、深圳、上海3个城市，逐渐扩展为北京、深圳、上海、杭州、天津、武汉、南京、广州、成都、苏州10个城市。运营规模的快速扩张，引发了长租公寓企业的流动性风险。表现形式主要为资产负债率过高，且短期内流动负债远大于流动资产，企业资金链断裂风险极高。相对于蛋壳公寓，青客公寓前期获取的风险投资和私募股权投资规模较小，甚至已经出现"资不抵债"的状态（见图7-6、图7-7）。

（二）大规模使用租金贷产生的资金池管理风险

在租赁住房业主－长租公寓企业－租户的运营模式下，一般长租公寓企业在获得租赁住房的使用权时与业主签署3~5年的长期租赁协议，按月或季度分期付款；而租户与长租公寓所签订的则是1年左右的短期租赁协议，按季度或年度付款。从租金贷产品的逻辑看，部分租客因个人的现金

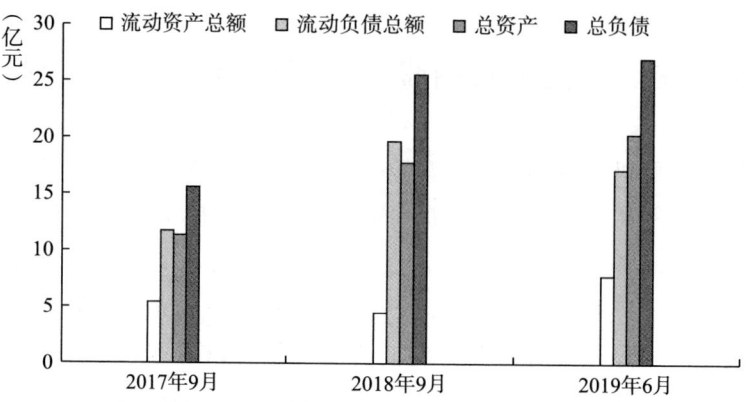

图 7-6 青客公寓的资产与负债情况
资料来源：青客公寓招股书。

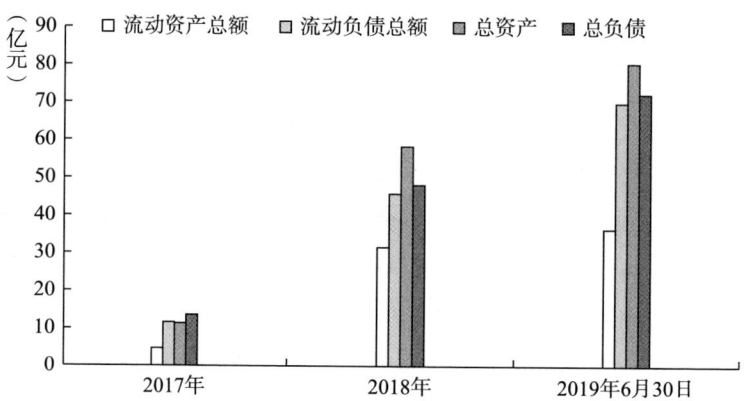

图 7-7 蛋壳公寓的资产与负债情况
资料来源：蛋壳公寓招股书。

流与租金支付的现金流存在期限和规模上的错配，通过金融机构的租金贷服务可以解决这一问题。但在实际操作中，租金贷一般一次性支付全租期金额到长租公寓企业账户，长租公寓企业按月或按季度分期付款给业主，租客按月向金融机构分期偿还租金贷。对于长租公寓而言，可以利用租金贷资金与支付给业主资金的期限错配形成资金池。由于没有相关法律对资金池内的资金进行严格的监管，因此长租公寓企业可以利用资金池的资金抢夺市场房源进行规模扩张。为扩大租金贷的资金池规模，部分长租公寓企业在租客不知情或者被诱导的情况下使用租金贷，这就有违金融消费者保护的原则，属于掠夺性贷款。一旦长租公寓企业对资金池的管理能力不足，在快速扩张期间对风险的认知不足，在一段时间后无法实现盈利，而新的融资又难以为继的情况下，则必然难逃资金链断裂的厄运。资金链断裂后，长租公寓将无力向业主支付房租，自然构成违约，业主可以解除合同；业主解除合同后，租客的租赁合同也就自然终止，租客将无房可住，且仍需要按期偿还租金贷，否则可能会产生征信不良记录。这种模式本质是利用租客的信用进行扩张，将长租公寓企业的经营风险转嫁到租客身上。

从招股书看，青客、蛋壳公寓与金融机构合作的租金贷比例都保持较高的水平。截至2019年6月，青客公寓有65.2%的租赁单元由金融机构提供分期服务。截至2019年9月，蛋壳公寓有67.9%的用户使用了租金贷（2017年为91.3%，2018年为75.8%）。2019年12月，住建部等十部门联合印发《关于整顿规范住房租赁市场秩序的意见》，要求住房租金贷款金额占租金收入的比例不得超过30%，超过比例的应当于2022年底前调整到位。这也意味着租金贷将面临合规风险，在未来两年时间，租金贷的短期融资模式将受到严格的限制，长租公寓的资金池管理风险将激增。

（三）持续巨额亏损导致可持续经营存在重大风险

短期而言，长租公寓企业的可持续性经营主要受到现金流的影响，长期可持续经营则取决于长租公寓企业的收益与成本。目前长租公寓的运营普遍具有前期投入高（获取房源、改造和运营的成本均较高）、回收期长（依靠租金和服务费来回收成本，回收周期漫长，一般需要3~5年）、行业利润率低等特征，这些特征导致目前长租公寓企业盈利困难。从上市企业财务报表来看，一些分散式长租公寓存在难以盈利、持续亏损的问题，长期可持续经营能力存疑。

就青客、蛋壳公寓的招股书内容来看，长租公寓企业的主营业务收入太过单一，主要来源于房屋租金收入，其中青客公寓的租赁服务收入占净收入的比重近期虽呈下降趋势，但仍保持在85%以上的水平，蛋壳公寓则保持在75%以上的水平。青客、蛋壳公寓租赁服务收入与成本情况分别见图7-8和图7-9。随着长租公寓规模的扩大，公寓入住率保持90%以上，但企业的收益仍未能明显提升。长租公寓长期亏损的主要原因在于：公司

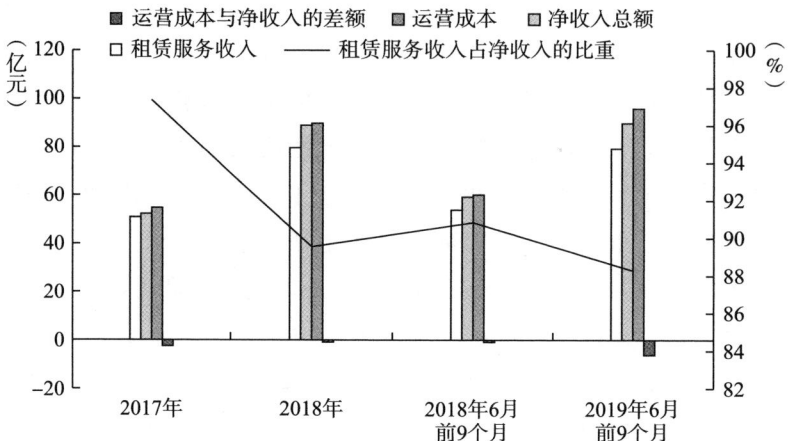

图 7-8　青客公寓租赁服务收入与成本情况

注：2018 年 6 月前 9 个月指以 2018 年 6 月为时间点向前数 9 个月，2019 年 6 月前 9 个月指以 2019 年 6 月为时间点向前数 9 个月。

资料来源：青客公寓招股书。

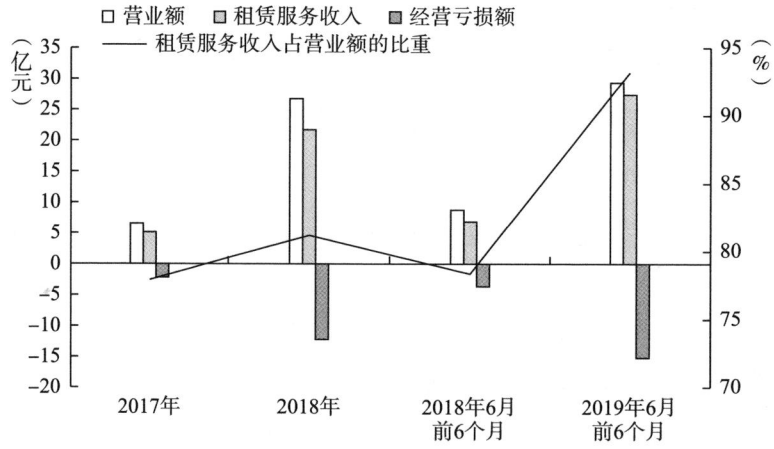

图 7-9　蛋壳公寓租赁服务收入与成本情况

注：2018 年 6 月前 6 个月指以 2018 年 6 月为时间点向前数 6 个月，2019 年 6 月前 6 个月指以 2019 年 6 月为时间点向前数 6 个月。

资料来源：蛋壳公寓招股书。

快速扩张时期，所收住房租金费用过高，前期需要投入的相应装修费用也较高，而其他收入占比不高。虽然招股书显示，青客公寓每个出租单位的装修费用有所下降，但每月租金并未上涨且有略微下降趋势；蛋壳公寓在租赁成本下降的情况下,每单位收益也表现出略微下降的趋势(见表7-5、表7-6)。就未来而言,通过精细化运营降低营业成本,提升服务质量,从而提升利润水平,真正实现规模化效应,才是长租公寓长期可持续经营的根本。

表7-5 青客公寓出租基本情况

单位:%,元

	2017年	2018年	2018年6月前9个月	2019年6月前9个月
期间平均入住率	89	91.6	91.7	90.6
每月租金(预付租金折扣之前)	1299	1272	1279	1149
每个出租单位的平均装修费用	20069	19783	19667	14747

注:2018年6月前9个月指以2018年6月为时间点向前数9个月,2019年6月前9个月指以2019年6月为时间点向前数9个月。

资料来源:青客公寓招股书。

表7-6 蛋壳公寓出租基本情况

单位:元

	2017年	2018年	2018年6月前6个月	2019年6月前6个月
每月每单位平均收益	2439	2352	2452	2190
每月每单位平均租赁成本	1718	1637	1689	1581

注:2018年6月前6个月指以2018年6月为时间点向前数6个月,2019年6月前6个月指以2019年6月为时间点向前数6个月。

资料来源:蛋壳公寓招股书。

四 2020年住房租赁市场和住房租赁金融市场展望

总体来看,自2018年下半年以来,住房租赁市场问题频发,这促使政府在支持住房租赁市场稳定发展的同时,开始重视规范住房租赁市场主体的行为。在市场方面,2019年住房租赁市场的供需基本平衡,住房租金水平呈现稳中有降的趋势,且租赁人口的年轻化、单身化趋势为专业化、机构化住房租赁企业的发展提供了较大的需求支撑。在住房租赁金融方面,融资规模有所下降，但资金向头部住房租赁企业集中的趋势较为明显。

展望2020年的住房租赁市场，在政策方面，规范住房租赁市场主体的行为、促进住房租赁市场稳定发展将成为中央和部委层面的政策基准，规范制度化、法律化之路将继续推进。制度和监管的逐步完善，将有助于住房租赁市场健康稳定地发展。在地方政府层面，除继续落实中央层面的政策要求、增加租赁住房土地供给、推进租购同权外，针对住房租赁企业利润微薄或盈利难问题，可能会陆续推出租赁收入税收优惠政策。

在市场方面，受2020年初以来的疫情影响，住房租赁人口节后返工延后，就业市场出现短期低迷，这在一定程度上影响了住房租赁的短期需求。受需求减弱影响，短期内住房租赁市场成交量会降低、空置率将有所提升、租金水平可能会下降。这将会导致住房租赁企业现金流流入规模下降，对原本就艰难求存的中小型住房租赁企业可谓雪上加霜，中小型住房租赁企业破产数量将超过2019年。

在住房租赁企业融资方面，在租客入住率未明显提升、运营成本未明显下降、租金贷的使用存在合规性风险以及住房租赁企业破产频发的大背景下，住房租赁行业的融资规模难以进一步扩张。在贷款发放对象的选择上，银行仍倾向于国有住房租赁企业；风险投资对项目的选择将更为谨慎；住房租赁专项债的发行规模可能会略有上升；最适合发展住房租赁市场的融资工具REITs在短期内仍将难以落地。资本向行业头部企业集中的趋势仍将持续，中小型住房租赁企业的融资规模将进一步下降。在激烈的行业竞争中，那些专注于提高运营能力的住房租赁企业更易脱颖而出，并受到资本的青睐。在资本的助推下，2020年住房租赁企业并购潮可能会到来，行业集中度可能会进一步提升。

专题篇
Special Reports

第八章
新冠肺炎疫情对住房市场的影响及疫情防控常态化下的发展趋势

蔡 真[*]

- 从总量关系看，新冠肺炎疫情对住房市场的发展造成了短期冲击，但2020年2~3月住房市场恢复较为显著。从结构视角看，新冠肺炎疫情导致了住房市场的分化趋势：开发市场的资源进一步向头部房地产开发企业集聚，土地市场重新回归一线城市和热点二线城市；住宅成为个人收入分配和财富分配的加速器。
- 长租公寓在疫情之下也表现出分化趋势，集中式长租公寓因对整栋楼进行管理可直接与租客对接，在落实防控和隔离政策方面负有主体责任，租客入住未受明显影响。在资金管理方面，集中式长租公寓背靠开发商，以内源性融资为主，即使有外源融资也是以机构为主，

---

[*] 蔡真，国家金融与发展实验室房地产金融研究中心主任、高级研究员，中国社会科学院金融研究所金融实验室副主任、副研究员。

在疫情之下集中式长租公寓并未出现流动性危机。分散式长租公寓由于在疫情防控中处于被动配合地位，租客入住受到较大影响。租金贷是分散式长租公寓扩张规模的主要手段，但存在金融链条长、金融关系复杂的特征，疫情成为紧绷的金融链条断裂的导火索。对海外上市公司蛋壳公寓的案例研究表明，宏观冲击、监管政策收紧以及自身负面事件都会对长租公寓的现金流造成巨大影响，形成流动性危机。疫情之后长租公寓市场还将进一步分化，盈利状态稳定并且杠杆应用适度的长租公寓才能生存下去。

- 新冠肺炎疫情导致中国经济出现负增长，但这丝毫没有影响深圳楼市的"热情"。深圳房价的上涨现象与整个经济、金融的大背景形成一个悖论，究其原因包括以下三个方面：第一，高净值人群的推动，从招商太子湾2000万元的起步价可以看出这轮泡沫的主要推动力；第二，中产阶级的羊群行为，万科星城推出的楼盘以28平方米和56平方米的小户型为主，投资主体主要是中产阶级；第三，信贷资金的支持，深圳新增LTV指标在2020年第一季度呈现快速上涨趋势。从深圳这一轮的泡沫来看，住房市场已经成为财富再分配的重要手段。

- 针对住房市场的分化趋势以及部分地区泡沫再起的现象，提出以下政策建议：第一，住房政策目标应由过去促进住房供给转向重点保障弱势群体、支持中等收入群体的住房需求，着力解决住房市场发展不平衡的问题；第二，提升对住房租赁市场的监管能力，尤其是对住房金融的监管能力；第三，坚持"房住不炒"，保持政策定力，抑制房价泡沫。

新冠肺炎疫情对经济活动造成极大冲击，2020年第一季度GDP同比增长率为-6.8%，是1992年公布季度数据以来首次负增长。房地产业产值占GDP的比重较大（2019年为7%），且关联产业产值占GDP的比重也较大（如建筑业为7.2%，金融业为7.8%），因此从对冲宏观衰退的角度考虑，

第八章　新冠肺炎疫情对住房市场的影响及疫情防控常态化下的发展趋势

一些学者和市场人士提出放开房地产调控①。但中央"房住不炒"的主基调并未改变，银保监会也加强了对深圳银行系统经营贷违规进入房地产市场的调查。我们的政策主张偏向中性，即要防止房地产业下坠风险②。我们认为：在全国调控政策未明显变化以及疫情逐渐消退的条件下，通过对第一季度（尤其是2～3月的窗口期）的数据进行分析后提出政策建议更具有针对性。结论和政策建议是：疫情之下房地产市场恢复迹象明显，后疫情时期房地产开发企业、土地市场以及长租公寓都呈现明显的分化现象，政策基调依然以抑制房价泡沫为主。

一　疫情对房地产开发企业的影响及未来趋势

（一）新冠肺炎疫情下的房地产开发企业运行

新冠肺炎疫情给房地产开发企业带来的冲击首先是需求层面的。为防止集聚导致疫情大规模暴发，2020年1月26日晚中国房地产协会号召全国楼盘暂时停止售楼处活动。春节期间本是返乡置业的高潮，58同城、安居客发布的《返乡置业调查报告》显示，52.7%的人春节期间有回乡置业意向，但售楼处的关闭明显抑制了需求。2020年1~2月商品住宅销售面积和销售额分别为7488.95万平方米和7197.59亿元，同比分别下降39.2%和34.7%（见图8-1），这也是住房货币化改革以来商品住宅销售月度下降幅度最大的一次。

房地产开发企业传统的营销模式是线下模式，但疫情迫使不少房地产开发企业转型，使用线上营销模式。疫情期间的线上售房大体经历了以下

---

① 中金公司董事总经理梁红在2020年3月23日的宏观策略电话会议中明确主张放开房地产调控。参见新浪财经的报道：http://finance.sina.com.cn/stock/stockptd/2020-03-24/doc-iimxxsth1347008.shtml。

② 蔡真：《警惕房地产业下坠》，《中国银行保险报》2020年2月27日，http://pl.sinoins.com/2020-02/27/content_330945.htm?from=singlemessaghttp://pl.sinoins.com/2020-02/27/content_330945.htm?from=singlemessage。蔡真、崔玉、黄志强：《NIFD季报：房地产金融（2019年年度）》，http://www.nifd.cn/Uploads/SeriesReport/2613de97-1adf-4854-8827-ebf0cba4b683.pdf。

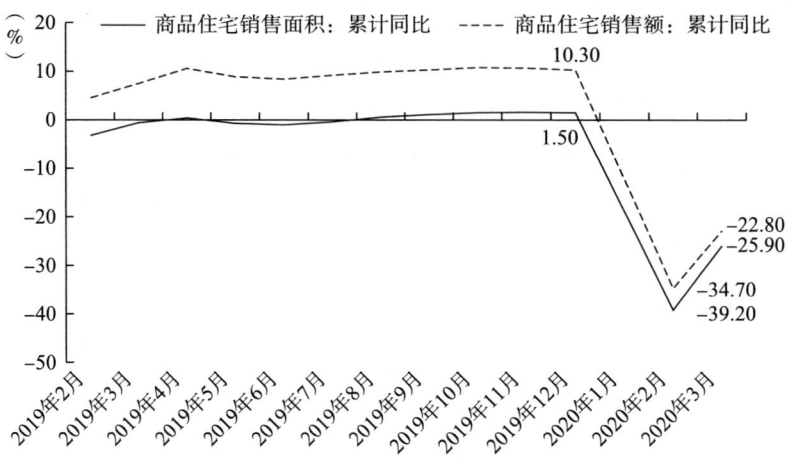

图 8-1 全国商品住宅月度销售情况

资料来源：Wind。

三个阶段，第一阶段是 1 月 27 日至 2 月 15 日，绿地、禹洲等房地产开发企业启动线上售房，这一阶段的特点是房地产开发企业推出了无理由退房，优惠力度比较小，基本是将线下营销搬到线上，但没有很好地结合线上营销的特点，因此效果一般。第二阶段是 2 月 16 日至 4 月 1 日，以恒大为代表的头部房地产开发企业在无理由退房的基础上推出了七五折特大优惠，并采取了类似 P2P 推荐返佣的方式。根据克而瑞的统计，恒大 2020 年 3 月全口径销售金额达到 602 亿元，环比增长 34.6%。第三阶段是 4 月 2 日之后，以薇娅、李湘为代表的网红和明星通过直播带货的方式卖房。尽管网红和明星具有"粉丝经济"的流量基础，但住宅毕竟是完全异质性的商品且金额巨大，这就决定了冲动消费的可能性较小，薇娅直播 7 天后一半多已退单。总体来看直播卖房的效果并不好，但相对于 2 月，3 月的商品住宅销售有了明显反弹，对此主要原因包括三点：第一，疫情的缓解是销售回暖的大前提，因为线下体验（包括区位和配套考察、规划详解、样本间体验等）是住宅购买不可或缺的环节，而 2 月 22 日南京成为第一个恢复开放售楼处的城市，这为 3 月的销售恢复打下了基础；第二，无理由退房是 3 月住宅销售回暖的必要条件，若没有无理由退房这一条件，消费者不会轻易下单，流量很难转换为获客；第三，折扣优惠是销售回暖的充分条件，客户

第八章　新冠肺炎疫情对住房市场的影响及疫情防控常态化下的发展趋势

在无理由退房条件的保障下现场考察，在对住房各方面特征（包括交通位置、周边环境、建筑特征）都满意的条件下，如果售价低于心理价位，则很容易成交。从相关数据来看，住宅销售面积的反弹力度明显大于住宅销售额的反弹力度，这意味着开发商在单价上打折力度较大。

新冠肺炎疫情给房地产开发企业带来的冲击其次是资金层面的。2020年1~2月，房地产开发企业的开发资金来源合计20209.94亿元，同比下降17.9%。从资金结构来看，表现出以下三个特点。第一，除自筹资金外，定金及预收款和个人按揭贷款下降最多，两者同比分别下降23.9%和12.4%。这主要是来自销售端的冲击，平常两者约占房地产开发企业无息负债的50%，销售活动的骤停导致无息负债来源急剧减少。随着疫情稳定以及销售活动的恢复，这两项资金来源出现一定程度的反弹。第二，国内贷款下降相对较少，2月同比下降8.6%，这与疫情期间的金融纾困政策有较大关系。2020年1月31日，中国人民银行联合财政部、银保监会等联合下发了《关于进一步强化金融支持防控新型冠状病毒感染肺炎疫情的通知》（银发〔2020〕29号），要求对受疫情影响严重的企业到期还款困难的，可予以展期或续贷，这对缓解房地产开发企业融资难问题发挥了一定作用。第三，各项应付款下降比例最少，2月同比下降1.5%。这其中主要是各项应付工程款，这说明房地产开发企业在整个供应链中依然处于强势地位，伴随着复工复产的推进，建筑商的各类垫付款进一步增加，3月房地产开发企业各项应付款同比上升20.5%。2019年2月至2020年3月房地产开发企业资金来源变化情况见图8-2。

在销售端和资金端的综合影响下，需求冲击逐渐转向供给冲击。住宅开发投资快速下滑，2020年1~2月全国住宅开发投资完成额为7318.29亿元，同比下降16.3%，这也是住房货币化改革以来房地产开发投资月度下降幅度最大的一次。伴随着销售回暖及资金到位情况的好转，3月住宅开发投资累计同比下降7.2%，相对于2月出现较大反弹。2019年2月至2020年3月房地产开发投资完成额情况见图8-3。

（二）新冠肺炎疫情加速房地产开发企业分化

随着疫情逐渐被控制，房地产开发企业销售下降的颓势得到扭转，但

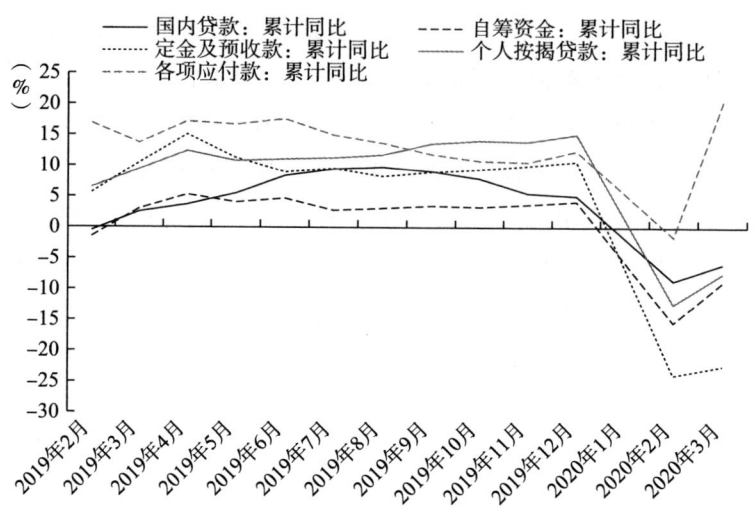

图 8-2 房地产开发企业资金来源变化情况

资料来源：Wind。

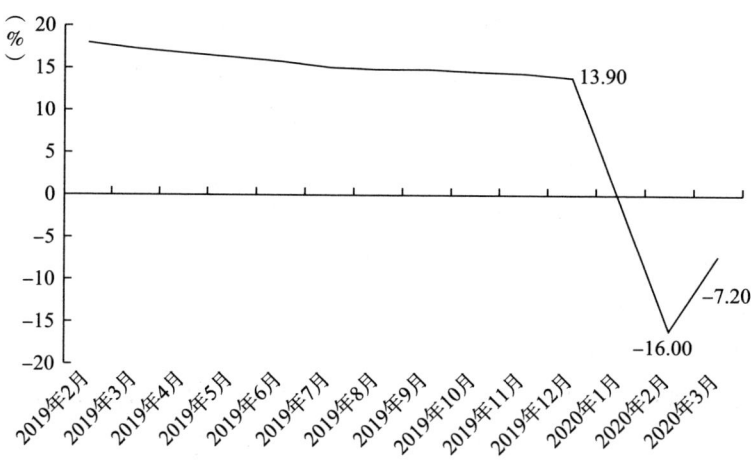

图 8-3 房地产开发投资完成额情况

资料来源：Wind。

这种扭转主要是由头部房地产开发企业贡献的。克而瑞发布的《2020年1~3月中国房地产企业销售业绩TOP100》显示，2020年第一季度房地产开发企业的销售普遍下滑，前100名的准入门槛由2019年第一季度的49.8亿元下降至32亿元。分组来看，销售额500亿元以上的房地产开发企业数量没有变动，依然是恒大、碧桂园、万科、保利发展、融创中国、中海和绿地7

第八章 新冠肺炎疫情对住房市场的影响及疫情防控常态化下的发展趋势

家,只是保利发展由 1000 亿元以上的分组落入 500 亿~1000 亿元的分组;100 亿~500 亿元分组以及 50 亿~100 亿元分组的房地产开发企业数量分别下降 14 家和 15 家,导致 50 亿元以下分组的房地产开发企业数量增加 29 家。2019 年和 2020 年第一季度销售前 100 名房地产开发企业数量分布情况见图 8-4。

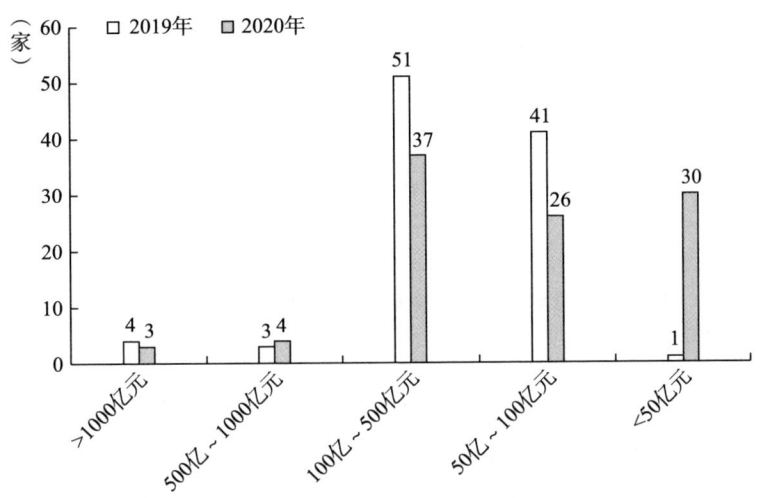

图 8-4 房地产开发企业第一季度销售前 100 名分布情况
资料来源:克而瑞。

销售额的情况更能说明这种分化和头部聚集效应。2020 年第一季度前 100 名房地产开发企业的销售额合计为 1.68 万亿元,相对于 2019 年同期下降 19.5%。然而,从分组情况来看,1000 亿元以上房地产开发企业的平均销售额非但没有下降,甚至同比还上升了 4.92%;500 亿~1000 亿元分组和 100 亿~500 亿元分组的平均销售额同比分别下降 18.29% 和 11.34%;50 亿~100 亿元分组的平均销售额上升 4.00%,原因是从上一分组落入的企业更多接近上限值;50 亿元以下分组的平均销售额下降 21.70%,这是由于 2019 年第一季度 50 亿元以下房地产开发企业只有 1 家(方直集团,销售额为 49.8 亿元,接近 50 亿元),但 2020 年落入 50 亿元以下分组的有 30 家房地产开发企业,拉低了平均值。2019 年和 2020 年第一季度房地产开发企业销售各阵营变化情况见图 8-5。

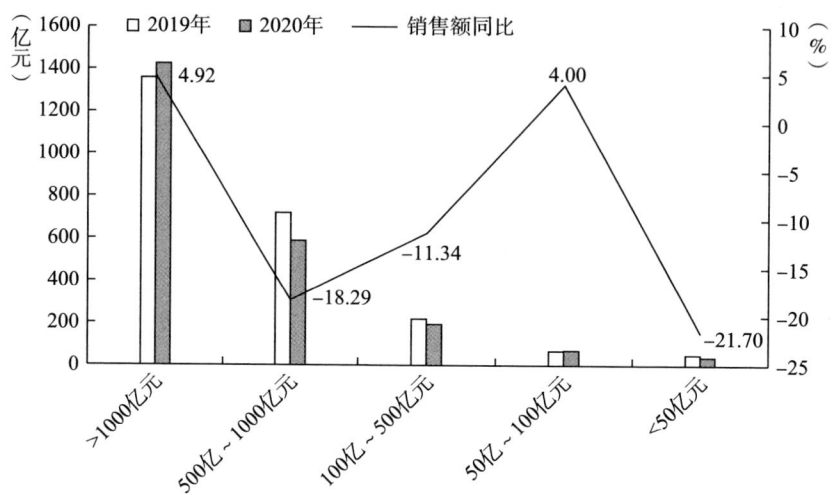

图8-5 房地产开发企业第一季度销售各阵营变化情况
资料来源：克而瑞。

行业销售向头部房地产开发企业集聚的原因包括以下三个方面。

第一，从销售投入看，疫情之下的线上销售模式需要前期一定的科技投入，包括企业流程的梳理和再造，以及信息化和数字化建设等，这些投入只有具有科技转型意识的头部企业才能做到。如万科在2017年通过内部的"沃土计划"推出"在线家""分享家""e选房"等客户端应用，在疫情下的销售中发挥了较好作用。

第二，从财务实力看，疫情之下房地产开发企业普遍面临流动性危机，若要加大营销投入（如通过流量明星带货），将进一步加剧资金紧张局面。2020年1月末五部门联合下发了《关于进一步强化金融支持防控新型冠状病毒感染肺炎疫情的通知》后，房地产行业的债券融资状况明显好转，2月地产债发行351.33亿元，远超2019年同期的195.42亿元；3月地产债发行1118.61亿元，远超2019年同期的686.76亿元。然而，在房地产开发企业融资纾困过程中，受益最大的还是头部企业，2020年第一季度债券融资前三名分别是恒大、融创和碧桂园。

第三，从客户端来看，疫情加剧了居民财富和收入的分化，客户群体的分化也加剧了房地产开发企业销售的分化。西南财经大学发布的《疫情下中国家庭的财富变动趋势》显示,金融资产或年收入5万元以下的分组报告财富减少很多,金融资产或年收入10万元以上的家庭,财富整体是增值的,金融资产300万元以上或年收入100万元以上的人群财富增幅最大。由于购房具有一定的门槛效应,进入门槛的人群在财富提升后会选择品质更好的住宅,显然资源会进一步向头部房地产开发企业倾斜。

二 疫情对土地市场的影响及未来趋势

(一)新冠肺炎疫情下的土地市场

在新冠肺炎疫情期间,住宅用地市场经历了先下跌后快速反弹的走势。在土地供给方面,2020年第一季度3个月的住宅用地供给面积分别为1712.88万平方米、950.25万平方米、3299.74万平方米,同比增速分别为-0.40%、-26.64%和47.5%(见图8-6)。2月几乎所有地方政府都投入"战疫"中,住宅用地供给萎缩明显;随着疫情逐渐控制,地方政府为弥补"战疫"中的财政支出,住宅用地供给增量显著。在土地成交方面,绝对量的走势与土地供给一致,2020年第一季度3个月的住宅用地成交面积分别为1630.46万平方米、1057.07万平方米、1490.31万平方米,同比增速分别

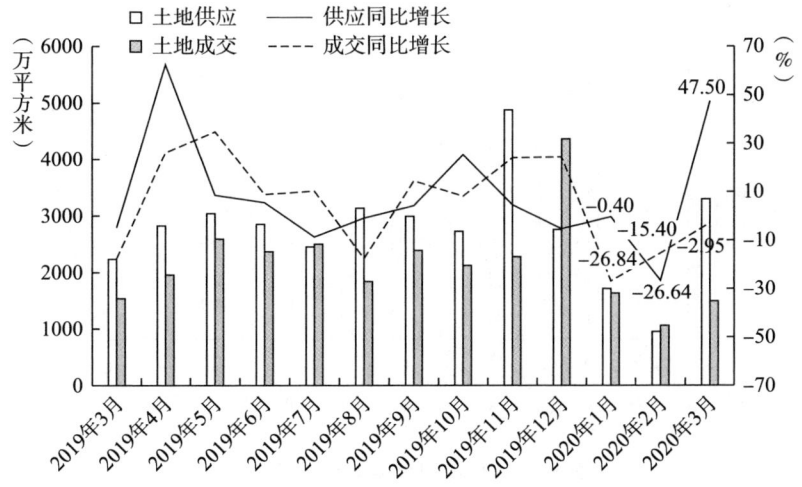

图8-6 住宅用地供应及成交情况

资料来源:Wind。

为-26.84%、-15.4%和-2.95%（见图8-6）。2月住宅用地成交面积大于供应面积，主要原因是一些房地产开发企业在获得债券融资后加强了对优质土地的竞拍；3月住宅用地成交面积小于供应面积，主要原因是三线城市供给加大，但房地产开发企业的竞拍意愿不强。

在住宅用地楼面价方面，其走势与供应量完全相反，2020年第一季度3个月的住宅用地楼面价分别为5514元/m^2、5878元/m^2、4887元/m^2（见图8-7）。2月楼面价上涨的原因是，一线城市中北京和上海加大优质土地供应量，以北京为例，两宗位于海淀区的大宗宅地成交楼面价都在4.5万元/m^2以上，抬升了一线城市的整体地价；3月楼面价下跌的原因是，一线城市成交量下滑，杭州、苏州等地价较高的城市尽管恢复了土地出让，但相对权重较小。从溢价率来看，第一季度一改2019年的颓势，3个月的住宅用地溢价率分别为11.57%、15.00%、16.27%（见图8-7）。2月溢价率上涨归因于一线城市，海淀区两宗大体量高价地块的成交溢价率均为26.00%，推动整体溢价率回升；3月溢价率上升主要归因于二线城市的苏州、宁波、杭州、合肥，三线城市无锡、东莞、常州、佛山3月也成交了多宗高溢价率地块。疫情之下土地溢价率逆势回升，说明房地产开发企业对后疫情时代的布局重点是核心城市及都市圈。

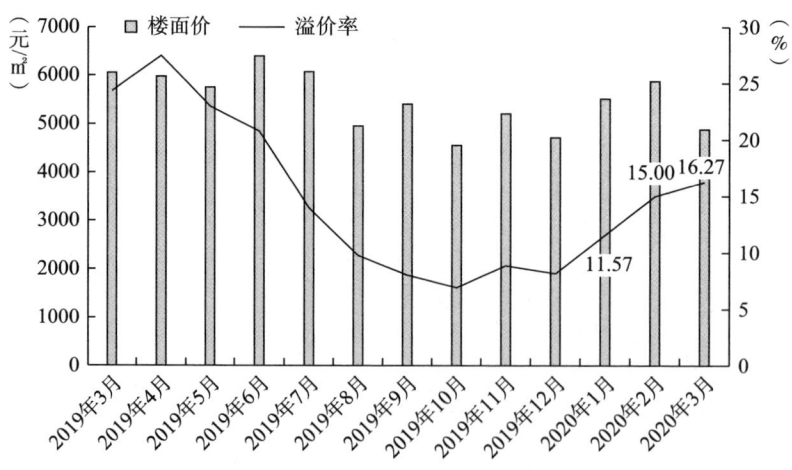

图8-7 住宅用地楼面价及溢价率

资料来源：Wind。

第八章 新冠肺炎疫情对住房市场的影响及疫情防控常态化下的发展趋势

（二）一、二线和三线土地市场进一步分化

疫情之下城市住宅用地成交量表现出明显的分化特点：2020年第一季度一线城市住宅用地成交量为97.42万平方米，占总成交面积的4.84%；成交总价达到739.05亿元，占总成交价款的25.20%。二线城市以46.39%的成交面积贡献了44.23%的总成交价；若仅统计长三角、珠三角、京津冀的二线城市，则这些都市圈范围内的二线城市以11.03%的成交面积贡献了17.79%的总成交价。三线城市住宅用地成交量为981.99万平方米，占总成交面积的48.77%；成交总价达到896.24亿元，占总成交价款的30.56%（见表8-1）。

表8-1 2020年第一季度住宅用地分城市成交情况

	土地成交面积（万平方米）	面积占比（%）	土地成交总价（亿元）	总价占比（%）
一线城市	97.42	4.84	739.05	25.20
二线城市	934.19	46.39	1297.06	44.23
其中：热点二线城市	222.12	11.03	521.77	17.79
三线城市	981.99	48.77	896.24	30.56
总计	2013.60	100.00	2932.35	100.00

资料来源：Wind。

城市土地市场的分化，与资源向头部房地产开发企业集中有较强相关性。一线和二线热点城市的住宅用地总价高，往往只有实力强的房地产开发企业才能竞拍成功，甚至某些情况下需要联合竞拍才能获得。2020年第一季度共有49家房地产开发企业成功拍得住宅用地，前10家房地产开发企业的土地成交总价达到1687.68亿元，占总成交款的57.55%。从这10家房地产开发企业所竞拍土地的城市分布来看，除了招商蛇口和碧桂园在一、二线城市的份额较低外，其他8家房地产开发企业在一、二线城市住宅用地市场的平均份额达到75.68%（见图8-8）。

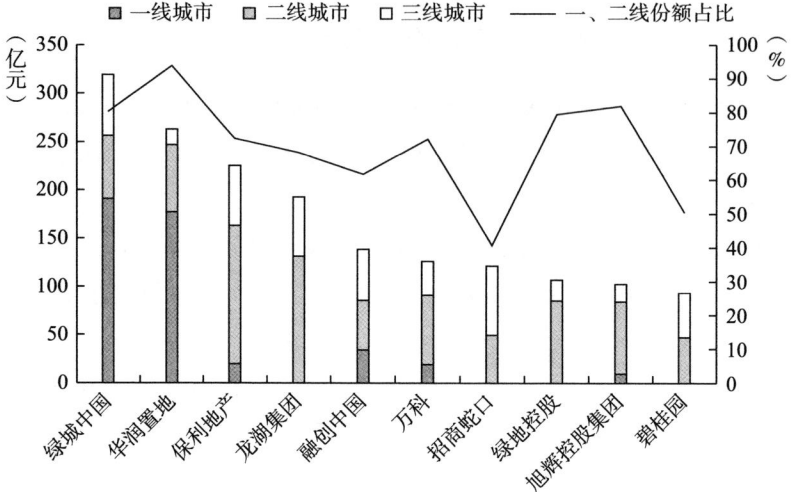

图8-8 2020年第一季度前10名房地产开发企业土地成交的城市分布
资料来源：Wind。

三 两种长租公寓模式在疫情下的不同表现

自2014年《国家新型城镇化规划（2014—2020年）》中首次提出"租售并举"概念后，住房租赁市场快速发展，长租公寓成为资本竞相追逐的对象。然而，自2017年以来长租公寓"爆雷"事件频发，这引起了人们对长租公寓运营商的广泛质疑。

疫情更是加速了这一现象，位于武汉的铃铛公寓发生资金链断裂，全市受害租客7000多户；长沙匠寓跑路、大连海寓负责人联系不上；海外上市长租公寓青客发生客户维权事件，蛋壳公寓借疫情名义"房东、租客两头吃"引发恶劣影响；等等。然而我们也注意到，以房地产开发企业为代表的集中式长租公寓未受太大影响。以龙湖冠寓为例，疫情期间，冠寓全国的200余家门店均正常运营，日均近3000人坚守岗位，员工整体在岗率在90%以上。疫情发生后，冠寓所有门店严格按照当地疾控中心等政府部门要求布置落实相关工作：实行严格的人员登记管控制度、开展落实到人的贴心提醒和防疫宣讲、推出免接触的便捷智能在线服务系统、进行全方位的消杀清洁等。此外，武汉冠寓更是配合地方政府及医院，在门店为医

第八章　新冠肺炎疫情对住房市场的影响及疫情防控常态化下的发展趋势

护人员提供住宿及其他生活保障。

是什么原因导致长租公寓两种模式的巨大差异呢？

第一，空间分布方式的不同导致管理和服务能力的差异。集中式长租公寓以整栋楼为基本单位，通过持有或租赁整栋住宅或社区为租客提供服务；分散式长租公寓通过收购房东房源再转租的方式为租客提供服务，空间形态分散于城市不同区域，且每套住宅采取客厅隔出一间的方式（"N+1"模式）出租，从而实现规模效应。在疫情之中，前者由于可以对整栋楼进行管理，在落实防控和隔离政策方面负有主体责任，租客可以和长租公寓运营商直接对接，对入住的影响不大。后者一方面须配合社区执行防控政策，在防控中处于被动地位，一旦社区、长租公寓运营商和租客三者之间出现矛盾，就会出现入住困难的情况；另一方面，"N+1"模式存在空间密集特征，可能不符合防控要求，之前的规模优势反倒成为负担。

第二，不同的资金运作方式在疫情之下导致了不同的命运。集中式长租公寓背后的运营商是房地产开发企业或酒店运营商，初期投入以自有资金为主，即使存在债务融资也是以机构融资为主。分散式长租公寓背后的运营商主要是中介，资金运作存在两头在外的特点，即从租客收入租金再转付给房东。这其中存在规模错配、期限错配以及第三方债权债务关系等诸多问题，表现出金融链条长、金融关系复杂的特征，因而风险较高，疫情只是紧绷的金融链条断裂的导火索而已。规模错配主要表现在：长租公寓运营商为抢占市场，采取高进低出的运作方式，以期在未来获得一定市场地位后再获取足够利润。这种"唯快不破"的互联网思维方式存在较大风险，因为互联网企业烧钱烧的是风投的钱，而长租公寓烧的是租客的钱，前者是高净值人群，后者一般是中产以下收入者。期限错配表现在：租客交给长租公寓运营商的房租是年付或季付，而长租公寓运营商转付给房东是季付或月付，沉淀的资金用于收购新的房源，期限错配是支撑规模扩张的重要手段。第三方债权债务关系主要表现为租金贷的引入，由于租客一般很难进行年付，长租公寓运营商为达到沉淀资金、扩张规模的目的会采取各种方式让租客贷款。小型运营商往往会在未充分披露信息的情况下进行掠夺性贷款，即租客交了一年房租并形成了与金融机构的债权债务关系，当运营商不履约时，最大的受害者是租客；大型运营商（如青客、蛋壳公寓）会告知租客使用贷款，租客付第一个月租金，金融机构将租客剩余11个月租金汇至运营商账户，运营商会留有一部分备付金，当租客违约或提前退租时，运营商将未履约的租金还给金融机构。这种模式运营商承担了风险，且运营商的现金流受融资活动影响巨大。

以下以在美国上市的蛋壳公寓为例说明分散式长租公寓面临的风险。

蛋壳公寓于2015年1月31日成立，从2015年底至2018年底运营公寓数量由2434间增加至23.64万间。2019年6月30日运营公寓数量达到34.64万间，运营城市覆盖所有一线城市和热点二线城市（见图8-9）。尽管蛋壳公寓的运营规模快速增长，但运营效率越来越低，2017~2019年蛋壳公寓的税前利润率分别为-41.36%、-51.2%和-48.24%。对驱动规模增长的各成本因素进行分析可知：租金成本占收入的权重最大，2018年和2019年的增速分别为324.42%和194.69%（见表8-2），均超过收入增速（2018年和2019年分别为307.29%和166.50%），这说明扩张并没有带来规模效应，反而造成成本负担。蛋壳提供的出租率数据也印证了这一点，2017~2019年的出租率分别为85.8%、76.9%和76.7%，是逐年下降的。其他各类成本因素，如其他运营成本、营销费用在2018年的增速大幅超过收入增速，但出租率没有上升，说明蛋壳的增长空间已出现瓶颈。在整个扩张过程中只有管理费用和技术研发费用因扩张获得规模效应。

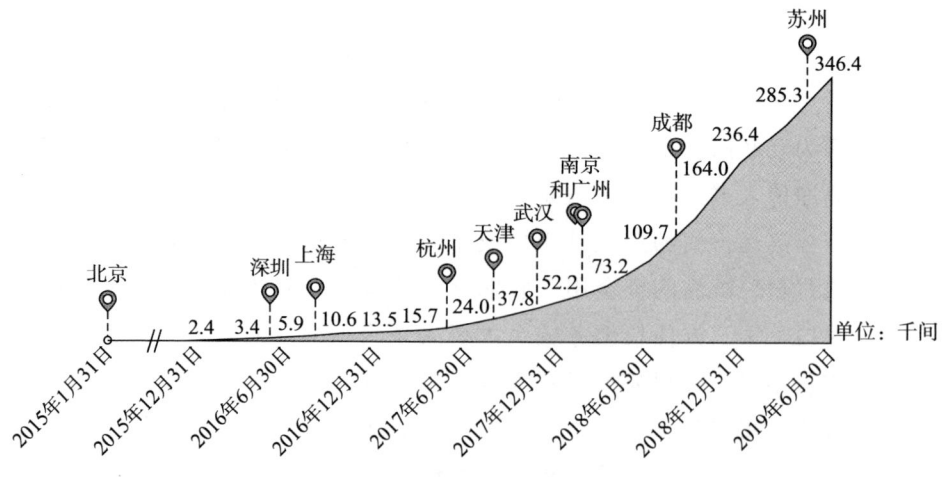

图8-9 蛋壳公寓运营公寓数

资料来源：蛋壳公寓招股说明书。

第八章 新冠肺炎疫情对住房市场的影响及疫情防控常态化下的发展趋势

表 8-2　2017~2019 年蛋壳公寓利润表

单位：万元，%

项目	2017 年		2018 年		2019 年	
	绝对额	占收入的比重	绝对额	占收入的比重	绝对额	占收入的比重
收入	65678.2	100.00	267503.1	100.00	712908.8	100.00
收入增速			307.29		166.50	
租金成本	51169.7	77.91	217175.5	81.19	639998.2	89.77
租金成本增速			324.42		194.69	
折旧	9898.4	15.07	37323.1	13.95	113822.5	15.97
折旧增速			277.06		204.97	
其他运营成本	4645.6	7.07	29514.1	11.03	75833.3	10.64
其他运营成本增速			535.31		156.94	
预开张公寓费用	6211.9	9.46	27039.9	10.11	22395.5	3.14
预开张公寓费用增速			335.29		-17.18	
营销费用	8099.1	12.33	47102.6	17.61	103819.1	14.56
营销费用增速			481.58		120.41	
管理费用	4996.0	7.61	20384.7	7.62	52747.9	7.40
管理费用增速			308.02		158.76	
技术研发费用	2519.4	3.84	11095.4	4.15	19372.5	2.72
技术研发费用增速			340.40		74.60	
经营损失	21861.9	33.29	122132.2	45.66	315080	44.20
可转债价值变动损失	44.1	0.07	696.2	0.26	—	—
利息费用	5501.3	8.38	16335.7	6.11	35240.8	4.94
其中：与租金贷相关利息费用	5234.3	7.97	15299.6	5.72	24103.3	3.38
利息收入	83.1	0.13	2022.6	0.76	6383.1	0.90
投资收入	160.6	0.24	177.8	0.07	—	—
税前损失	27163.6	41.36	136963.7	51.20	343937.9	48.24

资料来源：蛋壳公寓招股说明书及蛋壳年报。

整体而言，蛋壳公寓规模扩张后亏损反而越来越大，亏损额占收入的比重在 50% 左右，如果扣除折旧，则在 35% 左右。用明斯基的三种融资类型来分类这已属于庞氏融资，那么蛋壳是如何保证不发生危机的呢？它采用的方式是以租金贷收入来弥补经营中的亏损现金流，然而一旦在某个时点现金流流入不足以抵补现金流流出时，流动性危机就会发生。我们以蛋壳公寓 2019 年年报为基础，假定单间租金成本不下降、单间其他运营成本和营销费用不变、整体管理费用和技术开发费用不增加、不再新增预开张公寓数，考虑租金下跌、租金贷占收入比例下降及出租率下降对蛋壳公寓现金流的影响（见表 8-3）。

表 8-3 预测蛋壳公寓现金流参数

	单间租金收入（元）	单间租金成本（元）	单间其他运营成本及营销费用（元）
不可变参数	2130	1546	417.4
	月管理费用及研发费用（万元）	运营房间数（万间）	租金贷利率（%）
	6010.03	43.83	8.85
可变参数	房租下跌幅度	出租率	租金贷使用率
	0~20%	75%~95%	30%~80%

资料来源：不可变参数来自蛋壳 2019 年年报，并经过整理。

在正式开始预测前，需要对蛋壳公寓的现金流进行说明和简化。第一，租金收入方面分为两种情况，一种是未使用租金贷的情况，另一种是使用租金贷的情况。前者要求租客季付或年付，假设租客存在资金压力，统一简化为季付。后者的编制依据是财务会计准则委员会（Financial Accounting Standards Board）的会计准则编纂主题 842（Accounting Standards Codification 842，主要涉及租赁现金流的编制），具体的现金流情况是这样：租客向长租公寓交付第一个月租金，金融机构与租客签订贷款合同，金融机构将剩余 11 个月的租金贷款汇至蛋壳公寓账户，此时蛋壳公寓的经营现金流增加一个月租金，融资活动现金流增加 11 个月租金；第 2 个月当租客向银行还款时，蛋壳公寓经营现金流增加 1 个月租金，融资活动现金流减少 1 个月租金[①]。若租客发生违约或提前退租的情况，蛋壳公寓要将提前支付的租金贷款的剩余部分归还给银行，此时融资活动现金流减少。根据蛋壳公寓的银行借款偿付总额以及与租金贷相关利息费用情况，采用等额本金还款方式

---

① 现金流的确认也可参照《蛋壳公寓招股说明书》第 250 页收入确认部分。

第八章 新冠肺炎疫情对住房市场的影响及疫情防控常态化下的发展趋势

估算了 2017 年和 2018 年的租金贷利率分别为 8.05% 和 9.65%，均值为 8.85%。我们认为这一利率是合理的：因为一家轻资产公司是很难从银行贷款的，蛋壳却利用了租客信用获得贷款；市面上租金贷的年化利率为 10%~15%，由于蛋壳公寓对租金贷进行担保，因此获得了利率降低的好处。在租金支出方面，蛋壳公寓对原房东的支付通常采取月付或季付，其目的是形成期限错配，尽可能形成沉淀资金，我们统一简化为月付。其他费用包括营销费用及其他运营成本、管理及研发费用，按月支出，假设单间运营成本和营销费用不再增加，管理及研发费用总规模不增加。关于租金贷利息费用，采取租金贷余额乘以租金贷年化利率除以 12 的方式计算。随着租金贷每月余额的减少，利息费用每月相应减少。2020 年初结转上一年的现金为 34.56 亿元人民币，2020 年 1 月 22 日蛋壳公寓在美国 IPO 上市，扣除相关费用后净融入 1.28 亿美元，按当天汇率折算人民币 8.86 亿元。假定租金贷只发生在 2020 年初，租金价格、出租率、租金贷使用率的调整只发生一次，除租金贷以外的融资活动只有年初的 IPO。

首先，考虑宏观环境（租金价格不变，单间平均月租收入为 2130 元）、监管环境不变（保持高租金贷使用率，这里假定 80%）以及自身经营能力延续 2019 年的情况（出租率为 76.7%）下蛋壳公寓的现金流状况。在不扩张新公寓规模的条件下，蛋壳公寓的净现金流呈现快速下降的趋势，其根本原因是经营利润为负，且占收入的比例较大，其中支出的经营现金流较大。2020 年 1~12 月，蛋壳公寓的净现金流由 106.79 亿元降至 16.08 亿元。2021 年 1 月由于发生租金贷融资活动，净现金流大幅增加。但由于始终经营亏损，净现金流以 2019 年同样的速度下降。2021 年 10 月净现金流为 7.19 亿元，低于 IPO 融入的资金，2021 年 11 月净现金流为负值（见图 8-10）。这意味着一家上市公司不到两年就发生流动性危机，而且还是在最好的条件下估计。

其次，考虑宏观环境和监管政策对现金流的冲击。新冠肺炎疫情导致春节后的复工复产进程受阻，相应地，住房租赁市场的需求也大幅下降，租金出现下跌的概率较大，这无疑会影响蛋壳公寓的收入，进而对现金流造成冲击。我们模拟了房租下跌 5%、10%、15% 及 20% 四种情况下蛋壳公寓的净现金流，在四种情况下蛋壳公寓出现流动性危机的时点分别是 2021

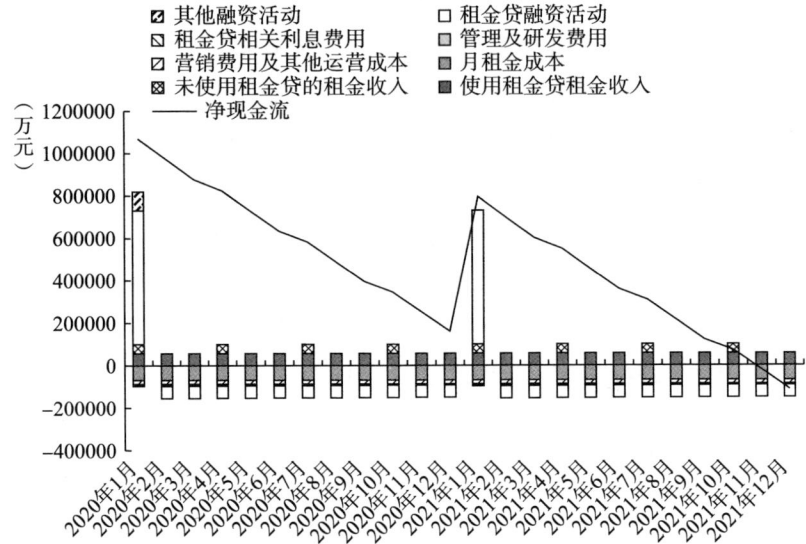

图8-10 宏观环境、监管环境及经营能力不变条件下蛋壳公寓现金流预测
资料来源：作者计算。

年10月、2021年9月、2021年8月和2020年12月（见图8-11a）。在最后一种情况下，蛋壳公寓爆发流动性危机的时点大大提前，原因是在还没有等到2021年1月大规模租金贷融资活动发生时，净现金流就已经耗尽。这意味着，蛋壳公寓于2020年初结转的34.56亿元以及上市募资的8.86亿元，在宏观冲击20%的力度下，这些资金都不够经营活动亏损1年之用。

在监管政策方面，2019年12月住建部等十部门联合印发《关于整顿规范住房租赁市场秩序的意见》，要求租金贷金额占租金收入的比例不超过30%，我们在房租不降的条件下模拟了租金贷比例分别降为80%、60%、40%和30%四种情况下蛋壳公寓的净现金流，四种情况下蛋壳公寓达到流动性危机的时点分别是2021年11月、2021年11月、2021年12月和2021年12月（见图8-11b）。总体来讲，监管政策的收紧对蛋壳公寓是有利的，净现金流状况有所改善；导致这一现象的原因是，租金贷比例减少导致租金贷利息支出的减少。那么为什么监管政策要收紧租金贷呢？其目的是防止用长租公寓租金贷融入的资金收购租赁房源以进一步扩张。如果扩张带来的现金流是正的，且利润率高于租金贷利息，那么使用杠杆的效果是正

第八章 新冠肺炎疫情对住房市场的影响及疫情防控常态化下的发展趋势

向的。但目前蛋壳公寓的经营状况是亏损的，使用杠杆的效果就是负向的，反过来降低杠杆就有利于改善现金流状况。杠杆在缓解流动性危机的时候也起着重要作用，其时点就发生在2020年12月至2021年1月大规模租金贷融入的关键时刻，如果租金贷融入现金流超过经营活动的负现金流，就可以避免流动性危机的发生，此时租金贷的比例越高对长租公寓越有利。

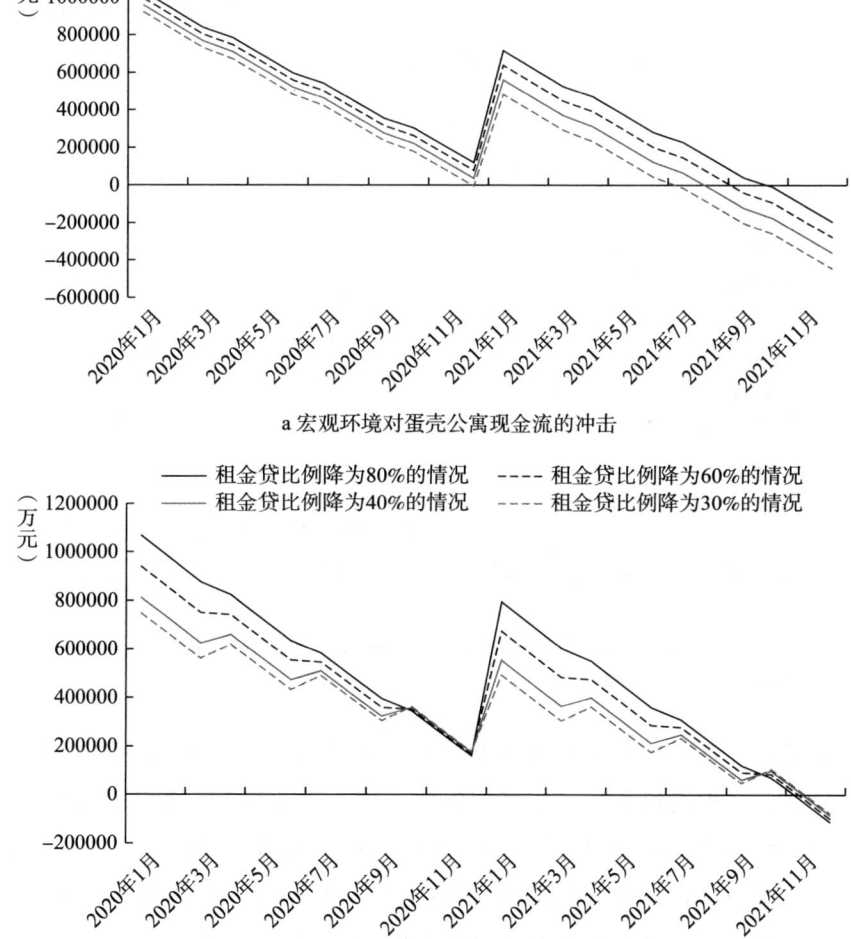

图8-11 宏观环境和监管政策对蛋壳公寓现金流的冲击

资料来源：作者计算。

归根结底，宏观环境和监管政策造成流动性危机的原因是蛋壳公寓亏损幅度大，且经营性现金流长期为负。那么蛋壳公寓需要将出租率提高至多少才能避免冲击呢？我们在不使用租金贷、房租价格不下降的情况下模拟了出租率从75%提高至95%的五种情况，从图8-12的模拟结果来看，随着出租率的提升，蛋壳公寓的现金流状况明显改善。这里由于不考虑使用租金贷，净现金流的状况就是经营性现金流的状况，从图中模拟的结果来看，即使是在95%的情况下经营性现金流还是下降的，这意味着在不考虑折旧的情况蛋壳公寓还是亏损的。我们进行了进一步的模拟，只有当出租率达到98.7%以上，蛋壳公寓的经营性现金流才能转为上升状态，这显然是不可能的。

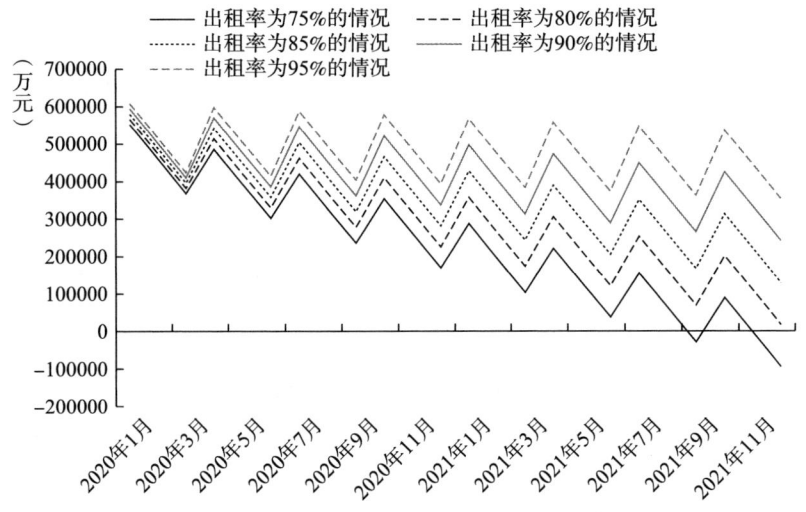

图8-12　出租率的提升对蛋壳公寓现金流的改善
资料来源：作者计算。

由于通过提升出租率改善现金流是不可能的，蛋壳公寓无外乎有如下选择：第一，提高租金，这在当前疫情环境下很难做到；第二，压缩成本，由于收购房源签订的合同一般是3~5年，这也很难做到；第三，寻求新的融资，但蛋壳公寓刚刚上市获得股权融资，在短期内很难再有新的融资。在这样的背景下，蛋壳公寓选择"两头吃"：一方面，直接在后台修改与租客的合同，要求租客换房并支付违约金；另一方面，要求房东免租一个月。由于这种租客、房东"两头吃"的做法严重损害蛋壳公寓的品牌和声誉，将对其运营产生严重负面影响。我们假定宏观环境（租金价格不变，单间平均月租收入为2130元）、监管环境不变（保持高租金贷使用率，这里假定80%）的情况下，考虑2020年3月使用租金贷的租客有30%发生退租（占总租客的24%，占总房间数的18.4%）会对蛋壳公寓现金流产生的影响。如图8-13所示，到2020年12月蛋壳公寓的现金流将变为-5364万元。这意味着，如果蛋壳公寓不能很好地应对这次公共危机，那么很可能在年底前就出现流动性危机。

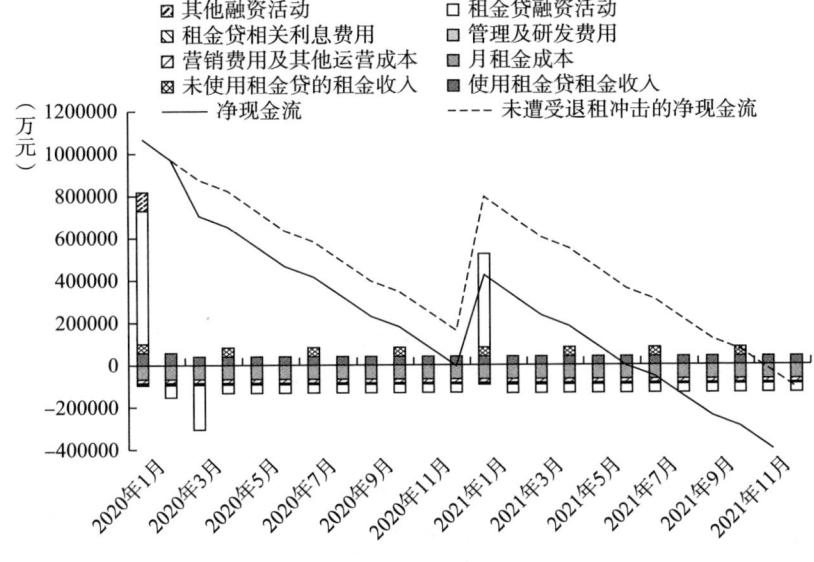

图8-13 退租事件对蛋壳公寓的影响

资料来源：作者计算。

综上所述，分散式长租公寓加杠杆扩张的模式并没有产生盈利，由于杠杆资金链涉及利益相关方较多，风险较大。疫情加剧了这一风险，待疫情结束长租公寓将完成新一轮的洗牌，以房地产开发企业为背景的长租公寓以及分散式长租公寓中盈利能力强且财务稳健的企业将生存下来。

四　疫情之下疯狂的深圳楼市：悖论及原因

新冠肺炎疫情导致中国经济出现负增长，但这丝毫没有影响深圳楼市的"热情"。在2月下旬疫情稍稍缓解后深圳房价出现跳涨，一手房出现万科星城"日清"以及招商太子湾2000万元起步"拼手速"的现象，二手房市场出现跳跃式涨价以及百万元"喝茶费"现象。尽管这可能是个别楼盘、个别区域的个别现象，但针对整体的统计数据显示，深圳的房价泡沫确实在膨胀。根据国家金融与发展实验室的统计，2020年第一季度一线城市的租金资本化率轻微上升，主要原因是租金下跌，房价相对平稳；但相对于其他一线城市，深圳的租金资本化率明显上升，从2019年12月的70.02年上升至2020年3月的79.77年（见图8-14）。根据中原地产的统计，2020年第一季度深圳租金累计下跌1.25%，在一线城市中下跌幅度排第二，由此可见房价上升的幅度更为显著。

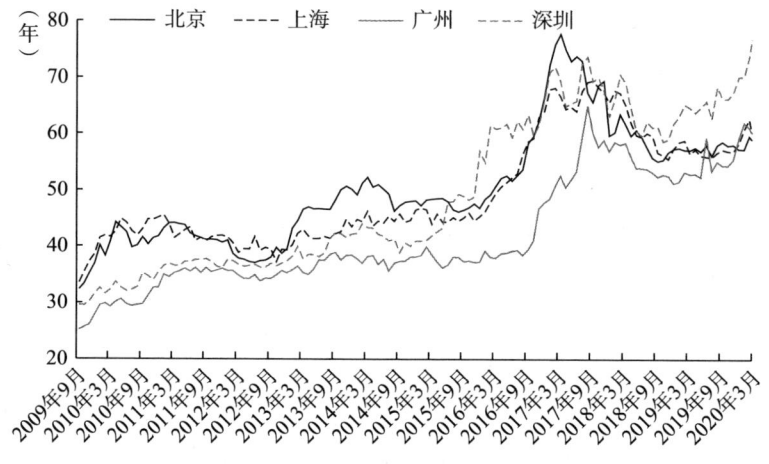

图8-14 一线城市租金资本化率

资料来源：国家金融与发展实验室。

深圳房价的上涨现象与整个经济、金融形势形成一个悖论。在国际金融形势方面，美国股市出现四次熔断、黄金价格大跌、原油价格跌成负值。在国内金融形势方面，股票市场的表现尽管好于其他主要经济体的走势，但第一季度上证综合指数也累计下跌9.83%；债券市场2020年第一季度发生违约32只，违约金额506.91亿元；理财产品收益率一路下滑，还出现了中行原油宝恶性事件。在国内经济形势方面，2020年第一季度居民收入同比下降3.9%，居民消费同比下降12.5%，固定资产投资同比下降16.1%。在深圳经济形势方面，2020年1~2月，深圳规模以上工业增加值下降18.5%，

第八章 新冠肺炎疫情对住房市场的影响及疫情防控常态化下的发展趋势

出口下降24.6%；与生产性服务业密切相关的写字楼空置率由2019年末的30%上升至2020年2月的40%。从以上基本面来看，深圳房价都不应该跳涨，深圳的房价似乎成了中国房价"硬泡沫"中的"硬核"。

市场上对于深圳这一轮泡沫的产生原因有如下解释：第一，深圳住房自有率仅为23.7%，远低于全国平均水平，也低于省会广州；第二，深圳商业开发力度大，商业用地供给过剩导致住宅用地供给不足；第三，品牌加持和位置优越，万科和招商是开发商中的大品牌，且两个楼盘位于新兴板块，有自贸区和先行示范区的概念加持。我们认为这三点原因都不足以解释。因为前两点是长期因素，价格的变化是短期边际上的力量决定的，而泡沫的一个典型表现是短期内的陡然上升。第三点原因也不能解释，因为从特征价格法来看这只是决定房价的两个微观因素，而图8-14表明的却是全市整体的上涨。

我们认为深圳这一轮房价上涨的真正原因包括以下三点。

第一，高净值人群的推动。任何泡沫的启动都需要主力资金的进场，而住房市场是一个高门槛的市场。在疫情之下，西南财经大学发布的《疫情下中国家庭的财富变动趋势》已经表明金融资产300万元以上或年收入100万元以上人群的财富增幅最大。对于中国的高净值人群而言，房子是重要的投资对象，疫情之下的股票退市潮以及中行原油宝事件更是强化了这一观念。从招商太子湾这一个案来看，2000万元的起步价首付也不是一般人说拿就拿得出的。

第二，中产阶级的羊群行为，也即所谓的散户跟进入场。对于中产阶级而言，上千万元的购房门槛太高，万科星城这一标的具有代表性，主力户型是28平方米和56平方米的小户型公寓，投资门槛只有100万元左右。投资小户型一方面可以预期房价看涨，另一方面也可出租，即使收益率不到2%也比负值强。戴口罩看房、天价喝茶费、数十万人的网上围观这些信号制造了市场紧张的气氛，"秒光"更是刺激了市场神经，这使得散户快速入场。3月16日，万科星城成交288套，约占3月深圳商品房总成交的1/10，具有一定代表性。实际上深圳这一轮的房价上涨与2015年的上涨非常相似：2015年5~6月深圳房价首先快速上涨的区域是南山的中央别墅区、深圳湾滨海以及盐田的大梅沙等区域，资金主要来自创业板的逃顶资金；

而 2015 年 11~12 月深圳房价的上涨主要集中于宝安和龙岗区，且以小户型为主，具有中产阶级投资性买入的典型特征。这次上涨与上次的不同之处主要表现在大户和散户同时入场。

第三，信贷资金的支持。任何炒作有了杠杆资金的支持都会使泡沫膨胀得更快。疫情之下《深圳市应对新型冠状病毒感染的肺炎疫情支持企业共渡难关的若干措施》发布，其中第八条和第九条涉及解决小微企业融资难和降低融资成本，政策性贴息贷款与房产抵押贷款的套利空间使得加杠杆炒作房地产成为可能。利弗莫尔在《股票作手回忆录》中提出了"价格沿阻力最小的路线运动"的著名理论，无论是资金还是房价自然也符合这一定律。我们估算了深圳市的新增住房贷款价值比，数据显示 2020 年 1~3 月该数值由 64.3% 上升至 78.9%，充分说明了杠杆资金对房价的推动。从图 8-15 的曲线走势来看，这一轮的深圳房价上涨与 2015 年的上涨都存在杠杆的推动。不同之处是上一轮的信贷资金大约滞后房价上涨一个月，这一轮则几乎是同时上升。

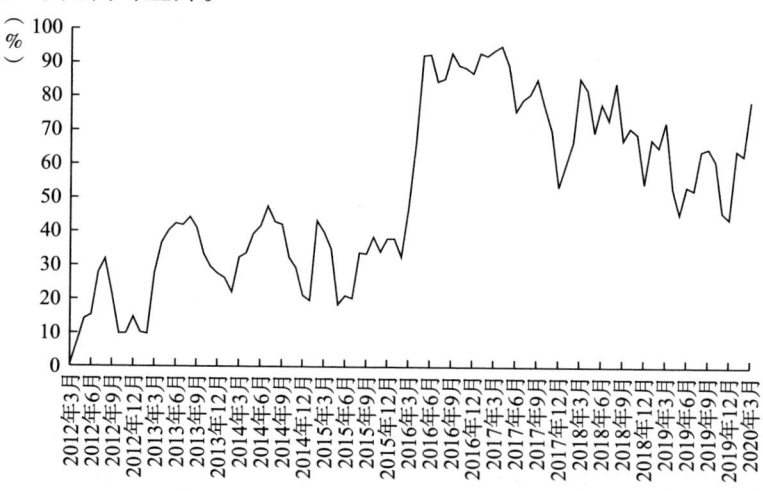

图 8-15　深圳新增住房贷款价值比（3 个月移动平均）

注：理论上讲，贷款价值比（LTV）不应该超过 70%。导致计算结果存在差异的原因是：第一，我们使用月度余额之差表示新增量，两者之间存在差异；第二，由于不能直接得到个贷数据，我们使用总贷款数据或居民中长期贷款数据再乘以某一系数得到个贷数据。但是，我们保持单个城市在时间上的系数一致，以及不同城市在方法上的一致，因此数据依然具有参考意义。

资料来源：国家金融与发展实验室。

第八章　新冠肺炎疫情对住房市场的影响及疫情防控常态化下的发展趋势

五　对策建议

中国的住房市场已进入存量市场时代，住房市场的主要矛盾已由过去的总量不足转化为发展不平衡的问题。疫情更是加速了这种分化趋势：开发市场的资源进一步向头部房地产开发企业集聚，土地市场重新回归一线城市和热点二线城市；住宅成为个人收入分配和财富分配的加速器；不同资金运作模式的长租公寓在疫情检验下已高下立分，资金链条长、涉及面广的长租公寓在疫情中面临淘汰局面。这一系列的分化现象造成了疫情下深圳楼市的疯狂，对此我们提出以下政策建议。

第一，调整住房政策目标。由过去促进住房供给转向重点保障弱势群体、支持中等收入群体的住房需求。在具体实现手段上，针对弱势群体的住房需求应从两个方面着手：一是通过让利土地出让收入降低保障房的租赁成本，二是通过发放住房租赁消费券这种"补人头"的方式定向支持弱势群体。针对中等收入群体的住房需求，通过改革住房公积金体系，着力解决公积金制度存在的起点不公平、规则不公平以及结果不公平的现象，形成对中等收入群体住房需求有效的政策性金融支撑。

第二，提升对住房租赁市场的监管能力。当前住房租赁市场的主要问题是租赁金融的问题，在事前和事中监管中应加强对长租公寓盈利能力、流动性管理能力的分析，在租金贷应用中应加大对金融消费者的保护力度；在事后监管中，由于租金贷牵涉面较广，应妥善处理长租公寓"爆雷"事件，通过引入破产重组机构有效化解风险。目前住建部在公积金管理、租金贷监管方面缺乏相应的金融能力，同时考虑到住房金融不仅关系民生，也涉及系统性风险，建议将住房金融监管功能从住建部剥离，考虑与人民银行或银保监会整合。

第三，坚持"房住不炒"，抑制房价泡沫。房地产市场经过多年的发展，已由过去拉动经济以及呈现财富效应，转变为拖累经济及呈现债务效应，因此应坚持"房住不炒"精神，加强长效机制建设。

第九章
上市房地产开发企业违约风险度量及分析
——基于 KMV 模型和面板回归模型

蔡 真 崔 玉 黄志强[*]

- 自 2016 年 9 月 30 日房地产调控政策出台,三年多以来从中央到地方政府对房地产市场均保持了持续从紧态势。从调控效果来看,逐渐加码的行政手段已经使房地产市场出现了实质性的转变,表现在房地产市场销售和投资增速有所减慢、房地产开发企业融资渠道收紧、中小型房地产开发企业违约或破产频发等多个方面。从存量债务规模来看,截至 2019 年末,房地产开发企业待还有息负债规模超过 17 万亿元,且大部分债务需在未来三年内集中偿付。与个人投资者不同,房地产开发企业的生产活动涉及上下游各类企业和众多期房购买者,房地产开发企业违约可能会引发系统性金融风险,对中国经济产生冲击。单个房地产开发企业的风险暴发与扩散极有可能引起整个行业、上下游产业链相关企业风险的集中性暴发,进而对中国经济产生冲击。

- 本章基于 2008 年至 2019 年第三季度我国 A 股 113 家上市房地产开发企业股票交易数据和财务数据,运用基于 KMV 模型估算出的违约距离来度量其违约风险,进一步地,基于面板回归模型分析影响我国 A 股上市房地产开发企业违约距离的主要因素。通过对我国上市房地产

---

[*] 蔡真,国家金融与发展实验室房地产金融研究中心主任、高级研究员,中国社会科学院金融研究所金融实验室副主任、副研究员;崔玉,国家金融与发展实验室房地产金融研究中心研究员;黄志强,国家金融与发展实验室房地产金融研究中心研究员。

第九章 上市房地产开发企业违约风险度量及分析

开发企业违约风险的测算,对违约风险较大的房地产开发企业进行甄别,一方面有助于强化违约风险较高的房地产开发企业的风险防范意识,另一方面有助于监管部门提前布置,预防房地产开发企业违约破产风险发生与扩散,从而做到对房地产开发企业违约破产引发系统性金融风险可能的事前防范。

● 从实证分析结果来看,有如下发现。①2008 年至 2019 年第三季度我国 A 股上市房地产开发企业违约距离平均值为 2.36,最小值为 0.69(2008 年华远地产),最大值为 10.12(2017 年中房股份),违约距离主要集中在 [2,3]。②我国 A 股上市房地产开发公司违约距离平均值,随我国房地产市场运行状况、房地产调控政策、股市剧烈波动呈现波动的特征,且 2018 年以来违约距离平均值持续下降,房地产开发企业违约风险增加。③以我国 A 股上市房地产开发企业 2018 年第三季度至 2019 年第三季度数据估算出的违约距离,按数值从大到小进行排序,排序靠前的 20 家公司分别为美好置业、雅戈尔、宁波富达、苏宁环球、中华企业、福星股份、顺发恒业、金融街、世茂股份、广宇集团、粤宏远 A、长春经开、招商蛇口、冠城大通、海南高速、格力地产、大龙地产、万通地产、黑牡丹、三湘印象;违约距离排序靠后的 20 家公司分别为中南建设、亚太实业、中润资源、新城控股、上海临港、荣安地产、泰禾集团、上实发展、ST 新光、海泰发展、光明地产、中迪投资、苏州高新、粤泰股份、哈高科、空港股份、天津松江、大港股份、市北高新、云南城投。④面板回归结果表明,总资产、速动比率、销售毛利率、销售净利率、净资产报酬率等指标与房地产企业违约距离正相关,指标数值越大,违约距离越大,上市公司违约概率越小;扣除预收账款后资产负债率、存货周转天数对数值、总资产报酬率指标与违约距离表现为负相关,即随着指标数值增加,违约距离减小,违约概率增加。进一步分析表明,当房地产开发企业扣除预收账款资产负债率大于 75% 时,总资产与违约距离显著负相关,意味着此时房地产开发企业总资产规模越大,违约距离越小,违约概率越大;当房地产开发企业扣除预收账款资产负债率小于 75% 时,总资产与违约距离显著正相关,意味着房产企业总资产规模越大,违约距离越大,违约概率越小。当房地产开发企业的总资产大于509亿元时，则扣除预收账款的资产负债率与违约距离的关系显著负相关，意味着随着扣除预收账款的资产负债率的上升，违约距离越小，违约概率越大；当房地产开发企业的总资产小于509亿元时，则扣除预收账款的资产负债率与违约距离的关系显著正相关，意味着随着扣除预收账款的资产负债率的上升，违约距离越大，违约概率越小。

一 引言

（一）房地产开发企业违约与破产的背景

自2016年9月30日房地产调控政策出台，三年以来从中央到地方政府对房地产市场均保持了持续从紧态势。从调控效果来看，通过逐渐加码的行政手段来调控商品住宅金融属性过重问题，已经使长期形成的房价看涨预期出现了实质性的转变。2019年，中央关于房地产的政策要求依然是坚持"房子是用来住的，不是用来炒的定位"，并提出"不将房地产作为短期刺激经济的手段"。随着调控政策持续显效，中国房地产市场将延续增长放缓之势，投资增速有所减慢，诸多房地产开发企业面临的"融资难"问题进一步加剧。另外，房地产市场成交量同比下降，房价上涨预期已完全转变，市场观望情绪浓厚，一线城市房价上涨乏力，二线热点城市租金资本化率已接近一线城市，三线城市库存压力明显。房地产市场正面临着供给与需求双侧逐步趋冷的态势。与此同时，房地产开发企业破产违约现象开始显现，法院公告网显示，截至2019年11月20日，房地产开发商的破产数量已经高达446家，平均每天有1.37家房地产开发企业宣告破产，创下近年来房地产开发企业破产历史纪录。

（二）房地产开发企业违约风险测算意义

全球金融危机爆发以来，房地产投资对GDP的直接贡献率基本保持在20%左右的水平，金融危机后我国经济进入"三期叠加"阶段，面临"硬着陆"的压力,而房地产投资发挥了"压舱石"的作用,即使近年来行业政策开始收紧,房地产行业对经济增长的促进作用仍较大。房地产市场供给与需求的双侧趋冷,房地产开发企业"融资难""融资贵"问题的集中暴发,进一步加剧了房地产开发企业违约与破产的风险。从存量来看,截至2019年末,房地产开发贷款余额为11.22万亿元、房地产信托余额为2.70万亿元、境内信用债待还余额为1.91万亿元、境外信用债待还余额约为1903.02亿美元(约合人民币1.35万亿元)。房地产开发企业偿债高峰的到来将使房地产行业深度洗牌,在供需双侧趋冷的背景下,房地产开发企业违约的概率将大大增加。

房地产行业作为我国经济行业中举足轻重的一环,单个房地产开发企业的风险暴发与扩散极有可能引起整个行业风险的集中性暴发,进而对中国经济产生巨大冲击。本章通过对我国房地产开发企业违约风险的测算,对违约风险较大的房地产开发企业进行甄别,一方面有助于强化违约风险较高房企的风险防范意识,另一方面有助于监管部门提前布置,预防房地产开发企业违约破产风险发生与扩散,从而做到对房地产开发企业违约破产引发系统性金融风险可能的事前防范。

(三)本章结构与安排

本章结构安排如图 9-1 所示。首先,借助 KMV 模型对 2008 年至 2019 年第三季度中国 A 股上市房地产开发企业违约距离进行测算,完成对上市房地产开发企业违约风险的评估,并基于测算结果提出关于房地产行业信

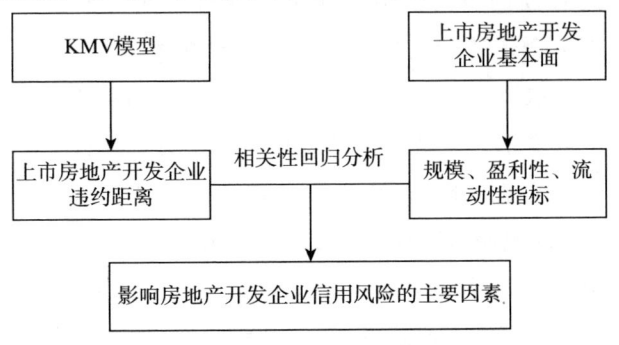

图 9-1 房地产开发企业信用风险度量

用风险的假说。其次，对上市房地产开发企业财务基本面数据进行整理与筛选，选取规模、盈利性、流动性三类指标考察房地产开发企业信用风险状况。最后，对由 KMV 模型所测算的上市房地产开发企业违约距离与上市房地产开发企业财务指标进行相关性回归检验，结合所提出的假说，筛选出影响房地产开发企业信用风险的主要因素。

二　基于 KMV 模型对上市房地产开发企业违约风险的评估

（一）KMV 模型的建模思路

KMV 模型是 KMV 公司（Kealhofer, McQuown and Vasicek Corporation）以现代期权定价理论为基础建立起来的结构化风险模型，通过微观经济方法将债务人的违约概率与其资产的市场价值联系起来。其建模思想如下：从股东的视角来看，当公司借入负债时，可以将这一行为视为买入以公司总资产市场价值为标的资产的欧式看涨期权，期权的执行价格为负债的价值，期限是负债的期限。当期末公司总资产的市场价值高于期末负债价值，公司所有人会执行该欧式看涨期权，即会选择按时偿还负债，公司股权的价值为公司总资产偿债后的剩余价值；而且公司总资产的市场价值超出负债价值越多，企业按时偿还债务的可能性就越大。当期末公司总资产的市场价值低于期末负债价值时，公司的股权价值为零，公司所有人会选择不执行该欧式看涨期权，即会对债权人违约。也就是说，KMV 模型认为只要公司的资产有足够高的市场价值，就可以通过变卖部分资产或新增股权、债券融资来筹措资金偿还到期债务本息，违约的概率较小。即公司债务是否会出现违约主要取决于公司总资产未来的市场价值是否大于负债的价值，而非传统理念中取决于公司是否有足够的现金流偿还到期债务本息。

依据上述建模思想，KMV 模型的主要目标是估算 EDF（Expected Default Frequency），即预期违约频率，或称预期违约概率，并以此来评估公司信用风险的高低。为得到 EDF，KMV 模型提出违约距离 DD（Distance to Default）的概念。模型将公司总资产市场价值与公司负债价值相等的情况定义为违约点 DPT（Default Point），将预期总资产市场价值偏离负债价值（违约点）的相对距离定义为违约距离 DD（为使不同规模公司具有可比性，该指标是一个标准化指标）。因此，违约距离越大，公司的信用风险越小，也就是说 EDF 越小，在 KMV 模型中，违约距离与预期违约概率 EDF 呈反方向变动关系。计算 EDF 的过程中关键的步骤就是确定公司未来总资产市场价值，由于将其视为欧式看涨期权的标的资产，因此可以通过期权定价模型来确定。公司未来资产市场价值曲线与违约点以下的阴影部分表示公司未来发生违约的概率（见图 9-2），EDF 的数值可以利用 KMV 模型结合由市场历史违约数据形成的违约数据库计算，也可以假设公司未来资产市场价值为正态分布，根据正态分布累计概率计算理论 EDF。所以利用 KMV 模型进行信用风险度量就是计算 DD 和 EDF 的过程，如果需要评级结果，则可通过将 EDF 与机构所设定各信用等级的违约概率对应得到。

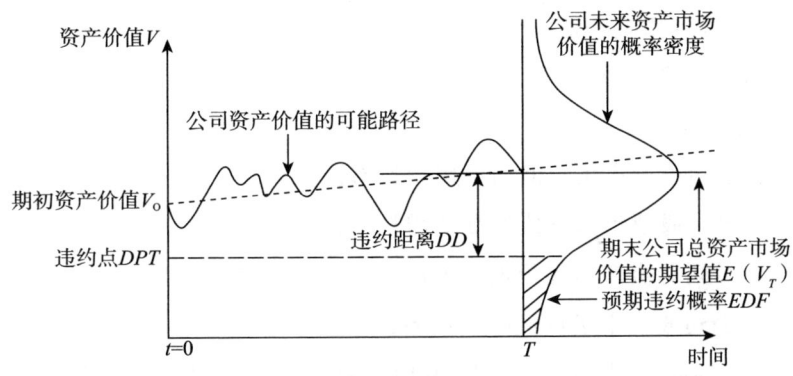

图 9-2　KMV 模型的建模思路概览

（二）KMV 模型计算过程详解

1. KMV 模型的假设条件

KMV 模型的主要假设如下。

（1）KMV 模型是基于 Black-Scholes 期权定价模型建立的，需要符合 Black-Scholes 期权定价模型所有假设，包括：标的资产价格遵循几何布朗运动，即对数正态分布；期权到期日前，无风险利率、标的资产价格波动率是已知常数（或者更一般化地，是可以求解的常数）；期权到期日前，标的资产不支付股息；市场无摩擦，即市场不存在交易费、税收；市场不存在无风险套利机会；标的资产可以连续交易；允许卖空，且标的资产可以无限细分。

（2）当公司总资产的市场价值高于负债价值时，公司不会选择违约；当公司总资产的市场价值低于负债价值时，公司会选择违约。

（3）理想状态下，公司总资产的市场价值是股权价值与负债市场价值之和；公司股权的价值为公司总资产市场价值高于负债价值的部分，即期末股权价值为 $\max(0, V - DPT)$。

2. 模型所用参数的符号及其所表示的意义

V：公司总资产的市场价值；

V_T：期末 T 时公司总资产的市场价值；

V_0：期初 $t=0$ 时公司总资产的市场价值；

E：股权的市场价值；

T：债务期限，按年计，本章假设为 1 年；

r：无风险利率；

μ_V：公司资产市场价值的预期增长率；

μ_E：公司股票市场价值的预期增长率；

σ_V：公司总资产市场价值的波动率；

σ_E：公司股权市场价值的波动率；

W：是标准布朗运动，在 $dt \to 0$ 时，有 $E(dW) = 0$，$Var(dW) = dt$；

DPT：违约点；

SD：短期债务账面价值；

LD：长期债务账面价值；

DD：违约距离；

$E(V_T)$：期末公司总资产市场价值的期望值；

e：自然对数的底，约为 2.71828；

$\ln$：自然对数函数；

$N(d_i)$：标准正态分布的累计概率分布函数，即标准正态分布小于 d_i 的概率；

ε：标准正态分布变量。

3. KMV 模型计算过程详解

根据 KMV 模型的建模思想，从股东的视角来看，当公司借入负债时，可以将这一行为视为买入以公司总资产市场价值为标的资产的欧式看涨期权，期权的执行价格为负债的价值，期限是负债的期限，期权的价值为公司股权的价值。因此，在满足 KMV 模型的假设条件下，根据 Black-Scholes 期权定价模型，KMV 模型的计算过程总结如下。

第一步：计算企业资产价值及其波动率

根据 KMV 模型假设，公司资产市场价值和股权的市场价值变动遵循几何布朗运动，有：

$$dV = V\mu_V dt + V\sigma_V dW \tag{1}$$

$$dE = E\mu_E dt + E\sigma_E dW \tag{2}$$

其中：V 是公司总资产的市场价值；dV 是指公司总资产的市场价值在很短的一段时间 dt 内的变化；μ_V 是公司资产市场价值的预期增长率；σ_V 是公司总资产市场价值的波动率；E 是股权的市场价值，期权到期时有 $E_T = \max(0, V - DPT)$；μ_E 是公司股票市场价值的预期增长率；σ_E 是公司股权市场价值的波动率；W 是标准布朗运动（也称为维纳过程），在 $dt \to 0$ 时，有 $E(dW) = 0$，$Var(dW) = dt$。

根据 Black-Scholes 期权定价公式，该在 $t = 0$ 时，该欧式看涨期权的价格为：

$$E = VN(d_1) - DPT\, e^{-rT} N(d_2) \tag{3}$$

其中：$d_1 = \dfrac{\ln\left(\dfrac{V}{DPT}\right) + \left(r + \dfrac{1}{2}\sigma_V^2\right)T}{\sigma_V \sqrt{T}}$

$d_2 = \dfrac{\ln\left(\dfrac{V}{DPT}\right) + \left(r - \dfrac{1}{2}\sigma_V^2\right)T}{\sigma_V \sqrt{T}} = d_1 - \sigma_V \sqrt{T}$

DPT 是公司的债务价值，也是违约点；e 是自然对数的底；r 是无风险利率；$\ln$ 是自然对数函数；$N(d_i)$ 是标准正态分布的累计概率分布函数，即标准正态分布小于 d_i 的概率。

根据（3）式，我们假设：

$$E = f(V, \sigma_V, DPT, r, t) = VN(d_1) - DPT e^{-r(T-t)} N(d_2) \tag{4}$$

该函数 f 是 V 和时间 t 的函数。又因为 V 的变动遵循几何布朗运动，则根据伊藤引理，有：

$$dE = df = df(V, t) = \frac{\partial f}{\partial t} dt + \frac{\partial f}{\partial V} dV = \left(\mu_V V \frac{\partial f}{\partial V} + \frac{\partial f}{\partial t} + \frac{1}{2} \sigma_V^2 V^2 \frac{\partial f^2}{\partial V^2} \right) dt + \sigma_V V \frac{\partial f}{\partial V} dW \tag{5}$$

式（2）和式（5）结合，可以推导出：

$$E \sigma_E = \sigma_V V \frac{\partial f}{\partial V}$$

即：

$$\sigma_E = \left(\frac{V}{E} \right) \sigma_V \frac{\partial f}{\partial V} \tag{6}$$

对式（4）求关于 V 的偏导数，有：

$$\frac{\partial f}{\partial V} = N(d_1) \tag{7}$$

根据式（6）和式（7）可以得到公司股权市场价值的波动率 σ_E 和公司总资产市场价值的波动率 σ_V 的关系式：

$$\sigma_E = \frac{VN(d_1) \sigma_V}{E} \tag{8}$$

第二步：违约点 DPT 的设定和计算违约距离 DD

KMV 公司根据大量历史违约事件，得出违约发生最频繁的临界点处于公司价值大于等于流动负债与 0.5 倍长期负债之和。因此，KMV 公司将违约点 DPT 设置为公司所有的短期负债（到期日小于 1 年）账面价值加上 0.5 倍的长期负债账面价值，则有：

$$DPT = SD + 0.5 \times LD \tag{9}$$

其中：DPT 是违约点；SD 是短期债务账面价值；LD 是长期债务账面

价值。

第三步：计算预期违约概率 EDF 和违约距离 DD

鉴于 KMV 模型假设资产的市场价值变动服从几何布朗运动，我们可以计算预期违约概率的理论数值。对式（1）等式两边进行积分，可以得到：

$$V_T = V_0 e^{\left(\mu_V - \frac{\sigma_V^2}{2}\right)T} + \sigma_V \sqrt{T}\varepsilon \tag{10}$$

其中：V_T 是期末 T 时公司总资产的市场价值；V_0 是期初 $t=0$ 时公司总资产的市场价值；ε 是标准正态分布变量。

根据 KMV 模型建模思路，期末 T 时公司总资产的市场价值小于违约点时公司将发生违约。相应地，预期违约概率 EDF 为：

$$\begin{aligned}
EDF &= P(V_T < DPT) \\
&= P\left[V_0 e^{\left(\mu_V - \frac{\sigma_V^2}{2}\right)T} + \sigma_V\sqrt{T}\varepsilon < DPT\right] \\
&= P(\ln V_T < \ln DPT) \\
&= P\left(\ln V_0 + \left(\mu_V - \frac{\sigma_V^2}{2}\right)T + \sigma_V\sqrt{T}\varepsilon < \ln DPT\right) \\
&= P\left[\varepsilon < -\frac{\ln\left(\frac{V_0}{DPT}\right) + \left(\mu_V - \frac{\sigma_V^2}{2}\right)T}{\sigma_V\sqrt{T}}\right] \\
&= P(\varepsilon < -DD)
\end{aligned}$$

由此可以得到预期违约概率理论值的计算公式：

$$EDF = N(-DD) \tag{11}$$

并将违约距离 DD 设为：

$$DD = \frac{\ln\left(\frac{V_0}{DPT}\right) + \left(\mu_V - \frac{\sigma_V^2}{2}\right)T}{\sigma_V\sqrt{T}} \tag{12}$$

4. KMV 公司对预期违约概率 EDF 和违约距离 DD 设置的修正

上述 KMV 模型计算过程的理论推导，是基于一系列理论假设进行的。为使公司违约概率的预测结果更具前瞻性，在实际应用中，KMV 公司采用另外一种方式定义预期违约概率 EDF 和违约距离 DD。KMV 公司将预期总资产市场价值偏离违约点的相对距离定义为违约距离 DD，即估算多少个标准差的变化会使债务到期日预期公司总资产市场价值落在违约点以下。即有：

$$DD = \frac{E(V_T) - DPT}{E(V_T)\sigma_V} \qquad (13)$$

其中：DD 是违约距离，这是一个标准化指标，指标数值大小不受公司规模影响，违约距离 DD 越大，公司的信用风险越小；$E(V_T)$ 是期末公司总资产市场价值的期望值。

在通过计算得到公司的违约距离后，KMV 公司结合自己建立的市场历史违约数据库，计算违约距离为某一确定值时公司在未来一年出现违约的概率，得到一个违约距离 DD 与预期违约概率 EDF 之间的映射关系表。在计算得到公司的违约距离 DD 数值后，可以查询该表得到公司预期违约概率 EDF 的数值。

（三）样本选取

本章选取上海、深圳证券交易所所有 A 股上市房地产开发企业作为初选样本，样本数据选取期间为 2008 年至 2019 年第三季度，企业依据 Wind 行业分类标准进行分类，所属行业明细为房地产—房地产Ⅱ—房地产管理和开发—房地产开发。样本筛选的原则如下：①剔除数据缺失样本；②剔除数据异常值。最终得到 113 家上市房地产开发企业作为样本。

（四）参数设定和估计

参数设定和估计方法如下。

1. 股权的市场价值（E）

上市公司的股权市场价值可以通过市场价格来计算，本章以每年度或季度最后一个交易日的上市公司股票总市值作为股权的市场价值 E，数据来自 Wind 数据库。

2. 股票每日收盘价格和公司股权市场价值的波动率 σ_E

首先从 Wind 数据库中导出 113 家上市房地产开发企业股票每日收盘价格，并以股票日收盘价格的变化计算股票价格日均波动率标准差。然后利用股票价格年均波动率标准差与日均波动率标准差的关系,计算股票价格年波动率,并以此作为公司股权价值的年波动率 σ_E。

股票日收益率计算公式为:

$$\mu_i = \ln\left(\frac{p_i}{p_{i-1}}\right) \tag{14}$$

股票价格日均波动率标准差为:

$$\sigma_y = \sqrt{\frac{1}{n-1}\sum_{i=1}^{n}(\mu_i - \bar{\mu})^2} \tag{15}$$

公司股权市场价值的波动率 σ_E 为:

$$\sigma_E = \sigma_y \sqrt{n} \tag{16}$$

其中:μ_i 为股票日收益率;p_i 为股票每日收盘价格;$\bar{\mu}$ 为股票日收益率均值;σ_y 为股票价格日均波动率标准差;σ_E 为公司股权市场价值的波动率。

3. 违约点(DPT)

本章采用 KMV 公司设置债务违约点的方法,即:

$$DPT = SD + 0.5 \times LD \tag{17}$$

其中:DPT 是违约点;以上市公司财务报表中流动负债账面价值作为公司短期债务账面价值 SD;以上市公司财务报表中非流动负债账面价值作为公司长期债务账面价值 LD。

4. 债务期限(T)

本章采用 KMV 模型通常取一年为债务期限 T 的做法。

5. 无风险利率(r)

我国资本市场交易的国债可以视为无风险的,其收益率可以作为无风险利率。本章采用一年期国债利率作为无风险利率 r。

(五)KMV 模型实证结果分析与假说

本章以年度为单位,从 Wind 数据库中导出上市房地产开发企业股票每日收盘价格、年末或季度末最后一个交易日上市房地产开发企业股票总市值、股票每日收盘价格、流动负债、非流动负债和一年期国债利率数据。

运用 MATLAB 软件根据前文详述的 KMV 模型计算方法编写 KMV 模型求解程序，得到 113 家 A 股上市房地产开发每个年度的违约距离。

因为我国上市房企历史违约数据库信息不足，从而未建立相应的违约距离、预期违约概率映射关系表，无法获得基于历史违约数据库的预期违约概率，本章直接利用违约距离 DD 来度量上市房地产开发企业的违约风险。基于 KMV 模型的基本原理可知违约距离 DD 与违约风险呈反向关系，即违约距离 DD 越大，企业预期违约概率越小；违约距离 DD 越小，企业预期违约概率越大。

最终，可以得到 2008 年至 2019 年第三季度我国 A 股上市房地产开发企业违约距离计算结果（见附表）。

1. 违约距离 DD 的描述性统计分析

从表 9-1 中违约距离 DD 的描述性统计来看，整体平均值为 2.36，最小值为 0.69（为 2008 年华远地产），最大值为 10.12（2017 年中房股份），违约距离主要集中在 [2，3]。2008 年至 2019 年第三季度，我国上市房企违约距离 DD 的平均值分别为 1.54、1.85、2.30、2.71、2.55、2.63、2.27、1.43、2.27、3.44、2.43、2.38；最小值分别为 0.69、1.10、1.58、1.61、1.63、1.66、1.63、1.07、1.58、1.64、1.39、1.23；最大值分别为 8.92、2.44、4.50、4.12、4.07、4.62、3.84、3.29、3.42、10.12、4.30、4.63。

表 9-1 违约距离 DD 描述性统计分析

单位：个

年度	公司数量	平均值	标准差	最小值	最大值
2008	99	1.54	0.96	0.69	8.92
2009	101	1.85	0.21	1.10	2.44
2010	108	2.30	0.40	1.58	4.50
2011	108	2.71	0.52	1.61	4.12
2012	110	2.55	0.49	1.63	4.07
2013	111	2.63	0.55	1.66	4.62
2014	111	2.27	0.45	1.63	3.84
2015	111	1.43	0.31	1.07	3.29

续表

年度	公司数量	平均值	标准差	最小值	最大值
2016	113	2.27	0.35	1.58	3.42
2017	112	3.44	1.15	1.64	10.12
2018	112	2.43	0.53	1.39	4.30
2019年第三季度	112	2.38	0.56	1.23	4.63
整体	1308	2.36	0.79	0.69	10.12

基于所得违约距离 DD 结果的描述性统计结果，提出假说：

假说1：房地产行业内部各房地产开发企业违约风险差距较大。

2. 上市房地产开发企业违约距离平均值和最小值变化趋势

从计算结果来看，2008年至2019年第三季度我国A股上市房地产开发企业违约距离平均值、最小值变化趋势基本一致，随我国房地产市场运行状况、房地产调控政策出台、股市波动呈现波动的特征。2008年金融危机之后，我国A股上市房地产开发企业违约距离平均值较小，违约风险较大。2009~2011年随房地产市场转暖，上市房地产开发企业违约距离均值呈上升态势，整体违约风险下降。2012年违约距离略有下降但之后开始回升。2015年出现大幅下降，主要原因是股灾导致上市房地产开发企业股价大幅下降，违约风险增加。2015年之后房地产市场开始持续火热，2016~2017年上市房地产开发企业违约距离平均值再次上升，违约风险大幅下降。但2018年至2019年第三季度，受持续从严房地产调控政策影响，我国A股房地产开发企业违约距离平均值持续下降，违约风险增加（见图9-3）。对此提出假说：

假说2：房地产行业违约风险受时序性影响较大。

3. 不同规模上市房地产开发企业违约距离

按总资产规模对上市房地产开发企业进行分组，各分组中房地产开发企业违约距离平均值略有不同，但并没有固定规律，仍需进一步进行分析。对此提出假说：

假说3：房地产行业内，仅从规模方面考虑，并不能很好地反映企业信用风险。

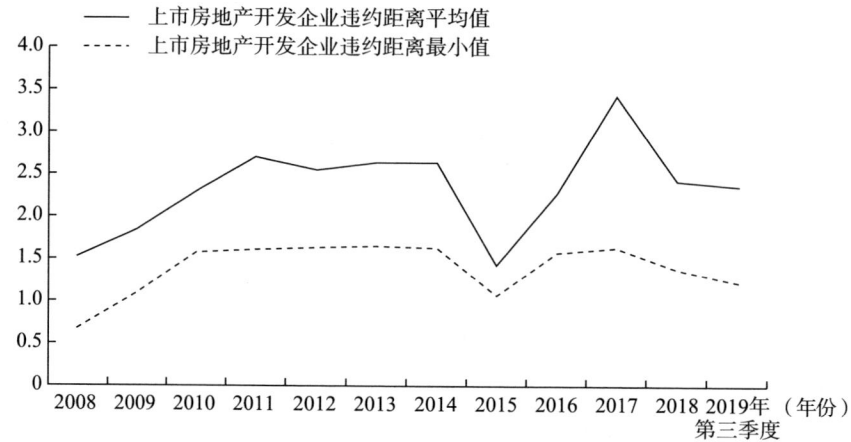

图 9-3 2008 年至 2019 年第三季度上市房地产开发企业违约距离平均值和最小值变化趋势

表 9-2 按总资产规模分组上市房地产开发企业违约距离情况

总资产规模（亿元）	平均值	标准差	最小值	最大值
[1500，17000)	2.48	0.63	1.07	4.67
[1000，1500)	2.41	0.67	1.19	4.38
[500，1000)	2.55	1.09	1.13	7.07
[300，500)	2.41	0.71	1.10	4.68
[100，300)	2.45	0.77	0.97	5.47
[50，100)	2.23	0.67	1.11	4.37
(0，50)	2.27	0.84	0.69	10.12

4. 2019 年第三季度 A 股上市房地产开发企业违约距离正向 TOP20 与反向 TOP20

以我国 A 股上市房地产开发企业 2018 年至 2019 年第三季度数据估算出的违约距离从大到小排序（见附表 9-8）。其中 2019 年第三季度违约距离大于等于 3 的企业数量为 14 家；违约距离处于 [2，3] 区间的企业数量为 66 家；违约距离小于 2 的企业数量为 32 家，合肥城建、泰禾集团、新城控股、云南城投等违约风险较高的房地产开发企业违约距离均小于 2，这表明利用 KMV 模型可以较为可靠地度量上市房地产开发企业的信用风险情况。其中违约距离排序靠前的 20 家企业，企业经营状况较好，偿还自身债务的能力较强,分别为美好置业、雅戈尔、宁波富达、苏宁环球、中华企业、福星股份、顺发恒业、金融街、世茂股份、广宇集团、粤宏远A、长春经开、招商蛇口、冠城大通、海南高速、格力地产、大龙地产、万通地产、黑牡丹、三湘印象(见表9-3);违约距离排序靠后的20家企业,其公司经营状况以及偿债能力值得关注,分别为中南建设、亚太实业、中润资源、新城控股、上海临港、荣安地产、泰禾集团、上实发展、ST新光、海泰发展、光明地产、中迪投资、苏州高新、粤泰股份、哈高科、空港股份、天津松江、大港股份、市北高新、云南城投(见表9-3)。

表9-3 2019年第三季度A股上市房地产开发企业违约距离部分排名

正向TOP20		反向TOP20	
证券代码	公司简称	证券代码	公司简称
000667.SZ	美好置业	000691.SZ	中南建设
600177.SH	雅戈尔	000506.SZ	亚太实业
600724.SH	宁波富达	601155.SH	中润资源
000718.SZ	苏宁环球	600848.SH	新城控股
600675.SH	中华企业	000517.SZ	上海临港
000926.SZ	福星股份	000732.SZ	荣安地产
000631.SZ	顺发恒业	600748.SH	泰禾集团
000402.SZ	金融街	002147.SZ	上实发展
600823.SH	世茂股份	600082.SH	ST新光
002133.SZ	广宇集团	600708.SH	海泰发展
000573.SZ	粤宏远A	000609.SZ	光明地产
600215.SH	长春经开	600736.SH	中迪投资
001979.SZ	招商蛇口	600393.SH	苏州高新
600067.SH	冠城大通	600095.SH	粤泰股份
000886.SZ	海南高速	600463.SH	哈高科
600185.SH	格力地产	600225.SH	空港股份
600159.SH	大龙地产	002077.SZ	天津松江
600246.SH	万通地产	600604.SH	大港股份
600510.SH	黑牡丹	600239.SH	市北高新
000863.SZ	三湘印象	600240.SH	云南城投

三 利用面板回归模型分析影响房地产开发企业违约距离的主要因素

基于前文所提出的关于房地产行业信用风险的三个假说，本章借助回归模型，将利用KMV模型所得违约距离与上市公司基本财务情况相结合，进一步分析影响房地产行业信用风险的主要因素。

（一）样本和变量的选择

1. 样本的选择

选取上海、深圳交易所所有上市房地产开发企业作为初选样本，样本数据选取期间为2008年至2019年第三季度，依据Wind行业分类标准对行业进行分类，所属行业明细为房地产—房地产Ⅱ—房地产管理和开发—房地产开发。样本筛选的原则如下：①剔除数据缺失样本；②剔除数据异常值。最终得到113个房地产开发企业样本。

2. 面板回归变量的选择

从规模、流动性、盈利性三方面考虑，选择违约距离作为因变量，总资产、净资产、资产负债率、营业收入、扣除预收账款后资产负债率、存货周转天数对数、流动比率、速动比率、销售净利率、总资产的报酬率、净资产报酬率作为自变量，并结合房地产行业特征，考察总资产与扣除预收账款后资产负债率交叉项对违约距离的影响。同时，设置了年度作为控制变量。

表9-4 房地产开发企业违约距离自变量指标

指标	自变量
规模	总资产
	净资产
	资产负债率
	营业收入
	扣除预收账款后资产负债率
流动性	存货周转天数对数
	流动比率
	速动比率

第九章　上市房地产开发企业违约风险度量及分析

续表

指标	自变量
盈利性	销售净利率
	销售毛利率
	总资产报酬率
	净资产报酬率

(1) 违约距离 (*DD*)

根据 KMV 模型计算而得的各个上市房地产开发企业违约距离，违约距离越大，违约概率越小。

(2) 总资产 (*Tcapital*)

各个上市房地产开发企业的总资产额。

(3) 净资产 (*NA*)

企业的资产总额减去负债以后的净额，属于所有者权益。

(4) 资产负债率 (*ALR*)

企业负债总额占企业资产总额的百分比。这个指标反映了在企业的全部资产中由债权人提供的资产所占比重的大小，反映了债权人向企业提供信贷资金的风险程度，也反映了企业举债经营的能力。

(5) 营业收入 (*OR*)

企业在生产经营活动中，因销售产品或提供劳务而取得的各项收入。

(6) 扣除预收账款后资产负债率 (*ALRD*)

扣除预收账款后的资产负债率 = (总负债 – 预收账款)/总资产。

(7) 存货周转天数 (*DSI*)

存货周转天数是指企业从取得存货开始，至消耗、销售为止所经历的天数。周转天数越短，说明流动资金使用效率越好。

(8) 销售净利率 (*NPM*)

销售净利率 = (净利润/销售收入) × 100%。

(9) 销售毛利率 (*GPR*)

销售毛利率是指毛利占销售收入的百分比，也简称毛利率，其中毛利是销售收入与销售成本的差额。销售毛利率 = 销售毛利/销售收入 × 100% = (销售收入 – 销售成本)/销售收入 × 100%。

（10）总资产报酬率（RTAR）

企业息税前利润与平均总资产之间的比率。总资产报酬率 =（利润总额 + 利息支出）/平均总资产 × 100%。

（11）净资产报酬率（ROE）

净资产收益率 = 净利润/平均净资产 × 100%。

（12）流动比率（CR）

流动比率 = 流动资产/流动负债 × 100%。

（13）速动比率（QR）

速动比率 = 速动资产/流动负债，是衡量企业流动资产中可以立即变现用于偿还流动负债的能力。速动资产包括货币资金、短期投资、应收票据、应收账款、其他应收款项等，可以在较短时间内变现。而流动资产中存货、1 年内到期的非流动资产及其他流动资产等则不应计入。

（二）面板模型回归结果

1. 变量数据的描述性统计分析

变量数据的描述性统计见表 9 – 5。

表 9 – 5　变量数据的描述性统计

变量	样本	平均值	标准差	最小值	最大值
总资产（Tcapital）	1301	386.277	1138.937	0.705	16387.63
净资产（NA）	1301	84.661	193.938	-4.765	2448.519
资产负债率（ALR）	1301	63.961	18.165	8.756	135.943
扣除预收账款后资产负债率（ALRD）	1301	58.475	18.417	6.939	150.151
营业收入（OR）	1301	80.835	266.546	0.06	3484.265
存货周转天数（DSI）	1301	2209.672	5397.096	5.234	133000
销售毛利率（GPR）	1301	34.136	14.571	-71.31	90.192
销售净利率（NPM）	1301	11.945	91.741	-821.391	2090.696
总资产报酬率（RTAR）	1301	4.314	5.058	-50.497	32.532
净资产报酬率（ROE）	1301	5.396	82.372	-2813.961	140.223
流动比率（CR）	1301	2.055	1.033	0.122	8.612
速动比率（QR）	1301	0.734	0.79	0.06	8.385

在收集的 1301 个样本中，房地产行业总资产差距明显，极值已达到约 1.6 万亿元水平，行业平均值也达到了 386 亿元，足见该行业在国民经济中的重要地位。另外，从扣除预付款项的资产收益率、存货周转天数、销售净利率、速动比率等多个方面来看，房地产行业上市公司之间差距较大，行业内分化明显。

2. 相关性分析

表 9-6 为相关性分析结果，可发现净资产、销售毛利率、流动比率和速动比率与违约距离显著相关。资产负债率与其他变量显著相关，在一定程度上反映了资产负债率对房地产开发企业发展的重要性。另外，发现速动比率与其他变量均保持显著相关关系，而速动比率主要衡量企业流动资产中可以立即变现用于偿还流动负债的能力，在企业违约分析中具有重要意义。

3. 基于多元线性回归的违约距离影响实证结果

本章从规模、流动性、盈利性三个维度构建了基于多元线性回归的违约距离分析模型：

$$DD = \alpha_0 + \alpha_1 Tcapital_t + \alpha_2 NA_t + \alpha_3 ALR_t + \alpha_4 OR_t + \alpha_5 ALRD_t +$$
$$\alpha_6 \ln DSI_t + \alpha_7 CR_t + \alpha_8 QR_t + \alpha_9 GPR_t + \alpha_{10} NPM_t + \alpha_{11} RTAR_t +$$
$$\alpha_{12} ROE_t + \beta_1 Tcapital_t \times ALRD_t + \varepsilon_t$$

为了避免多重共线性问题，通过逐步回归分析法，以控制时间变量的方式来研究影响违约距离的各个因素及其方式。多元回归结果如表 9-7 所示。

模型 1 通过直接将反映企业规模的自变量指标（总资产、净资产、资产负债率、扣除预收账款后资产负债率、营业收入）与因变量违约距离进行多元回归。在仅考虑企业规模的情况下，从回归结果来看，规模性指标对于房地产行业的违约风险有显著影响。其中，总资产与违约距离在 0.1 的水平上显著负相关；净资产与违约距离在 0.05 的水平上显著正相关，即随着净资产的不断增加，违约距离越大，企业发生违约的概率越小。在资产负债率与扣除预收账款后资产负债率对违约距离的影响上，两者表现出相反的情况，资产负债率与违约距离在 0.1 的水平上显著负相关，即随着资产

表 9-6 变量间相关系数

变量	DD	Tcapital	NA	ALR	ALRD	Tcapital × ALRD	OR	lnDSI	GPR	NPM	RTAR	ROE	CR	QR
DD	1													
Tcapital	0.04	1												
NA	0.075***	0.954***	1											
ALR	-0.034	0.264***	0.222***	1										
ALRD	-0.028	2.234***	0.185***	0.960**	1									
Tcapital × ALRD	0.032	0.995***	0.923***	0.274***	0.249***	1								
OR	0.029	0.933***	0.876***	0.233***	0.200***	0.934***	1							
lnDSI	-0.001	0.043	0.054*	0.162***	0.134***	0.042	-0.016	1						
GPR	0.070**	-0.041	-0.008	-0.124***	-0.124***	-0.050*	-0.071**	0.320***	1					
NPM	0.036	0.004	0.014	-0.099***	-0.111***	0.002	-0.001	0.04	0.177***	1				
RTAR	0.012	-0.013	0.02	-0.186***	-0.227***	-0.022	0.004	-0.054*	0.343***	0.356***	1			
ROE	0.027	0.034	0.041	-0.048*	-0.067**	0.032	0.03	0.029	0.02	0.095***	0.041***	1		
CR	0.064**	-0.131***	-0.113***	-0.572***	-0.502***	-0.133***	-0.126***	0.157***	0.202***	0.061**	0.095***	0.041	1	
QR	0.098***	-0.091***	-0.083***	-0.594***	-0.533***	-0.093***	-0.084***	-0.259***	0.123***	0.118***	0.092***	0.016	0.742***	1

注：* $P<0.1$，** $P<0.05$，*** $P<0.01$。

第九章 上市房地产开发企业违约风险度量及分析

表9-7 模型回归结果分析

变量	模型1	模型2	模型3	模型4	模型5	模型6
$Tcapital$	-0.000151* (-1.8)	0.000563** (2.31)	0.000608** (2.51)	0.000581** (2.4)	0.000574* (2.38)	0.000562* (2.34)
NA	0.000999** (2.15)					
ALR	-0.00787* (-1.86)					
$ALRD$	0.854** (2.09)	0.263* (1.80)	0.485*** (3.02)	0.532*** (3.37)	0.391* (2.43)	0.381* (-2.38)
$Tcapital \times ALRD$		-0.000709** (-2.24)	-0.000810*** (-2.64)	-0.000774** (2.52)	-0.000761* (-2.49)	-0.000748* (2.46)
OR	-0.0000631 (0.32)	-0.000178 (-0.89)				
$\ln DSI$		-0.103*** (-5.18)	-0.0711*** (-3.05)	0.0926*** (-4.29)	-0.105*** (-4.85)	-0.115*** (-5.28)
CR			-0.0193 (-0.57)			
QR			0.137*** (3.00)	0.105*** (3.47)	0.0994*** (3.31)	0.0971** (3.25)
GPR				0.00284* (1.87)	0.00449** (2.86)	0.00529*** (3.34)
NPM				0.000142 (0.80)	0.000361 (1.95)	0.000408* (2.2)
$RTAR$					-0.0154*** (-3.99)	-0.0219*** (-5.01)
ROE						0.000687** (3.10)
_cons	1.497*** (14.18)	2.032*** (13.57)	1.641*** (9.37)	1.644*** (9.43)	1.801*** (10.14)	1.869*** (10.48)
N	1301	1301	1301	1301	1301	1301
R^2	0.5009	0.5100	0.5163	0.5181	0.5246	0.5284

注：括号内为t值，$*p<0.1$，$**p<0.05$，$***p<0.01$。

负债率的不断上升，违约距离越小，违约概率越大；而扣除预收账款后资产负债率与违约距离在0.05的水平上显著正相关，即随着扣除预收账款后资产负债率的不断上升，违约距离越大，违约概率越小。

基于房地产行业对公司总资产的重视，以及行业内购房预付款情况的普遍情况，模型2选取了模型1中的总资产、营业收入以及扣除预收账款后资产负债率进行下一步分析，并基于模型1的结果，引入总资产与扣除预收账款后资产负债率的交叉项，结合企业存货周期天数的对数来考虑规模性和流动性因素对违约距离的影响。从回归结果来看，在引入总资产与扣除预收账款后资产负债率的交叉项后，总资产对违约距离的影响作用由负转正，即随着总资产的不断增加，违约距离增大，违约概率越小，但交叉项显著为负，其影响需进一步分析。而企业存货周转天数对数值与违约距离在0.01的水平上显著为负相关，即随着企业存货周期的上升，违约距离减小，违约概率增大。

模型3是在模型1、模型2的基础上，将对违约距离影响并不显著的营业收入剔除出模型，并增加了流动比率以及速动比率两个流动性指标。根据回归结果，可知相比于模型2，各变量的相关关系未发生明显变化，并且速动比率与违约距离在0.01的水平上显著正相关，即随着速动比率的上升，违约距离增加，违约概率减小，而流动比率对违约距离的影响并不显著。

在模型4中，将流动比率剔除出方程，并增加销售毛利率以及销售净利率两个盈利性指标考察各指标对违约距离的影响。从回归结果来看，销售毛利率对违约距离的影响在0.1的水平上显著为正，即随着销售毛利率的增加，违约距离越大，违约概率越小。而销售净利率虽对违约距离同样有正向影响，但并不显著。

模型5、模型6中，进一步添加了总资产报酬率与净资产报酬率两个盈利性指标，且根据回归结果，总资产报酬率对违约距离的影响在0.01的水平上显著为负，即随着总资产报酬率的增加违约距离越小，违约概率越大。而净资产报酬率与违约距离在0.01的水平上显著正相关，即随着净资产报酬率的增加，违约距离越小，违约概率越大。

最终，可得如下回归方程：

$$DD = 1.869 + 0.000562\, Tcapital_t + 0.381\, ALRD_t - 0.115\, \ln DSI_t + 0.0971\, QR_t \\ + 0.00529\, GPR_t + 0.000408\, NPM_t - 0.0219\, RTAR_t + 0.000687\, ROE_t \\ - 0.000748\, Tcapital_t \times ALRD_t + \varepsilon_t$$

（三）回归结果分析

一般地，根据回归方程，可以得出初步结论：总资产的系数为正，即随着房地产开发企业总资产的不断增加，违约距离越大，违约概率越小；扣除预收账款后资产负债率与违约距离显著正相关，代表随着资产负债率的增加，违约距离越大，违约概率越小；存货周转天数对数值与违约距离显著负相关，即随着存货周转天数增加（周转速度变慢），违约距离越小，违约概率越大；速动比率与违约距离显著正相关，即随着速动比率（速动资产与流动负债的比率）的增加，违约距离越大，违约概率越小；销售毛利率、销售净利率与违约距离正相关，即随着销售毛利率、销售净利率的增加，违约距离越大，违约概率越小；总资产报酬率与违约距离负相关，即随着总资产报酬率增加，违约距离越小，违约概率越大；净资产报酬率与违约距离正相关，即随着净资产报酬率增加，违约距离越大，违约概率越小。

进一步地，对于模型1中，总资产与违约距离的关系与其他模型中的影响结果相反，以及回归模型中总资产报酬率与净资产报酬率对违约距离影响相反的情况，可以看出自变量总资产虽然对违约距离有重要影响，但并不是一个能直接反映违约概率的指标。为了论证针对模型2至模型6中，是否对于房地产开发企业而言，资产总额越大违约概率越小，资产负债率越高违约概率越小，本章设置了总资产与扣除预收账款后资产负债率的交叉项，其回归系数为负。通过对所得回归方程关于总资产项求偏导，可得：

$$\frac{\partial DD}{\partial Tcapital_t} = 0.000562 - 0.000748 \times ALRD_t$$

由上式可知，总资产与违约距离的关系不仅与总资产相关，还与扣除预收账款后资产负债率的取值相关。若 $\frac{\partial DD}{\partial Tcapital_t} > 0$，则总资产与违约距离的关系就表现为显著正相关；若 $\frac{\partial DD}{\partial Tcapital_t} < 0$，则总资产与违约距离的关系即表现为显著负相关。因此，通过求解：

$$\frac{\partial DD}{\partial Tcapital_t} = 0.000562 - 0.000748 \times ALRD_t = 0$$

可求出影响总资产与违约距离关系的扣除预收账款后资产负债率，得：

$$ALRD = 0.7513$$

即当房地产开发企业扣除预收账款后资产负债率大于75%时，总资产与违约距离显著负相关，意味着随着房地产开发企业总资产的不断增加，违约距离越小，违约概率越大；当房地产开发企业扣除预收账款后资产负债率小于75%时，总资产与违约距离显著正相关，意味着随着房地产开发企业总资产的不断增加，违约距离越大，违约概率越小。

同理，通过对所得回归方程关于扣除预收账款后资产负债率项求偏导，可得：

$$\frac{\partial DD}{\partial ALRD_t} = 0.381 - 0.000748 Tcapital$$

相同地，扣除预收账款后的资产负债率与企业违约距离的关系不仅与扣除预收账款后资产负债率相关，还与总资产的取值相关，若 $\frac{\partial DD}{\partial ALRD_t} > 0$，则扣除预收账款后的资产负债率与违约距离就表现为显著正相关；若 $\frac{\partial DD}{\partial ALRD_t} < 0$，则扣除预收账款后的资产负债率与违约距离的关系即表现为显著负相关。求解：

$$\frac{\partial DD}{\partial ALRD_t} = 0.381 - 0.000748 Tcapital = 0$$

可得：

$$Tcapital = 509$$

即当房地产开发企业的总资产大于509亿元时，$\frac{\partial DD}{\partial ALRD_t} < 0$，则扣除预收账款后的资产负债率与违约距离的关系即表现为显著负相关，意味着随着扣除预收账款后的资产负债率上升，违约距离越小，违约概率越大；当房地产开发企业的总资产小于509亿元时，$\frac{\partial DD}{\partial ALRD_t} > 0$，则扣除预收账款后的资产负债率与违约距离的关系即表现为显著正相关，意味着随着扣除预收账款后的资产负债率上升，违约距离越大，违约概率越小。

结合描述性分析中的数据来看，中国房地产开发企业资产均值为386亿元，低于回归模型所得总资产509亿元的拐点，就行业整体而言，总体违约概率相对较小。但房地产开发企业总资产最大值为16387.63亿元，显著高于总资产509亿元的拐点，对于总资产值较大的房地产开发企业，其总资产与违约概率的负向关系已经开始扭转，违约风险值得关注。而对于扣除预收账款后的资产负债率项，行业均值为58.47%，低于回归模型75%的拐点，行业整体违约风险相对较小。但个别房地产开发企业扣除预收账款后的资产负债率已达到150.15%，需要进一步关注。

另外，从回归结果来看，控制时间变量后，各年度回归模型截距差异性明显。而回归模型截距主要反映了时序上行业的违约概率信息。

从图9-4可以看出房地产行业近年来违约距离变化情况，2009~2011年房地产行业违约距离逐渐增大，违约概率逐渐下降，2011~2014年相对保持稳定。而在2015年，受股灾影响，房地产行业的违约模型截距并不显著，可以认为股市的剧烈波动对房地产行业违约距离形成一定干扰，行业偏离正常经济轨道。2016~2017年房地产行业开始转好，回归正常经济轨道。而2017年以来，我国房地产开发企业的违约距离开始呈现下降的趋势，在中国经济开始下行的情况下，房地产行业的总体违约风险开始上升，值得加大关注度。

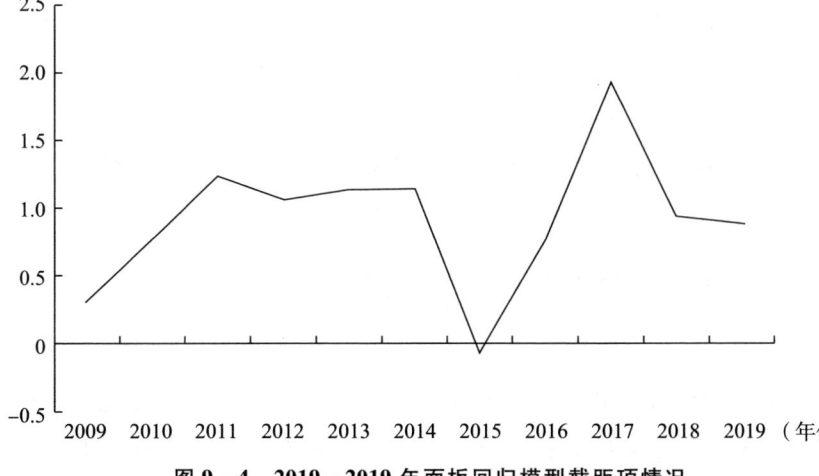

图9-4 2019~2019年面板回归模型截距项情况

四 结论

本章根据KMV模型，计算出2008年至2019年第三季度我国A股上市房地产开发企业的违约距离。并进一步基于面板回归分析影响我国A股上市房地产开发企业违约距离的主要因素。根据违约距离的分析，有如下发现。

（一）上市房地产开发企业违约距离排名

KMV模型实证结果表明，目前我国上市房地产开发企业违约距离主要集中在[2，3]区间，平均违约距离大小随房地产市场运行状况、房地产调控政策、股市波动情况而呈现波动的特征。以我国A股上市房地产开发企业2018年至2019年第三季度数据估算出的违约距离，从大到小进行排序。违约距离排序靠前的20家企业分别为美好置业、雅戈尔、宁波富达、苏宁环球、中华企业、福星股份、顺发恒业、金融街、世茂股份、广宇集团、粤宏远A、长春经开、招商蛇口、冠城大通、海南高速、格力地产、大龙地产、万通地产、黑牡丹、三湘印象；违约距离排序靠后的20家企业分别为中南建设、亚太实业、中润资源、新城控股、上海临港、荣安地产、泰禾集团、上实发展、ST新光、海泰发展、光明地产、中迪投资、苏州高新、粤泰股份、哈高科、空港股份、天津松江、大港股份、市北高新、云南城投。其中，违约距离大于等于3的企业数量为14家；违约距离处于[2，3）区间的企业数量为66家；违约距离小于2的企业数量为32家，合肥城建、泰禾集团、新城控股、云南城投等目前市场普遍认为违约风险较高的房地产开发企业违约距离均小于2，这表明利用KMV模型可以较为可靠地度量上市房地产开发企业的信用风险情况。

（二）房地产行业整体年度信用风险时序特征

从面板回归模型的截距项来看，房地产行业整体信用风险时序性明显，其主要与国家住房调控政策密切相关。2009~2011年房地产行业受相对宽松的房地产调控政策影响，行业整体信用风险相对较低。而在2015年，受股灾影响，房地产行业的违约模型截距并不显著，可以认为股市的剧烈波动对房地产行业违约距离形成一定干扰，行业偏离正常经济轨道。2016～2017年房地产行业开始转好，回归正常经济轨道。而2017年以来，我国房地产开发企业的违约距离开始呈现下降的趋势，在中国经济开始下行的情况下，房地产行业的总体违约风险开始上升，值得各方关注。

（三）高违约风险上市房地产开发企业特征

面板回归模型结果表明，上市房地产开发企业总资产、速动比率、销售毛利率、销售净利率、净资产报酬率等指标与房地产违约距离正相关，指标数值越高，违约距离越大，上市公司违约概率越小。扣除预收账款后资产负债率、存货周转天数对数值、总资产报酬率指标与违约距离表现为负相关，即随着指标数值增加，违约距离减小，违约概率增加。

进一步，我们加入交叉项进入模型，实证结果表明，当房地产开发企业扣除预收账款后资产负债率大于75%时，总资产与违约距离显著负相关，意味着此时房地产开发企业总资产规模越大，违约距离越小，违约概率越大；当房地产开发企业扣除预收账款后资产负债率小于75%时，总资产与违约距离显著正相关，意味着房地产开发企业总资产规模越大，违约距离越大，违约概率越小。当房地产开发企业的总资产大于509亿元时，则扣除预收账款后的资产负债率与违约距离的关系即表现为显著负相关，意味着随着扣除预收账款后的资产负债率的上升，违约距离越小，违约概率越大；当房地产企业的总资产小于509亿元时，则扣除预收账款后的资产负债率与违约距离的关系即表现为显著正相关，意味着随着扣除预收账款后的资产负债率的上升，违约距离越大，违约概率越小。

附录

附表 2008年至2019年第三季度我国A股上市房地产开发企业违约距离计算结果

证券代码	公司简称	上市日期	2008年	2009年	2010年	2011年	2012年	2013年	2014年	2015年	2016年	2017年	2018年	2019年第三季度
600604.SH	万科A	1991年1月29日	1.46	2.24	2.73	3.56	3.35	2.41	2.68	2.01	2.42	2.53	2.11	2.78
600606.SH	市北高新	1992年3月27日	1.75	2.31	3.03	3.07	2.47	2.01	2.75	1.22	1.86	2.16	1.65	1.24
600606.SH	绿地控股	1992年3月27日	1.40	2.01	3.45	2.69	1.80	3.02	2.14	1.07	2.03	3.64	2.14	2.67
000011.SZ	深物业A	1992年3月30日	1.93	1.78	2.01	1.96	2.00	2.33	2.89	1.31	1.76	2.55	2.22	2.33
000006.SZ	深物业A	1992年4月27日	1.26	1.84	1.99	2.96	2.45	2.63	2.81	1.37	2.12	3.99	2.51	2.83
000014.SZ	沙河股份	1992年6月2日	1.30	1.74	2.16	2.98	1.63	1.86	2.54	1.22	2.12	3.27	1.63	2.34
000502.SZ	绿景控股	1992年11月23日	1.16	1.96	2.19	2.53	2.05	2.47	3.04	2.06	1.99	2.65	2.69	2.43
600622.SH	光大嘉宝	1992年12月3日	1.30	1.78	2.03	2.44	2.79	2.75	3.69	1.43	2.25	2.6	1.80	1.89
000506.SZ	中润资源	1993年3月12日			2.07	1.99	2.16	2.62	3.01	1.45	2.17	4.03	2.11	1.83
600638.SH	新黄浦	1993年3月26日	1.25	2.23	2.23	3.21	2.92	3.02	2.76	1.46	2.70	3.15	3.54	2.49
600641.SH	万业企业	1993年4月7日	1.35	1.85	2.55	2.22	2.72	2.21	3.14	2.21	2.28	3.02	3.10	2.84
600649.SH	城投控股	1993年5月18日	1.46	2.23	2.86	3.76	4.04	2.36	3.73	1.79	2.23	3.70	2.90	2.44
600657.SH	信达地产	1993年5月24日	2.14	1.74	2.15	2.59	2.75	2.59	2.25	1.39	1.99	4.27	2.41	2.47

第九章 上市房地产开发企业违约风险度量及分析

续表

证券代码	公司简称	上市日期	2008年	2009年	2010年	2011年	2012年	2013年	2014年	2015年	2016年	2017年	2018年	2019年第三季度
600658.SH	电子城	1993年5月24日	1.33	1.74	2.10	2.83	2.48	2.04	3.07	1.45	2.16	4.20	2.67	2.11
600665.SH	天地源	1993年7月9日	1.26	1.89	2.63	2.68	2.59	3.14	3.13	1.18	2.136	3.36	2.94	2.84
000514.SZ	渝开发	1993年7月12日	1.19	1.63	2.06	3.23	2.51	2.47	2.37	1.29	1.84	2.78	2.43	2.25
000517.SZ	荣安地产	1993年8月6日			2.08	2.44	2.37	3.02	2.54	1.21	2.06	3.61	1.77	1.80
000029.SZ	深深房A	1993年9月15日	1.38	1.82	1.82	2.12	2.50	2.50	2.86	2.37	1.26	2.09		
000675.SH	中华企业	1993年9月24日	1.28	1.74	3.14	2.67	2.30	1.84	2.83	1.29	2.43	3.67	3.20	3.29
000031.SZ	大悦城	1993年10月8日	1.30	1.76	2.66	3.49	2.66	2.65	2.16	1.13	2.32	4.46	2.45	2.44
600683.SH	京投发展	1993年10月25日	1.28	1.73	2.20	1.99	2.03	1.87	1.94	1.21	2.23	2.40	2.28	1.97
600684.SH	珠江实业	1993年10月28日	1.33	1.84	2.21	2.60	2.23	2.06	2.57	1.20	2.26	3.09	2.10	2.28
600692.SH	亚通股份	1993年11月19日	1.25	2.05	1.95	2.87	2.42	2.03	2.39	1.29	1.99	2.61	2.32	2.44
000537.SZ	广宇发展	1993年12月10日	1.19	1.64	1.75	2.30	2.22	2.38	2.66	1.37	2.07	2.22	1.90	2.44
600807.SH	ST天业	1994年1月3日	1.25	1.62	1.86	1.66	1.87	3.90	2.66	1.46	1.76	2.31	2.12	2.10
000540.SZ	中天金融	1994年2月2日	1.16	1.62	1.81	2.05	2.40	2.34	2.50	1.33	2.87	4.38	2.70	2.35
600823.SH	世茂股份	1994年2月4日	1.40	1.86	2.02	2.68	2.87	2.49	3.07	1.54	3.07	5.91	2.35	3.14
600848.SH	上海临港	1994年3月24日	1.17	1.77	2.01	2.60	2.77	2.43	2.52	1.32	2.09	1.93	2.36	1.81
000036.SZ	华联控股	1994年6月17日	1.44	2.06	2.39	3.31	2.20	2.74	2.77	1.38	2.57	3.12	2.61	2.77
000573.SZ	粤宏远A	1994年8月15日	1.57	2.01	3.05	3.03	3.53	3.13	3.12	1.33	1.97	3.09	2.25	3.12
000046.SZ	泛海控股	1994年9月12日	1.26	1.66	2.29	2.88	2.55	2.54	2.36	1.37	3.12	4.67	2.64	2.16
000042.SZ	中洲控股	1994年9月21日	1.46	1.58	2.01	2.55	2.62	3.23	2.69	1.49	2.73	4.60	2.20	2.71
600890.SH	中房股份	1996年3月18日	1.82	2.11	2.42	2.78	1.90	2.49	2.81	1.49	3.02	10.12		2.66

续表

证券代码	公司简称	上市日期	2008年	2009年	2010年	2011年	2012年	2013年	2014年	2015年	2016年	2017年	2018年	2019年第三季度
600708.SH	光明地产	1996年6月6日	1.40	2.25	2.31	3.36	3.39	1.97	251	1.13	2.18	4.05	2.28	1.73
000402.SZ	金融街	1996年6月26日	1.45	2.13	2.91	3.81	3.56	3.56	2.35	1.46	2.16	2.99	3.16	3.15
600716.SH	凤凰股份	1996年7月2日	2.34	2.44	2.33	2.01	2.4	3.04	2.58	1.25	2.22	3.82	2.49	2.36
600724.SH	宁波富达	1996年7月16日	1.48	2.10	2.69	2.22	3.12	2.47	3.29	1.23	2.05	4.05	3.44	6.62
600736.SH	苏州高新	1996年8月15日	1.37	1.79	2.36	2.08	2.28	2.96	2.57	1.45	2.71	4.35	2.41	1.69
600743.SH	华远地产	1996年9月9日	0.69	1.78	2.29	2.62	2.43	3.32	2.24	1.27	2.39	2.87	2.38	2.35
600608.SH	阳光股份	1996年9月19日	1.26	1.59	2.40	3.00	3.81	4.03	3.55	2.03	2.41	3.31	2.05	2.12
600748.SH	上实发展	1996年9月25日	1.10	1.72	2.06	3.32	2.35	1.75	2.42	1.36	2.49	4.56	3.03	1.77
000609.SZ	中迪投资	1996年10月10日	1.17	1.80	2.42	2.65	2.46	2.92	2.29	1.19	2.04	2.96	2.01	1.70
000615.SZ	京汉股份	1996年10月16日	1.41	1.71	2.32	3.13	2.56	2.94	3.09	1.25	1.71	1.64	2.25	2.21
000620.SZ	新华联	1996年10月29日					2.52	2.60	1.99	1.31	2.12	3.53	2.86	2.73
000616.SZ	海航投资	1996年11月8日	1.37	1.82	2.45	3.39	2.70	2.62	3.00	1.28	2.44	3.39	2.53	2.11
600773.SH	西藏城投	1996年11月8日	1.88	2.08	1.58	1.89	2.26	2.65	2.43	1.19	2.05	2.22	2.24	2.43
000631.SZ	顺发恒业	1996年11月22日			2.28	2.60	1.89	2.34	2.27	1.38	2.14	4.07	2.91	3.24
000656.SZ	金科股份	1996年11月28日	2.28	2.21	2.27	2.24	2.31	2.13	1.99	1.22	2.22	2.83	3.13	2.54
000667.SZ	美好置业	1996年12月05日	1.51	1.92	2.77	3.76	3.80	4.62	3.03	1.32	2.47	4.92	3.66	4.63
000668.SZ	荣丰控股	1996年12月10日	3.45	1.89	2.32	3.23	3.52	3.48	3.58	2.21	2.15	3.82	2.28	2.10
000671.SZ	阳光城	1996年12月18日	1.46	1.59	1.73	2.52	2.38	1.83	2.02	1.49	2.46	2.62	1.79	1.95
600791.SH	京能置业	1997年1月30日	1.12	1.76	2.68	3.22	3.31	2.26	2.39	1.32	2.10	1.89	2.43	2.54
000691.SZ	亚太实业	1997年2月28日	1.97	2.40	4.50	2.29	2.25	2.85	3.32	1.78	2.01	3.29	1.86	1.84

第九章 上市房地产开发企业违约风险度量及分析

续表

证券代码	公司简称	上市日期	2008年	2009年	2010年	2011年	2012年	2013年	2014年	2015年	2016年	2017年	2018年	2019年第三季度
000718.SZ	苏宁环球	1997年4月8日	1.23	1.70	2.01	2.38	2.40	2.56	2.36	1.30	3.42	4.47	3.16	3.16
600052.SH	浙江广厦	1997年4月15日	1.38	1.68	2.63	3.40	1.98	2.94	2.16	1.23	2.33	4.37	3.26	2.06
000736.SZ	中交地产	1997年4月25日	6.42	1.95	2.46	2.30	1.79	2.76	2.62	1.25	1.88	1.73	1.79	1.91
600064.SH	南京高科	1997年5月6日	1.38	1.93	2.35	2.97	2.84	3.06	3.40	1.51	2.94	5.47	2.59	1.98
600067.SH	冠城大通	1997年5月8日	1.27	1.67	1.85	2.82	2.44	2.51	2.42	1.37	2.72	4.01	3.15	3.00
600077.SH	宋都发展	1997年5月20日	1.35	1.63	2.49	2.30	1.92	2.14	2.50	1.20	2.17	4.22	2.25	1.92
600082.SH	海泰发展	1997年6月20日	1.36	1.84	2.47	2.53	1.98	2.26	2.56	1.43	2.10	2.71	2.08	1.74
000838.SZ	财信发展	1997年6月26日	1.12	1.74	2.46	2.27	2.84	3.12	2.65	1.15	1.58	3.74	2.57	1.93
000094.SH	大名城	1997年7月3日					1.95	2.65	2.95	1.42	2.21	6.64	3.31	1.94
000732.SZ	泰禾集团	1997年7月4日	1.35	1.82	1.87	1.97	3.07	2.46	2.18	1.32	2.41	3.46	1.44	1.78
000095.SH	哈高科	1997年7月8日	1.09	1.60	2.27	2.19	2.19	3.04	3.20	1.24	2.18	2.29	2.47	1.59
000797.SZ	中国武夷	1997年7月15日	1.68	2.16	1.88	2.92	2.66	1.84	2.05	1.15	2.27	2.69	2.75	2.52
000863.SZ	三湘印象	1997年9月25日	1.12	1.73	1.98	3.62	2.51	2.58	2.96	1.58	2.34	5.05	3.28	2.86
000886.SZ	海南高速	1998年1月23日	1.28	1.61	1.91	2.31	2.25	2.86	3.34	1.51	2.52	3.17	2.07	2.94
600158.SH	中体产业	1998年3月27日	1.17	1.63	2.58	3.14	3.08	1.96	1.63	1.22	1.97	2.85	2.28	2.21
600159.SH	大龙地产	1998年5月26日	1.43	1.79	2.25	2.00	2.22	3.64	2.58	1.39	2.55	2.79	2.72	2.87
600162.SH	香江控股	1998年6月9日	1.51	2.30	2.87	2.30	2.11	1.80	2.57	1.37	2.48	3.51	2.84	2.30
000809.SZ	铁岭新城	1998年6月16日	1.18	1.89	2.21	3.57	3.53	2.49	2.70	1.53	2.54	4.14	2.94	2.82
600177.SH	雅戈尔	1998年11月19日				2.68	2.97	2.60	3.12	1.65	3.12	7.07	4.30	4.13
600266.SH	城建发展	1999年2月3日						2.79	2.19	1.40	2.74	2.98	2.84	2.72

续表

证券代码	公司简称	上市日期	2008年	2009年	2010年	2011年	2012年	2013年	2014年	2015年	2016年	2017年	2018年	2019年第三季度
600173.SH	卧龙地产	1999年4月15日	1.25	1.78	1.91	2.97	2.60	3.34	2.27	1.39	2.44	2.81	2.34	2.39
000897.SZ	*ST 津滨	1999年4月22日	1.35	2.03	2.23	3.19	2.41	1.81	2.11	1.43	2.15	2.50	2.32	2.23
600185.SH	格力地产	1999年6月11日	1.33	1.69	1.98	2.39	2.48	1.99	1.87	1.29	2.42	3.31	2.45	2.87
000926.SZ	福星股份	1999年6月18日	1.46	1.86	1.91	2.37	2.65	3.09	3.78	1.56	2.46	4.68	2.90	3.25
600208.SH	新湖中宝	1999年6月23日	1.45	1.74	2.26	2.69	2.72	2.53	2.66	1.49	2.58	3.64	2.76	2.60
000918.SZ	嘉凯城	1999年7月20日	8.92	1.10	2.04	2.84	2.31	3.03	2.36	1.22	1.59	3.20	2.21	1.93
600215.SH	长春经开	1999年9月9日	1.58	2.01	2.38	2.72	2.65	3.49	2.99	1.37	2.44	2.45	2.60	3.10
600239.SH	云南城投	1999年12月2日	1.32	1.71	2.07	2.47	2.23	2.48	2.45	1.23	2.00	3.58	1.39	1.23
600223.SH	鲁商发展	2000年1月13日	1.65	2.17	2.13	2.45	2.01	2.12	2.37	1.10	1.99	3.27	2.04	2.32
600225.SH	天津松江	2000年1月27日			1.82	2.04	1.96	1.66	2.07	1.29	1.98	4.63	1.88	1.49
600961.SZ	中南建设	2000年3月1日	1.39	1.60	1.77	2.22	2.10	2.18	1.81	1.16	2.06	3.12	1.84	1.85
000965.SZ	天保基建	2000年4月6日	1.49	1.94	2.19	3.10	2.87	2.74	2.15	1.41	2.45	2.36	3.04	2.78
600246.SH	万通地产	2000年9月22日	1.30	1.58	2.38	3.20	3.00	3.29	2.41	1.76	2.27	2.83	2.75	2.86
600466.SH	蓝光发展	2001年2月12日	2.22	1.85	2.51	1.61	2.57	2.57	3.04	1.40	1.96	2.84	1.91	2.01
600376.SH	首开股份	2001年3月12日	0.97	1.59	1.81	2.19	2.27	2.40	2.22	1.19	2.27	3.42	2.28	2.22
600393.SH	粤泰股份	2001年3月19日	1.18	1.79	2.16	2.01	1.92	3.37	2.74	1.71	2.46	2.95	2.01	1.63
600555.SH	海航创新	2001年3月28日	1.32	1.66	2.42	2.64	2.88	2.93	2.47	2.19	2.29	3.23	1.64	2.11
600383.SH	金地集团	2001年4月12日	1.15	1.65	2.25	2.71	2.63	2.25	2.38	1.70	2.53	3.54	2.47	2.55
600322.SH	天房发展	2001年9月10日	1.35	1.89	2.47	2.57	3.02	2.58	2.81	1.43	2.14	2.54	2.54	2.29
600533.SH	栖霞建设	2002年3月28日	131	1.84	2.89	3.53	2.64	3.67	3.11	1.74	2.06	2.66	2.60	2.45

第九章 上市房地产开发企业违约风险度量及分析

续表

证券代码	公司简称	上市日期	2008年	2009年	2010年	2011年	2012年	2013年	2014年	2015年	2016年	2017年	2018年	2019年第三季度
600510.SH	黑牡丹	2002年6月18日	1.53	1.95	2.36	2.76	2.36	2.28	2.90	1.24	2.32	4.51	3.94	2.86
600503.SH	华丽家族	2002年7月9日	1.29	1.83	2.06	2.02	2.02	2.11	2.62	1.17	2.00	2.83	2.62	1.98
600565.SH	迪马股份	2002年7月23日	1.21	1.77	2.46	3.35	2.57	3.32	2.63	1.87	2.00	3.77	2.63	2.04
600515.SH	海航基础	2002年8月6日	1.94	2.09	2.39	3.26	2.06	2.04	2.72	2.44	1.89	3.03	2.44	2.24
600340.SH	华夏幸福	2003年12月30日	1.30	1.96	2.49	1.98	2.24	2.22	1.88	1.63	2.80	2.51	1.98	2.50
600325.SH	华发股份	2004年2月25日	1.21	1.93	2.24	2.95	2.82	2.57	2.13	1.33	2.07	3.36	1.88	2.17
600463.SH	空港股份	2004年3月18日	1.29	1.79	2.53	3.17	2.69	2.17	2.30	1.27	1.79	2.29	1.97	1.50
002016.SZ	世荣兆业	2004年7月8日	1.36	1.57	1.86	2.52	2.29	2.44	2.44	1.33	2.02	2.42	1.67	2.63
600048.SH	保利地产	2006年7月31日	1.26	2.00	2.13	2.58	2.60	2.41	2.38	1.50	2.65	3.39	2.00	2.80
601588.SH	北辰实业	2006年1月16日	1.18	1.87	3.17	4.12	4.07	2.89	2.62	1.40	2.92	3.04	2.14	2.13
002077.SZ	大港实业	2006年11月16日	1.39	1.91	1.97	1.98	2.41	2.33	2.48	1.44	1.67	2.20	1.85	1.40
002133.SZ	广宇集团	2007年4月27日	1.21	1.70	2.28	3.27	2.58	3.53	3.84	1.26	1.88	3.98	2.84	3.14
002146.SZ	荣盛发展	2007年8月8日	1.28	1.66	1.86	2.37	2.40	1.98	1.98	1.30	2.47	2.30	1.97	2.51
002147.SZ	ST新光	2007年8月8日	1.44	2.09	2.50	2.79	2.75	2.59	2.79	3.29	2.27	5.23	2.40	1.75
002208.SZ	合肥城建	2008年1月28日		1.88	1.87	2.67	2.23	2.71	2.77	1.21	1.77	2.92	1.48	1.93
002208.SZ	滨江集团	2008年5月29日		1.93	1.94	2.50	2.43	2.52	3.24	1.29	3.09	4.38	2.53	2.38
002305.SZ	南国置业	2009年11月6日			2.40	2.75	3.12	2.38	3.07	1.43	2.29	2.28	2.27	1.87
002314.SZ	南山控股	2009年12月3日			2.28	3.31	2.84	4.06	2.68	1.25	1.18	2.74	2.44	2.36
601155.SH	新城控股	2015年12月4日									1.99	2.74	1.53	1.83
001979.SZ	招商蛇口	2015年12月30日									2.38	3.66	2.22	3.09

第十章
新加坡公积金制度何以成功

蔡　真　池浩珲[*]

- 分析表明，新加坡公积金制度在住房保障方面成功的原因并不在于公积金制度本身，而在于与之相关的一系列配套制度和环境，公积金制度所起的作用仅在于融通资金。首先，在一系列配套制度中组屋制度是成功的前提。政府通过建屋发展局控制了约80%的住宅市场份额，但政府并没因市场势力获取垄断利润，而是通过补贴大幅提升居民住房的可负担水平。其次，政府实现这种补贴的关键手段是土地的低价获取和低价提供，政府还通过组屋的有限流转使市场具有半开放结构，从而保证政府主导的市场不被炒作。我们认为提升居民住房可负担水平的关键在于降低房价水平，而不在于提升居民的支付能力。因为一个市场化的住宅市场，始终存在炒作房价的可能，再高的缴存率也难以应对房价快速上涨。新加坡政府正是通过低价土地供应和住宅市场垄断保证了大部分人的住房可负担水平。最后，政府运用类似计划经济的精细管理模式有效提升了组屋物业的价值，从而避免了住宅市场的棘轮效应。

- 中国在1998年实行住房货币化改革，当时提出的住房改革目标是"建立和完善以经济适用住房为主的多层次城镇住房供应体系"，经济适用房类似于新加坡的组屋，这一制度是与公积金制度相配套的，但在实践中中国的"组屋"制度并没有建立起来。具体原因包括：经

---

[*] 蔡真，国家金融与发展实验室房地产金融研究中心主任、高级研究员，中国社会科学院金融研究所金融实验室副主任、副研究员；池浩珲，中国社会科学院研究生院金融系硕士研究生。

第十章 新加坡公积金制度何以成功

济适用房制度本身与中国改革的大逻辑是相悖的；1998年在东南亚金融风暴的背景下中国启动了扩大内需的政策并于2003年将房地产行业确定为支柱产业；更为重要的，地方政府、房地产开发企业以及银行在经济适用房中不能获得利益。此外，我国的经济适用房制度并没有像新加坡组屋制度那样形成有限开放的闭环结构，这些制度漏洞使经济适用房成为寻租的重要场所，也因而成为发展商品房市场的重要理由。

- 土地制度方面，中国地方政府未能像新加坡一样为住房建设提供低价土地，反而形成了土地财政依赖。具体原因包括：分税制改革造成了地方政府财政压力，导致地方财政缺口增大；土地财政利润丰厚，为弥补地方财政缺口提供了可能；GDP考核进一步助推了土地财政。

- 保障房配套设施及物业管理方面，中国不可能像新加坡那样实行类似计划经济的精细化管理模式。具体原因包括：首先，我国多级财政体系不可能保证街道一级的财政支出充足；其次，街道居委会主任或物业公司经理不可能像新加坡的市镇理事会主席一样具备国会议员资格；最后，如此之多的保障房小区的日常维护工作通过行政系统决策一定是效率极低的。总之，中国幅员辽阔，各地情况差异大，决策链条长，深入社会细胞的管理应以市场和社区自治的方式展开，城市国家的管理方式并不适用。

- 关于公积金制度改革问题，我们的回答并不是非黑即白式的，而是应对住房金融体系（包括公积金制度）进行改革。改革原则包括：第一，住房金融政策应该与整个住房政策相配合；第二，住房金融体系应以商业性住房金融为主，政策性住房金融为辅，这一方面是由住房体系以商品房为主导决定的，另一方面也是由当前住房金融的格局决定的；第三，应保留机构运作模式。

我国当初向新加坡学习公积金制度，其目的是希望通过强制缴纳的方式，集合政府、企业和职工三方面的力量，解决购房资金短缺的问题。不可否认，住房公积金制度在解决住房建设资金短缺、培养居民住房消费意识以及推动住房商品化改革方面发挥了重要的作用，然而时至今日，住房公积金面临对居民购房支持作用有限、公平性缺失、管理效率低下等多重困境，引起极大争议。关于新加坡的公积金制度，许多人并不知道它最初建立并不是为了解决住房问题，而是为退休养老之用，新加坡公积金制度却在解决住房问题上最为成功，那么为什么我国引入之后没有起到应有的效果呢？所谓"橘生淮南则为橘，生于淮北则为枳"，一项制度得以成功运转，依赖于其一系列相关的制度环境。本章目的在于思考新加坡公积金制度成功的制度环境，回答了这一问题也就能理解当下我国住房公积金制度的困境。

一 新加坡中央公积金概述

新加坡中央公积金制度是一项全面的社会保障储蓄计划，是新加坡社会保障制度的基石。该制度于1955年建立，与此同时成立了新加坡中央公积金局，负责整个公积金的管理运行。中央公积金制度设立的目的是通过终身收入、医疗融资和住房融资，让新加坡人对其退休生活有安全感、有信心。

新加坡中央公积金制度独立于政府预算之外，是由政府立法规定的强制性的长期储蓄。制度规定雇主和雇员按期将工资的一定比例存入公积金账户，缴存比例根据不同年龄、不同收入水平而不同。缴存后的资金被分配到不同的账户中，再加上政府有针对性的补贴，可以较好地满足公民和永久居民的养老、住房、教育、医疗等需求。到目前该制度已经发展成为一个重要的投资工具，会员可以选择用账户中的储蓄投资特定项目，若厌恶风险也可以选择将资金直接储存在账户里，享受比银行存款更高的利率。

新加坡中央公积金制度建立至今已经过去了半个多世纪，该制度不仅成功地保障了居民们的生活，也大力推动了国家经济的调控和发展。

二 新加坡中央公积金制度的发展历程

为了帮助职工们为其退休生活进行储蓄，中央公积金制度（Central

Provident Fund，CPF）于 1955 年 7 月 1 日建立。工人们把每月收入的一部分存入公积金账户，以增加退休储蓄。

1968 年，政府推出了公共住房计划（Public Housing Scheme），允许人们用 CPF 储蓄来支付建屋发展局（Housing and Development Board，HDB）建设的组屋的抵押贷款，而非一定要用税后收入，这提高了人们的住房支付能力。

20 世纪 70 年代，新加坡已经发展成为一个繁荣的现代化国家。随着人们工资水平和生活水平的提高，公积金缴费率也有所提高，以此为会员们的退休生活积攒更多的钱。专门账户也在这一时期设立，以便更有针对性地积累退休储蓄。

1984 年，医疗储蓄账户被建立，该账户的用途是帮助 CPF 会员为他们自己和家人的住院费用进行储蓄。1990 年 MediShield 作为一项医疗保险计划被推出，帮助会员支付长期疾病和严重疾病的相关费用。

1986 年通过了一项投资计划，会员们可以用其普通账户储蓄进行投资，以取得比之前的利率更高的回报。随着制度的逐渐完善和发展，该项投资计划演变为今天的 CPFIS 计划（CPF Investment Scheme），提供给会员获得更高回报的权利。为了防止过度投资的风险，该计划限制了可投资资金的数额和投资对象的种类。

随着医疗技术的日益发达以及各方面生活保障设施的日益完善，新加坡人的平均预期寿命也在不断提高，这也让他们面临着公积金储蓄不足以覆盖其退休到预期死亡年龄这一段时间的需求的风险。因此 1987 年最低数额计划（Minimum Sum Scheme）被推出，该计划帮助会员们将其储蓄分散在退休后的所有年份里，而不是像之前那样一次性支取。2001 年，政府与委员会共同商议评估，决定在 10 年内逐渐增加每次提取的最低金额，以达到能够满足中低收入家庭退休后的基本生活需求的水平。2009 年政府推出了 CPF 终身年金计划（CPF LIFE Annuity Scheme），该计划是对最低数额计划的补充，它提供了一个终身的支付流，并确保会员们的 CPF 储蓄足以覆盖他们的整个退休生活。

三 新加坡中央公积金制度的运行机制

（一）缴存规定

新加坡中央公积金制度要求 55 岁以下会员建立普通账户、专门账户、医疗储蓄账户三个账户，其中普通账户用于支付购房、保险、投资和子女教育，专门账户用于退休后的养老金和应急，医疗储蓄账户用于医疗住院费用，缴存的资金按一定比例分配到三个账户中。当会员达到 55 岁时，自动创建一个退休账户，普通账户和专门账户中的储蓄按照一定比例存入退休账户，且首笔 3 万新加坡元的储蓄可获得额外 1% 的存款利息。中央公积金制度要求的缴存率根据居民不同年龄、不同收入水平而定，年龄越大缴存率越低、收入越低缴存率越低，这符合生命周期内平滑消费的原则。月收入小于 50 新加坡元的会员，不需要缴纳；55 岁以下且月收入不少于 750 新加坡元的会员的缴存率最高，其总缴存率为普通收入的 37% 加上附加收入的 37%，雇员缴存率为普通收入的 20% 加上附加收入的 20%；65 岁以上且月收入在 50~500 新加坡元的会员缴存率最低，其总缴存率为总收入的 12.5%。表 10-1 展示了自 2016 年 1 月 1 日起月工资大于等于 750 新加坡元的私人部门以及无退休金的公共部门的雇员缴费情况以及各账户的分配情况。

表 10-1 自 2016 年 1 月 1 日起私人部门以及无退休金的公共部门缴存率和分配率情况

单位：%

雇员年龄	缴存率（月工资≥750 新加坡元）			分配率（月工资≥750 新加坡元）		
	雇主缴存率（占工资的百分比）	雇员缴存率（占工资的百分比）	全部缴存率（占工资的百分比）	普通账户（占工资的百分比）	特殊账户（占工资的百分比）	保健储蓄账户（占工资的百分比）
35 岁及以下	17	20	37	23	6	8
36~45 岁	17	20	37	21	7	9
46~50 岁	17	20	37	19	8	10
51~55 岁	17	20	37	15	11.5	10.5
56~60 岁	13	13	26	12	3.5	10.5

续表

雇员年龄	缴存率（月工资≥750新加坡元）			分配率（月工资≥750新加坡元）		
	雇主缴存率（占工资的百分比）	雇员缴存率（占工资的百分比）	全部缴存率（占工资的百分比）	普通账户（占工资的百分比）	特殊账户（占工资的百分比）	保健储蓄账户（占工资的百分比）
61~65岁	9	7.5	16.5	3.5	2.5	10.5
65岁以上	7.5	5	12.5	1	1	10.5

资料来源：新加坡中央公积金局网站，https://www.cpf.gov.sg/members。

新加坡中央公积金制度适用于公民和永久居民，2018年公积金会员人数为391万人，公民人数为347万人，永久居民为52万人，覆盖率为98%，覆盖了绝大部分的公民和永久居民。

（二）住房消费时的提取及政策引导

新加坡的公民和永久居民在购买住房时可以从公积金的普通账户中提取资金，无论是参加公共房屋计划（Public Housing Scheme，PHS）还是参加私有物业计划（Private Properties Scheme，PPS）都可以提取。这体现了新加坡公积金制度的普惠性。提取的公积金可以用于支付购房首付款，也可以用于偿还购房贷款本息，以及支付印花税、律师费和其他相关费用，如公寓升级费用。这里需要特别说明的是，新加坡中央公积金局并不发放个人购房贷款，购房贷款的发放由建屋发展局（HDB）、邮政储蓄银行或商业银行负责。

新加坡中央公积金制度和HDB贷款配合，可以引导人们向公共住房市场消费倾斜，因为购买组屋比购买私人物业在公积金和贷款方面享受更多优惠政策。首付方面，若使用HDB贷款购买组屋，首付比例为10%，首付可以用公积金普通账户中的储蓄支付而不需要现金支付；购买私人物业只能使用银行贷款，首付比例为25%，其中5%必须通过现金支付，剩下的20%可利用公积金储蓄。利率方面，HDB贷款为优惠贷款，以公积金利率为基础再加0.1个基点，这一利率多年维持在2.6%；银行贷款利率则分为浮动利率和固定利率，固定利率只能在2~3年内保持固定。因此，购买组屋可以固定地安排每个月的还款数额，不受利率水平变动的影响。

在购买组屋并使用HDB贷款的人群中，新加坡中央公积金制度还通过补贴和政策性保险等制度安排向弱势群体倾斜。2015年11月组屋销售推出两房式灵活计划（2-room Flexi），如果一对夫妇一方为首次置业，另一方为二次置业，且家庭月收入不超过5000新加坡元，则可以申请额外公积金购屋津贴（Additional CPF Housing Grant，AHG），补助金额从5000新加坡元到40000新加坡元不等。如果购买非成熟社区2房至4房组屋（2~4 room in non-mature town），一对夫妇一方为首次置业，另一方为二次置业，且家庭月收入不超过8500新加坡元，则可以申请特别公积金购屋津贴（Special CPF Housing Grant，SHG），补助金额不超过40000新加坡元。这样公积金补贴制度与非成熟社区的开发联动起来。2016年3月，新加坡国会通过了《公积金（修正）法案》，其中对家庭保障计划（Home Protection Scheme，HPS）中的"永久伤残"（Incapacity）的定义进行了修改，未来身患绝症或终身残障者即便还在工作，也被认为是永久伤残状态。HPS则是一项减少按揭贷款的保险，旨在保障成员及其家人在死亡、身患绝症或永久伤残的情况下，无须偿还剩余的组屋贷款，家属也不会因此失去住所。如果使用公积金储蓄支付HDB贷款，则必须参加HPS计划。

（三）公积金的运用

新加坡中央公积金局负责公积金的归集、管理和运营工作，其中大约20%的住房公积金用作百姓提取，剩余80%大致有两个运用方向：一是用于住房和基础设施建设；二是用于投资。对于第一个用途，资金归口至建屋发展局，但具体途径有两种：一种是直接方式，即中央公积金局直接向建屋发展局提供贷款；另一种是间接方式，中央公积金局购买非交易型政府债券，政府融资后通过补贴和贷款等方式向建屋发展局提供组屋资金。由于HDB贷款的利率是在公积金利率基础上加成0.1个基点，这0.1个基点利差并不能维持建屋发展局的日常运行和建设需求，因此还需要从银行贷款进行建设（见图10-1）。新加坡中央公积金制度通过强制缴存和高缴存率，保证了建屋发展局建设资金的充足；但实际上中低收入群体获得的买房实惠是通过政府补贴实现的。

第二个用途——投资，主要分为两部分：一部分是由新加坡投资公司（GIC）负责；另一部分是中央公积金投资计划（CPF Investment Scheme，

第十章 新加坡公积金制度何以成功

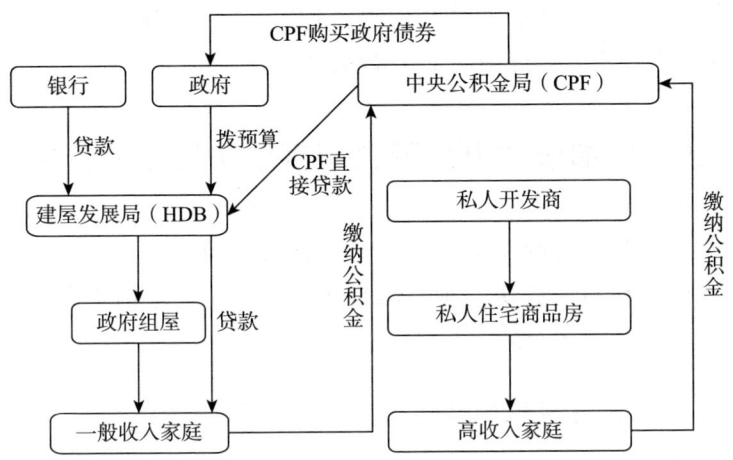

图 10-1 新加坡 CPF 的资金运用和 HDB 的融资
资料来源：作者整理。

CPFIS）。GIC 成立于 1981 年 5 月 22 日，是新加坡最大的国际投资机构，根据主权财富基金研究所（Sovereign Wealth Fund Institute）的数据，GIC 管理着 3900 亿美元的资产，被评为全球第八大主权投资者。GIC 官网的公告称，过去 20 年（截至 2019 年 3 月 31 日）GIC 的年化投资收益率在扣除全球通胀后达到 3.4%，这意味着过去 20 年 GIC 的国际购买力接近翻番。① GIC 的杰出投资绩效，有效保证了新加坡国内住房补贴的可持续性。第二部分 CPFIS 是公积金会员的自主投资，该计划最初于 1986 年推出，允许会员最多可将 20% 的普通账户资金自主投资于股票（限于蓝筹股）、单位信托基金、黄金等；1993 年 10 月，核准投资计划改名为基本投资计划，成员最高投资比例放宽到 80%；1997 年更名为中央公积金投资计划，可投资的产品有单位信托基金（Unit Trusts, UTs）、投资连接险（Investment-linkedinsurance products, ILPs）、年金（Annuities）、人寿保险单（Endowment policies）、新加坡政府债券（Singapore Government Bonds, SGBs）、国库券（Treasury Bills, T-bills）、交易所交易基金（Exchange Traded Funds, ETFs）、基金管理账户（Fund Management Accounts）。2001 年，CPFIS 分设普通账户投资计

---

① 参见 https://www.gic.com.sg/investments/performance/。

划（CPFIS-OA）和专门账户投资计划（CPFIS-SA），截至2018年底，OA账户和SA账户投资总额分别为174.29亿美元和53.77亿美元。

四 新加坡中央公积金制度成功的原因分析

新加坡中央公积金制度实际上是一种社会保障制度，但在住房金融支持和住房保障方面最为成功，我们认为其成功的主要原因不在于公积金制度本身，而在于与之相关的一系列配套制度和环境。

（一）组屋制度是新加坡住房保障的核心制度

1964年，新加坡政府推出"居者有其屋计划"（The Home Ownership for People），其目的在于兴建大批廉价组屋，为人民提供负担得起的优质住房。经过20多年的努力，新加坡建屋发展局到1985年提供的组屋已经覆盖81%的人群，此后这一比例一直保持在80%以上（见图10-2）。随着居民收入水平和生活水平的提高，政府提供的组屋也由过去满足基本居住需求向改善型需求转变，2005年以后HDB组屋4房的住户一直保持在32%上下水平（见表10-2）。

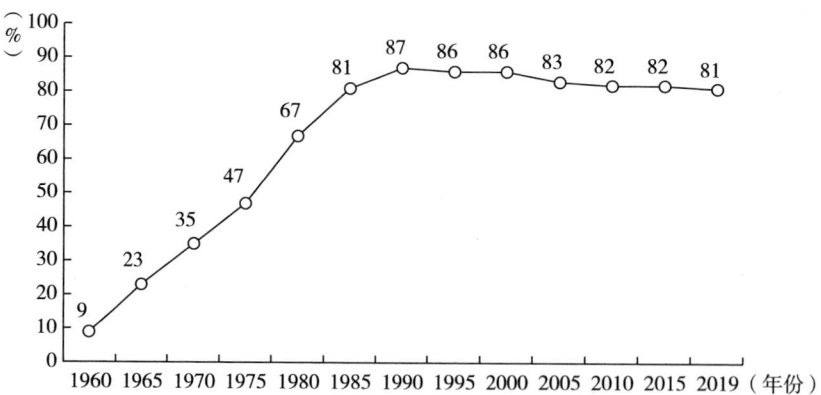

图10-2 1960~2019年新加坡居住在HDB组屋的人口占比
资料来源：HDB Annual Report 2018/2019。

第十章 新加坡公积金制度何以成功

表10-2 各种房屋居住人口占比

单位:%

年份	HDB组屋 合计	1房和2房	3房	4房	5房和执行公寓	共管公寓和私人住宅	有地产业
2005	84.4	4.3	20.7	32.5	26.6	9.7	5.4
2006	82.9	4.4	21.8	31.7	24.8	10.5	5.7
2007	83.1	4.2	20.6	32.1	26.1	10.9	5.4
2008	82.7	3.9	20.4	32	26.2	10.8	5.7
2009	83.5	4.4	20.2	32	26.6	10.4	5.5
2010	82.4	4.6	20	31.9	25.6	11.2	5.7
2011	82.6	4.6	20.4	32.1	25.5	11	5.8
2012	81.6	4.7	18.6	32.6	25.5	12.1	6.0
2013	81.9	5.0	19.0	32.6	25.1	12.2	5.5
2014	80.4	5.3	18.3	32.2	24.4	13.5	5.8
2015	80.1	5.6	18.2	32.0	24.1	13.9	5.6
2016	80.0	5.9	18.2	32.2	23.6	14.4	5.2
2017	—	—	—	—	—	—	—
2018	—	—	—	—	—	—	—
2019	78.6	6.2	17.5	31.8	23.1	16.2	5.0

资料来源:2016年之前数据来源于:沈绿文、温禾,《国外住房发展报告2018》,中国建筑工业出版社,2019;2019年数据来源于:HDB Annual Report 2018/2019。

对于由80%的组屋组成的住宅市场而言,这不是一个完全市场化的住宅市场,甚至极端一点说,这是一个政府完全可控的市场。从新建组屋的价格水平看,无论是哪种户型价格都极为稳定,基本上2房、3房、4房和5房对应套均价格水平分别是10万新加坡元、20万新加坡元、30万新加坡元和40万新加坡元(见图10-3)。从房价增长速度来看,4房增速最低,10年来平均增速只有1.83%,这表明政府有意增加最受人民欢迎的户型供给。从房价相对水平来看,政府通过额外公积金购屋津贴(AHG)和特别公积金购屋津贴(SHG)等补贴手段以及公积金的强制储蓄制度,使居民房价可负担水平大大提升。2018年新建组屋2房、3房、4房和5房的抵押贷偿还能力比(Mortgage Solvency Ration),即每月按揭分期付款额占家庭收入的比例分别为9%、20%、21%和24%(见表10-3),远低于国际指导准则30%~35%。

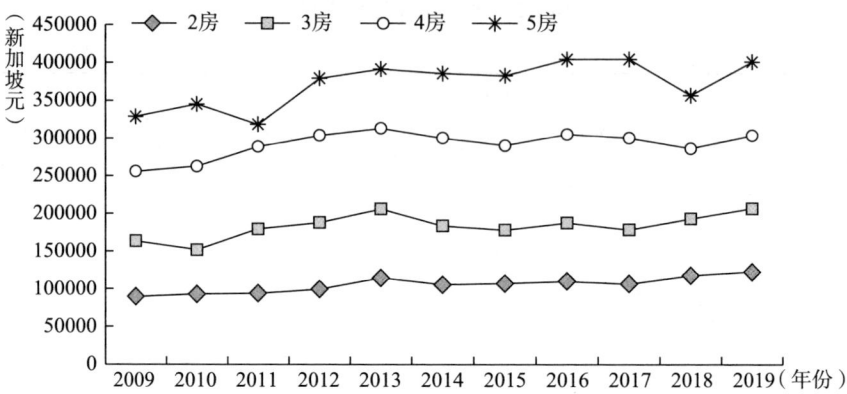

图 10-3 2009~2019 年不同户型 HDB 组屋的平均价

注：这里的平均价不是对所有样本求平均的结果，而是对最高价最低价求平均的结果，因为 HDB 年报只给出了价格区间，这导致平均价略有偏差。

资料来源：根据 HDB 各年年报整理。

表 10-3 负担得起的 HDB 组屋

单位：新加坡元

组屋户型	2018 年新组屋价格	额外津贴数目	净售价	申购者家庭月入中位数	按揭分期付款	MSR（抵押贷偿还能力比）（%）	支付分期付款的现金部分
2 房	122000	75000	47000	1800	158	9	0
3 房	202000	65000	137000	2700	530	20	0
4 房	306000	45000	261000	4900	1046	21	0
5 房	405000	0	405000	6800	1654	24	90

资料来源：叶振铭：《新加坡组屋政策与私人住房政策》，2019 年 10 月 28 日，参见百度文库：https://wenku.baidu.com/view/64acb3b1a31614791711cc7931b765ce04087a64.html。

新加坡政府是如何做到对组屋市场乃至整个住宅市场的调控的呢？

第一，组屋销售由预购模式（Build-to-Order，BTO）主导，完全按需求建设。建屋发展局会邀请市民提出组屋申请，预购在拟发展的土地上兴建的组屋。有兴趣的买家可在申请期内，申请预购有关土地上的组屋。申请期届满后会进行计算机抽签，以拟订谁具有预购组屋的购买资格。建屋发展局会评估需求，以决定是否兴建组屋。根据 BTO 制度，建屋发展局可按实际需求调整建屋计划。一方面，建屋发展局根据需求建设避免了组屋价格的大幅波动；另一方面，这一制度可让买家确定组屋的地点和单位类型，从而获得最大的保障。

第二，建屋发展局以低于成本价出售组屋，亏损经营。建屋发展局是新加坡最大的住房发展商和公共住房管理机构，其经费收入主要来自租售租屋所得、购房者贷款利息以及管理和服务费用。经营支出主要包括归还贷款的本金和利息、上缴政府的税金以及维持日常工作的开销等。虽然建屋发展局有着私人住宅开发所无法比拟的地价优势，并且该局为保证建筑材料供应和降低建设成本，还设有自己的下属工厂，但该局作为非营利性官方机构，甚至以低于成本的价格出售组屋。表10-4展示了建屋发展局组屋业务一项的销售收入和净运营支出，从表中可以看出组屋业务每年都是亏损的，2018/2019财年的亏损额约为13.17亿新加坡元。高额赤字说明建屋发展局在兴建公共组屋时入不敷出，不过这些赤字均由政府填补，相关补贴是政府每年做财政预算时为国家发展部拨出款项的一部分。

表10-4 HDB住房业务运营情况

单位：千新加坡元

财年	销售收入	净运营支出	销售毛损益
2014/2015	6663741	6680845	(17104)
2015/2016	6521482	6784451	(262969)
2016/2017	7338885	8522929	(1184044)
2017/2018	8024651	9986365	(1961714)
2018/2019	4653557	5970396	(1316839)

注：( )表示负。
资料来源：根据HDB Financial Statements各年整理。

第三，组屋的有限产权和有限流转机制使整个市场形成了有限开放的闭环结构。新加坡居民取得组屋的产权一开始就是受到限制的。新组屋的地契有99年的权限，到期后土地由国家收回，房子则返还给建屋发展局。由于组屋价格极为便宜，法律规定一个家庭只能拥有一套政府组屋，一个人一生只有两次购买组屋的机会。那么进入这个市场的人在退出时一定会很慎重，因为转售组屋市场的价格是新组屋市场的2~3倍，私人住宅市场的价格则是新组屋市场的4~6倍。这意味着只有当公民真正成为高收入群体的一员时才会退出组屋市场，而这时也无须住房保障。有没有可能通过炒作房产成为高收入人群？几乎没有可能。如果某位新加坡人能够炒作私人住宅市场，说明已经是高收入人群，无须组屋保障。能不能通过炒作组屋市场获得成功？也几乎没有可能。其一，组屋市场的流动性极低。居民居住在组屋如果不满5年不得转卖组屋，若想转卖必须获得建屋发展局的同意或支付高昂的政府税费。其二，组屋市场避免了囤积住房的可能。居民在住满5年后要想转卖组屋，首先须缴纳10%～15%的附加费，若购买第二套组屋，原来的组屋必须在购买新组屋半年内出售，这就保证了居民始终只能持有一套组屋，没有囤积组屋的可能。此外，购买原组屋所动用的公积金及其利息须如数再存入中央公积金局，若购买第二套组屋，公积金的优惠政策还能享有，但若购买私人住宅，公积金的优惠政策就大打折扣。这从资金支持方面切断了炒房的可能。其三，小户型租金回报率高，1房和2房被明令禁止出租，通过出租获利的可能也被切断。

第四，即使是转售组屋市场以及只有20%市场份额的私人住宅市场，政府也采取调控措施，其目的是向市场释放房价稳定的信号。2009年以来新加坡转售组屋市场和私人住宅市场经历了快速上涨，近5年的时间上涨约50%（见图10-4）。从2009年以来新加坡政府先后出台了9轮房市降温措

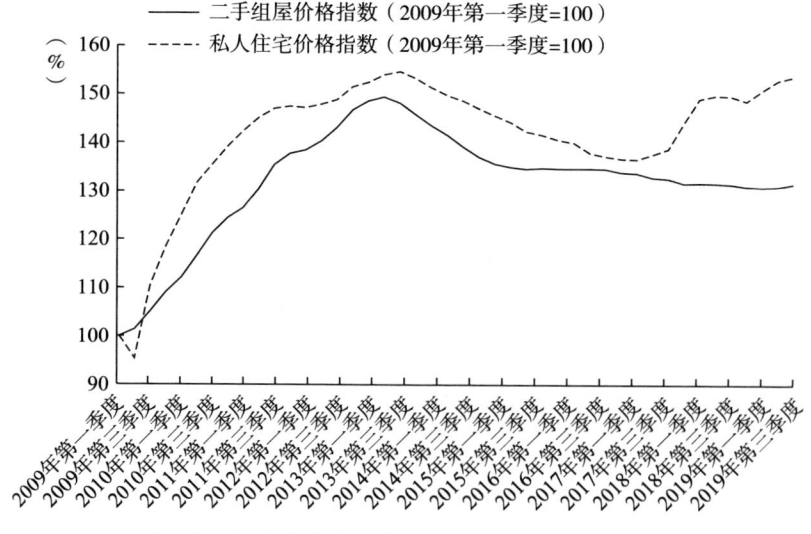

图10-4 转售组屋市场和私人住宅市场价格走势

资料来源：CEIC。

施，2013年1月11日，新加坡财政部、国家发展部、金融管理局及贸工部发表联合声明，采取了最为严厉的房市降温措施（见表10-5）。主要是从增加交易成本、降低金融杠杆从而降低需求等方面进行调控。此后政策取得良好效果，转售市场下降并趋稳，私人住宅市场至2017年6月一直呈下降趋势。

表10-5 自2013年1月12日起生效房市新措施

房屋类型	房市降温措施
所有住宅	● 额外买方印花税（Additional Buyer's Stamp Duty）全面增加5%~7% ● 首次购屋永久居民和购买第二套住宅的公民也得支付印花税 ● 非首次申请房贷者最低首期付款现金，从10%调高至25%
组屋	● 向金融机构借贷者：最高贷款与收入比例为30% ● 向建屋发展局借贷者：最高贷款与收入比例从40%降到35% ● 永久居民不能再出租整间组屋 ● 永久居民购买私宅后6个月内须出售组屋
执行共管公寓	● 新单位总分层面积限制在160平方米 ● 新建双钥匙单位只限多代同堂家庭购买

资料来源：作者整理。

（二）促进公共住房建设的土地储备制度是基础性制度

1966年新加坡颁布了影响深远的《土地征用法》（Land Acquisition Act），授权建屋发展局强制征地的权利，允许其以远低于私人购地的价格获取土地。政府以廉价成本获取大量土地降低了组屋建造成本，为"居者有其屋"计划初期的实施奠定了坚实的基础。而后《土地征用法》经过多次修订（见图10-5），逐步收回了建屋发展局在征用土地方面的特殊权利，2007年修订的《土地征用法》规定政府必须以市场价值对所有的土地做出赔偿。尽管按照市场价值进行征地赔偿，但实际赔偿金额要远低于市场价（约为市场价的20%）。土地所有者如果不满意现有的补偿，可以在得到补偿的两周内向申诉委员会甚至向能受理的法院递交申诉。实际上由于对被征地者政府按评估价补偿后提供优先购买组屋的权利，发生申诉的情况很少。这样既有效保障了经济社会的用地需求，又实现了和谐征地。

总体而言，《土地征用法》是新加坡政府用以建立土地储备的有效工

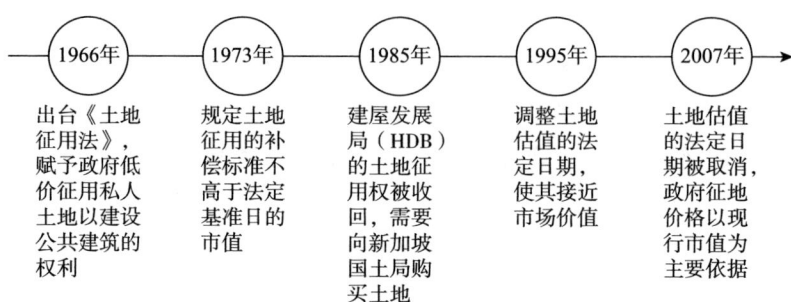

图 10-5　新加坡土地征用制度的修订历程
资料来源：作者整理。

具，令其拥有的土地总面积由 1960 年大约占新加坡国土面积的 40% 增至现在的 87%。2015~2018 年，除中心地区外，通过政府土地销售计划购买的私人住宅开发用地的平均价格为 7000 新加坡元/平方米，而建屋发展局以平均 2000 新加坡元/平方米的价格购买用于建造组屋的土地。低价的土地是组屋价格能长期保持在居民可以承受的范围之内、实现"居者有其屋"的前提。

新加坡土地出让收益纳入国家储备基金，由议会而非政府决定使用范围，土地收益和政府预算脱钩有效抵制了政府高价卖地的冲动，避免了地方政府对土地的依赖，防止地方政府的财政风险。[①]

（三）类似计划经济的精细管理模式

新加坡组屋并不是简单的公共住房：政府针对不同人群、不同生命周期阶段安排了适合的购买计划；政府承担组屋区的物业日常维护并几乎包办了小区重整的所有费用；组屋制度甚至还是政府实施民族融合政策的工具，是实现社会管理的重要载体。这种政府包办式的精细管理模式有效提升了组屋物业的价值以及在组屋居住的幸福感，最大限度地降低了组屋社区与私人住宅社区的差异，有效避免了住宅市场的棘轮效应，使人们愿意在组屋区居住。这些措施也是组屋制度成功不可或缺的因素。

针对不同人群，新加坡政府推出了不同的组屋计划，包括未婚夫妻计

---

① 黄程栋、朱丽、刘端怡：《新加坡住房体系建设的经验》，《上海房地》2017 年第 4 期。

划（Fiance/Fiancee Scheme）、单身公民计划（Single Singapore Citizens）、非居民配偶计划（Singapore Citizen + 非居民配偶）、非居民家庭计划（Singapore Citizen + 非居民父母/子女）以及孤儿计划（Orphans Scheme）等。针对不同人生阶段组屋计划也有相应安排，如针对年轻家庭上文的额外公积金购屋津贴（AHG）可以帮助他们尽快获得居所，针对小康家庭（对应中年家庭）可通过特别公积金购屋津贴（SHG）实现小房换大房，针对乐龄家庭（对应老龄家庭）可参加"大屋换小屋"以实现养老套现或出租额外房间以助原地养老。

组屋区的日常物业维护由市镇理事会依据《市镇理事会法令》管理，目前全国共有16个市镇理事会，且市镇理事会主席必须是国会议员，这一权威性保证了日常工作的有效执行。组屋的物业管理费个人缴纳为68%，政府补贴为28%，物业管理主收益调节为4%。为了减少新城镇和老社区之间的差距，组屋的翻新和社区改造非常必要，政府提供92%的资金，其余由个人承担。1990年开始新加坡对组屋实施"主体升级计划"（Main Upgrading Programme，MUP），2001年开始实施"电梯升级计划"（Lift Upgrading Programme，LUP），2002年"室内升级计划"（Interim Upgrading Programme，IUP）结合LUP一起实施。针对组屋社区环境的改造有"周围重建计划"（Neighbourhood Renewal Programme，NRP）以及"选择性全部重建计划"（Selective En Bloc Redevelopment Scheme，SERS）。SERS计划对已售组屋整体重建以优化土地利用，参与此计划的组屋承租者可以在附近租一套新的组屋，这样SERS使得旧屋居民搬进更好的新的组屋，但不改变他们的邻居，这就保留了过去的社区关系。

组屋还是政府实施社会管理的重要载体。1989年新加坡政府通过了"种族融合政策"的种族合居计划。该计划规定了每个组屋区内的种族比例——华族比例不得超过84%，马来族比例不超过22%，印度和欧亚及其他种族比例不超过12%——并按比例抽签分配组别。组屋的种族合居计划是强制性的，还有一些鼓励性的社区融合措施。为了强化亚洲家庭的价值观（大家庭观念），2013年推出了多代同购优先计划，即子女和父母在一定距离内买房可获得3万新加坡元的补助，在组屋分配的过程中也有优先权。在日常的社区安全管理上存在"邻里守望计划"以及"民众脚踏车巡逻队"等形式，居民的广泛参与和邻里合作的机制为社区安全提供了有力保障。

总结起来，新加坡中央公积金制度在住房保障方面成功的原因并不在于公积金制度本身，而在制度之外，公积金制度所起的作用仅在于融通资金。首先，在一系列配套制度中组屋制度是成功的前提。政府通过建屋发展局控制了约80%的住宅市场份额，但政府并没因市场势力获取垄断利润，而是通过补贴大幅提升居民住房的可负担水平。其次，政府实现这种补贴的关键手段是土地的低价获取和低价提供，政府还通过组屋的有限流转形成市场的半开放结构，从而保证政府主导的市场不被炒作。我们认为提升居民住房可负担水平的关键在于降低分子的房价水平，而不在于提升居民的支付能力。因为一个市场化的住宅市场，始终存在炒作房价的可能，再高的缴存率也难以应对房价快速上涨的局面。新加坡政府正是通过低价土地供应和住宅市场垄断保证了大部分人的住房可负担水平。最后，政府实施的类似计划经济的精细管理模式有效提升了组屋物业的价值，从而避免了住宅市场的棘轮效应。

五 中国是否存在适合公积金制度生存的土壤

20世纪90年代我国施行住房货币化改革，当时提出的住房改革目标是"建立和完善以经济适用住房为主的多层次城镇住房供应体系"，经济适用房类似于新加坡的组屋，这一制度是与公积金制度相配套的，但在实践中中国的"组屋"制度并没有建立起来。土地制度方面，土地财政的"招拍挂"制度以市场为导向，这是导致经济适用房市场萎缩的关键原因。与此同时，对于一个萎缩的住房市场自然不会有人关心它的配套设施建设以及日常物业管理问题。

（一）与公积金制度配套的经济适用房制度未能一以贯之

提升居民住房可负担水平的关键在于降低房价水平，因此与公积金配套的组屋制度才是住房保障的核心。1998年国务院23号文件提出"停止住房实物分配，逐步实行住房分配货币化"。文件对房地产市场的定位是"建立和完善以经济适用住房为主的多层次城镇住房供应体系"，可见当时是要建立政府主导为主、市场调节为辅的住房市场。具体设想是"高收入者购买商品房，向中低收入者供应经济适用房和向最低收入者提供廉租房三个层次"。可见这一制度是与新加坡的组屋制度类似的。然而在实践中，经济适用房模式逐渐萎缩，最终被商品房模式取代。住房货币化改革之后两年内经济适用房的竣工量是增加的，此后经济适用房在整个竣工住房市场中的占比逐渐下降，2000~2008年这一比例由28.2%下降至7.2%（见图10-6）。2006年5月17日召开了国务院常务会议针对房地产市场存在的问题提出了六条建议（简称"国六条"），其中第五条明确要求各地加快发展廉租房，2008年住建部联合国家发改委、财政部发布《2008年廉租住房工作计划》，此后保障房建设才重启。

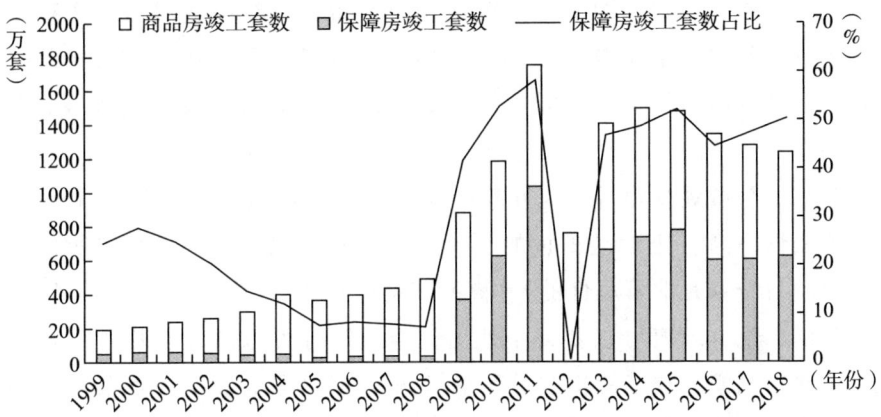

图 10-6　1999~2018年保障房和商品房竣工套数及保障房竣工套数占比

注：2008年之前的保障房只包括经济适用房，2011年之后的保障房为保障性安居工程每年的实际执行套数，2009~2010年两者都包含。2012年未查询到数据。2016年数据只包括棚户区改造住房。

资料来源：Wind。

实践中经济适用房模式被商品房取代包括三方面原因。

第一，从历史视角看，当初推动住房货币化改革，其目的在于通过市场化方式解决过去住房建设给财政和国有企业带来沉重负担的问题，这与整个改革开放的大逻辑是一致的。市场化改革的逻辑在于放开价格，通过价格引导资源配置，在这一过程中企业通过获取超额利润就有了生产积极性。对于经济适用房建设，相关文件规定采取保本微利的原则确定售价，利润控制在3%。开发商是追求超额利润的市场主体，在这一规定下自然没有积极性参与经济适用房建设。相比之下，新加坡组屋的建设是完全由建屋发展局承担，而建屋发展局一直是亏损经营并靠政府补贴维持生存的。从这一视角来看，经济适用房制度与中国改革的历史逻辑是相悖的，注定是要失败的。

第二，从宏观视角看，推动住宅市场向商品化方向发展恰逢1997年东南亚金融风暴，我国推出了扩大内需的举措，1998年同时推出了高校扩招、医疗改革以及住房货币化改革。尽管国务院23号文件对住宅市场的定位是经济适用房占主导地位，但实践中由于房地产行业关联产业众多，因此从拉动宏观经济的角度住宅商品化是必然选择。单从GDP核算的角度考虑，由于住宅价格市场化，即使商品房建设的实物量与经济适用房的实物量相等，但其计价方式也使得名义GDP增加。2003年8月《国务院关于促进房地产市场持续健康发展的通知》（国发〔2003〕18号）发布，将房地产业定位为国民经济的支柱产业，这进一步推动了住宅的商品化。

第三，从微观视角看，地方政府和开发商在经济适用房建设上没有利益，积极性不高（土地是划拨的、开发商利润有限、经济适用房所依赖的公积金项目贷款是非营利性的），商品房由于价格不封顶，开发商可以获得超额利润，地方政府可以获得土地出让金、银行可以从开发贷款以及按揭贷款中获得利润，这三者构成了利益"铁三角"，快速推动了商品房市场的发展。此外，我国的经济适用房制度并没有像新加坡组屋制度那样形成有限开放的闭环结构，经济适用房的准入审核不严，退出时并没有回售给政府或下一个有资格的经济适用房申购者，且经济适用房售卖后的资金也没有重新回流到公积金中心。这些制度漏洞使经济适用房成为寻租的重要场所，也因而成为发展商品房市场的重要理由。

（二）土地财政推高房价

中国城市土地为国有性质，完全由政府掌握，这比新加坡政府拥有87%的国有土地的程度要高；然而不同于新加坡对住宅用地低买低卖的运作方式，中国地方政府出于弥补财政缺口的需要有推高地价的动力。地价的上涨最终导致房价上涨，并且上涨速度之快已经超过了公积金制度所能提供的贷款支持，这也限制了公积金支持居民提升购房能力作用的发挥。地价推动房价上涨在一、二线城市最为明显，由于地方政府实质上处于垄断供给地位，采取饥饿营销是获取垄断利润的最佳方式。图10-7展现了北京住宅平均楼面地价占住宅售价的比例，2009~2018年这一比例平均为54.5%，2014年最高值达到78.2%，甚至在个别案例中还存在"面粉贵过面包"的情况。

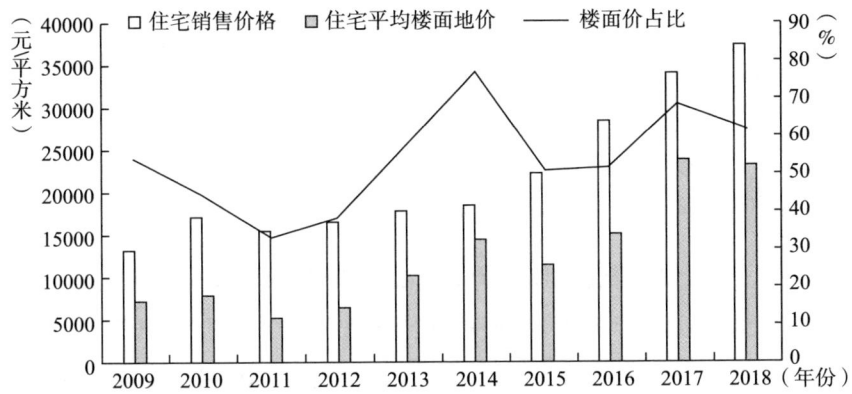

图10-7　2009~2018年北京住宅销售价格、住宅平均楼面地价及楼面价占比
资料来源：国家统计局、中原地产、Wind。

中国地方政府形成土地财政依赖的原因包括三个方面。

第一，分税制改革造成了地方政府的财政压力。一方面，1994年的分税制改革的目标就是要改变财政包干制下"两个比重"① 大幅下降的问题，1994年的消费税划归中央以及增值税共享、2002年的所得税分享改革、2012年营改增这三次大动作都导致地方财权上移中央。另一方面，由于中国实施的是属地管理，大多数的政府性事务由地方政府负责，如教育、医疗、社保、环境等。从图10-8可以看出，分税制改革使地方财政收入占比由1993年的78.0%迅速下降至1994年的44.3%，此后一直保持在50%左右；地方财政支出的比重并没有因分税制改革而下降，2000年之后因城市化进程的加快地方财政支出的比重反而进一步加大；地方财政收入面临较大缺口。

---

① 两个比重指：全国财政收入占GDP的比重和中央财政收入占全国财政收入的比重。

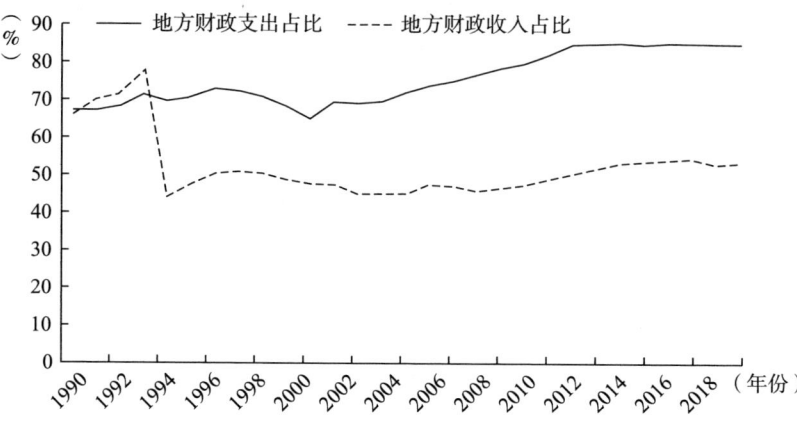

图 10-8　1990~2018 年地方财政收入、支出占比

资料来源：Wind。

第二，土地财政利润丰厚，为弥补地方财政缺口提供了可能。土地征收方面，根据《土地管理法》，征地补偿是按照"产值倍数法"来确定的，其中土地补偿费为被征收前3年的平均年产值的6~10倍，安置补助费为被征收前3年平均年产值的4~6倍。实践中地方政府常常还会降低补偿标准，甚至递延支付。土地出让方面，国土资源部每年制定土地利用计划，对建设用地实行指标控制和审批制度；另外土地出让采取"招拍挂"主导的市场机制，由于地方政府是唯一的土地供给者，实质上形成了垄断利润。2002年7月我国开始实行土地"招拍挂"制度，2004年"831"大限①要求所有经营性土地一律采用公开竞价方式出让，并明确开发商必须及时缴纳土地出让金，而且如果两年内不开发土地将被收回。"招拍挂"制度的强化使得地方政府应用土地财政弥补缺口有了制度保障。

第三，GDP考核模式进一步助推了土地财政。长期以来，政府官员的考核以GDP为导向，而投资是拉动GDP最为迅速和有效的手段。一方面，

---

① 2004年3月，国土资源部、监察部联合下发了《关于继续开展经营性土地使用权招标拍卖挂牌出让情况执法监察工作的通知》（即"71号令"），要求从2004年8月31日起，所有经营性的土地一律要公开竞价出让。也就是说，在2004年8月31日之前，各省、区、市不得再以历史遗留问题为由采用协议方式出让经营性国有土地使用权，以前盛行的以协议出让经营性土地的做法被正式叫停。

土地价格上涨能够同时通过土地出让收入和土地抵押贷款两种融资渠道放松地方政府面临的预算约束,从而带动城市基础设施投资规模扩大;另一方面,城市基础设施投资又能在短期内显著地资本化到土地价格中,从而形成土地价格和城市基础设施投资间自我强化的正反馈机制。垄断出让的优势以及一次性收租的批租制度,使得地方政府可以主动调节土地出让规模,从而强化上述模式的效果。现实中,"城市经营"理念执行较好的城市,大都采取"少出让、多抵押"的融资模式以最大化土地融资总额,这往往也使地方政府官员晋升较快。

(三) 保障性住房的周边配套以及物业管理质量较差

地方政府在保障房建设上没有利益,由于土地是划拨的,地方政府自然会选择市场价值不高、位置较偏的区域进行供给,在土地规划上也只求达到最低标准;开发商在保障房建设上只能获得微利,相关配套设施自然是能省则省。这就导致了保障房居住质量的降低,相关实证研究都支撑这一结论。

就业方面,刘斌对广州市保障性住房的研究表明,由于相关供给缺乏对弱势群体除了住房以外生活需求的全面考虑,引发了居住—就业空间不匹配现象,并导致通勤交通拥堵、低技能劳动人员技能提升障碍等诸多问题。[1] 医疗方面,曾文等对南京市的研究表明,居住于中低收入群体聚集的保障性社区的居民的就医较为不便,"很可能造成空间上享用资源和获取机会的双重剥夺。而低服务设施可达性所导致的低服务设施满意度,将加剧低收入群体对当前社区生活空间的不满、阻碍其社区归属感的形成,并加剧其迁居意愿。而强迁居意愿与低支付现实所形成的反差有可能进一步增强低收入群体的空间剥夺感",从而影响经济适用房的实际福利效果。[2] 子女教育方面,吴涛、苗妙对 W 经济适用房社区的调查研究表明,小学阶段,在经适房社区对口学区就读的儿童群体比例较高,区外就读比例仅为 8%;

---

[1] 刘斌:《中国住房保障政策的经济效应实证研究》,《西南财经大学学报》2004 年第 4 期。

[2] 曾文、向梨丽、张小林:《南京市社区服务设施可达性的空间格局与低收入社区空间剥夺研究》,《人文地理》2017 年第 1 期。

但在初中阶段，区外就读的比例高达57%，这说明社区周边优质教育资源缺乏。① 诸多研究表明，我国保障性住房周边配套资源的可获得性和质量较差，这造成了住宅市场的棘轮效应，加剧了迁居意愿。

六 关于中国公积金制度改革的思考

公积金制度与组屋制度配合施政才能发挥住房保障和平抑房价的作用，并且其中扮演主角的是组屋制度。前文的分析表明，历史进程选择了商品房成为我国住房供应的主体，这意味着公积金制度在我国缺乏存在的大前提，事实上与组屋制度相关的土地制度以及物业管理模式也是与市场化改革逻辑相悖的。实践中，近年来公积金制度表现出公平性缺失、未能有效支持职工购房消费以及管理机制缺陷等诸多问题。于是，学界以及决策层关于废除公积金制度的呼声渐高：全国政协经济委员会副主任杨伟民在2018年陆家嘴论坛上呼吁逐步取消住房公积金，中国国际经济交流中心副理事长黄奇帆在新冠肺炎疫情冲击背景下从企业减负的角度提出取消公积金的建议。

对于公积金制度改革问题，我们的回答并不是非黑即白式的。

首先，大规模保障房建设会不会改变公积金制度的适用条件，从而不必取消。2008年《关于促进房地产市场健康发展的若干意见》（国发〔2008〕131号）出台后，保障性安居工程全面实施，保障房竣工数量占比一度达到50%以上。然而我国房地产已进入存量时代，边际增量并不能改变商品住宅占主导的事实，国际经验表明保障住房占比不足50%时，保障房难以对住房价格形成有力的约束②，这也就意味着公积金在提高居民住房可负担水平上的作用有限。

是否意味着在大前提不变的条件下，公积金就必须取消？制度经济学特别强调制度选择的路径依赖：应该说公积金的历史成绩是值得肯定的，

---

① 吴涛、苗妙：《经济适用房社区后续配套问题的案例研究》，《社会科学》2018年第7期。
② 钟庭军：《深化房改二十年长效机制建设回顾》，《中国房地产》2018年第12期。

尤其在解决住房建设资金短缺以及推动住房改革方面。[①] 此外，当年推出公积金制度时居民收入差距并不大，1990年基尼系数为0.348（城镇居民内部只有0.24），处于国际公认的相对合理水平；在这种背景下，公积金人人有份、户户补贴的制度是合适的，因而没有引起什么争议。尽管当下公积金制度面临诸多困境，但公积金毕竟运行了近30年，目前缴存余额近6万亿元，涉及职工1.4亿人，在保障房建设和管理方面积累了一定的经验，此外过去历史遗留风险资产已全部清收，这都是当下公积金制度宝贵的财富。我们认为：任何现实的选择都是历史的延续，新制度的选择如果割断了历史恐怕难以成功。在这一判断下，对公积金制度进行改革比完全废弃更具可行性。

关于住房金融制度（包括公积金制度）如何改革，我们认为应该遵循三大原则：第一，住房金融政策应该与整个住房政策相配合。过去住房政策的主要目标是促进住房供给，住房金融政策重点解决缺资金的难题；当下我国住房市场已经进入存量时代，住房市场的主要矛盾已不再是不充分的问题而是不平衡的问题，因此住房政策的重点转向保障弱势群体。作为实现住房政策目标的工具，住房金融政策的方向也须相应改变。第二，住房金融体系中应以商业性住房金融为主、政策性住房金融为辅。这一方面是由住房体系以商品房为主导决定的；另一方面也是由当前住房金融的格局决定的。2018年商业性个人住房贷款余额和公积金贷款余额分别为25.8万亿元和5.0万亿元，这一结构关系难以在短期发生改变。第三，应保留机构运作模式。尽管金融业务跨机构交叉式发展态势迅猛，在监管层面也存在机构监管向功能监管过渡的趋势；但从国内国情来看，以机构为主体进行运营并安排相应监管架构，有利于落实主体责任。

---

① 2009年时任住房和城乡建设部住房保障司司长侯淅珉表示："正是公积金，将中国住房制度改革的焦点第一次从租金上转移了，从存量转化到了扩展增量上了……当年，上海市公积金金额就达到了10个亿，而这10个亿在银行滚动下去会带来更大的收益。有了这笔钱，就可以建更多的新房，扩大住房供应量。'一子盘活整盘棋'。"转引自胡雪琴：《1994年城镇房改决定出台始末》，《中国经济周刊》2009年第48期。

图书在版编目(CIP)数据

中国住房金融发展报告. 2020 / 蔡真等著. -- 北京：社会科学文献出版社，2020.6
　ISBN 978 - 7 - 5201 - 6839 - 7

Ⅰ.①中… Ⅱ.①蔡… Ⅲ.①住宅金融 - 研究报告 - 中国 - 2020　Ⅳ.①F299.233.38

中国版本图书馆 CIP 数据核字(2020)第 116532 号

中国住房金融发展报告（2020）

顾　　　问 / 李　扬
著　　　者 / 蔡　真　崔　玉　等

出　版　人 / 谢寿光
组稿编辑 / 恽　薇
责任编辑 / 冯咏梅　颜林柯　许秀江

出　　　版 / 社会科学文献出版社·经济与管理分社（010）59367226
　　　　　　地址：北京市北三环中路甲 29 号院华龙大厦　邮编：100029
　　　　　　网址：www.ssap.com.cn

发　　　行 / 市场营销中心（010）59367081　59367083
印　　　装 / 三河市东方印刷有限公司

规　　　格 / 开　本：787mm×1092mm　1/16
　　　　　　印　张：16.5　字　数：262 千字

版　　　次 / 2020 年 6 月第 1 版　2020 年 6 月第 1 次印刷
书　　　号 / ISBN 978 - 7 - 5201 - 6839 - 7
定　　　价 / 128.00 元

本书如有印装质量问题，请与读者服务中心（010 - 59367028）联系

▲ 版权所有 翻印必究